实践、潜润、认同

新时代高校思想政治理论课教学改革探索

主 编 岳 奎 沈昊驹

图书在版编目(CIP)数据

实践、潜润、认同:新时代高校思想政治理论课教学改革探索/岳奎,沈昊驹主编.—武汉:华中科技大学出版社,2024.3
ISBN 978-7-5772-0555-7

Ⅰ.①实… Ⅱ.①岳… ②沈… Ⅲ.①高等学校-思想政治教育-教学改革-研究-中国 Ⅳ.①G641

中国国家版本馆 CIP 数据核字(2024)第 049843 号

实践、潜润、认同

——新时代高校思想政治理论课教学改革探索 岳 奎 沈昊驹 主编

Shijian Qianrun Rentong

——Xinshidai Gaoxiao Sixiang Zhengzhi Lilunke Jiaoxue Gaige Tansuo

策划编辑:周晓方 杨 玲	
责任编辑:陈 孜	
封面设计:原色设计	
责任监印:周治超	
出版发行:华中科技大学出版社(中国·武汉)	电话:(027)81321913
武汉市东湖新技术开发区华工科技园	邮编:430223
录 排:华中科技大学惠友文印中心	
印 刷:湖北恒泰印务有限公司	
开 本:710mm×1000mm 1/16	
印 张:15.75 插页:2	
字 数:301 千字	
版 次:2024 年 3 月第 1 版第 1 次印刷	
定 价:98.00 元	

本书若有印装质量问题,请向出版社营销中心调换
全国免费服务热线:400-6679-118 竭诚为您服务
版权所有 侵权必究

目录

理论篇 /1

/2 研究生思政课教学话语创新的实现路径——以"新时代中国特色社会主义理论与实践"课程为例 / 周　浪

/9 中国式现代化融入"新时代中国特色社会主义理论与实践"课程的理与路——基于实践教学的视角 / 朱文婷

/16 基于SPOC的混合式教学模式应用于"形势与政策"思政课程的研究 / 欧阳真

/22 "毛泽东思想和中国特色社会主义理论体系概论"课程实践教学的现状、问题及对策研究 / 刘兴花

/29 数字化赋能"习近平新时代中国特色社会主义思想概论"课程建设的路径策略研究 / 江文路

/40 高校思政课混合式教学改革的实践困境与路径优化 / 翁俊芳

/50 发挥学生主体性作用的课程思政建设路径探析 / 张冬静

/56 大学生政治鉴别力提升路径研究 / 雷志春

/65 大学专业课程教学与思政教育融合的探索 / 丁滋芳

/72 以提升学生获得感为导向的混合式思政课教学模式初探 / 谭亚莉

/78	新时代高校思政课社会实践教学评价体系构建研究/赵 爽
/87	"大思政"格局下党的二十大精神融入"德法"教学的生活化路向研究/杨昌华
/94	党的二十大精神融入"习近平新时代中国特色社会主义思想概论"课研究/吕宏山

实践篇

/104	应用劳动价值论考察生活用品价格变动的实践教学研究/蔡 超
/110	案例教学法在"习近平强军思想"专题教学中的运用/肖艳
/120	集体主义的"图示比较法"教学思路试析/赵志坚
/126	放宽课外教学的视界——红色资源在思政课实践教学中的运用/文红玉
/132	挖掘利用好校本资源 增强思政课教学效果——以"毛泽东思想和中国特色社会主义理论体系概论"课程为例/韦 革
/140	沉浸式主题实践教学模式创新研究——以"习近平新时代中国特色社会主义思想概论"课为例/王 锐
/148	红色家书实践教学培育大学生理想信念研究/万晶晶 王 曦
/157	活与变:"形势与政策"课的核心和灵魂——以乌克兰危机的演变和影响为例/童文胜 潘振宇
/163	利用地方红色文化资源推进思政课实践教学研究/白 萍 孙 阳
/170	华中科技大学校史资源融入"中国近现代史纲要"课程的价值意蕴与实践路径探索/陈泽宇 夏增民
/179	微视频创作融入思政课实践教学浅析——以"马克思主义基本原理"课为例/孔 婷

/185	美育融入高校思政课的路径研究/唐丽敏
/193	"五史"学习教育融入"中国近现代史纲要"课的路径探索/龚世豪
/198	合作探究式教学法融入高校"思想道德与法治"课程的思考/熊雅妮
/204	依托湖北省新时代文明实践中心(所、站)建设实践育人新阵地——"习近平新时代中国特色社会主义思想概论"课教学改革新进路/覃愿愿
/214	社会学习理论视角下"习思想"课程实践教学的优化路径研究/潘　博
/220	第三个历史决议融入"毛泽东思想和中国特色社会主义理论体系概论"课程教学的思考/沈孝鹏
/227	校园文化融入高校思政课实践教学研究/马冰茜　李嘉琦
/233	经典文本融入"马克思主义基本原理"课程实践教学探究/刘思远
/241	"大思政课"背景下的深度实践教学思考/吕洪良
/248	后记

研究生思政课教学话语创新的实现路径

——以"新时代中国特色社会主义理论与实践"课程为例

周 浪

党的十八大以来,以习近平同志为核心的党中央高度重视思想政治领域的话语创新。全国高校思想政治工作会议强调要"创新话语体系",全国宣传思想工作会议强调要"加强传播手段和话语方式创新",全国大中小学思政理论课教师座谈会强调要坚持话语的"守正和创新相统一"。这些重要会议对新时代研究生思政课教学话语创新不仅提出了新任务,还指明了新方向。① 因此在这个背景下,探究研究生思政课程教学话语创新的实现路径有其必要性。

一、研究生思政课教学话语创新的理论依据

话语创新是"立德树人"框架下高校思想政治理论课创新的现实诉求。当前,高校思想政治理论课存在着话语主体权威性和感召力下降、话语客体认同性和接受度不高、话语内容时代性和生命力不强、话语形式情境性和吸引力不足等问题。② 思想政治教育过程是主体与对象"相互频繁地传递并获得理解的过程,从本质上说就是话语过程"③。因此,应从思想政治课的时代要求和任务使命出发,明确增强其亲和力的话语运用要求,使话语创新成为着力点。其理论依据④为:

(一)话语是思想政治课教学的载体

从组成看,话语是话语内容与话语陈述的内在统一。以马克思主义科学理论体系为内核,基于当前中国经济社会发展的具体实际,明确对学生"说什么",

---

① 熊华军,魏星星.新时代研究生思政课教师话语创新的三维向度[J].学位与研究生教育,2023(1):64-70.
② 余德华,廖梦雅,邱开玉.讲好故事:高校思想政治理论课话语创新的实践探析[J].思想教育研究,2020(6):92-96.
③ 洪波.思想政治教育话语范式转换研究[M].杭州:浙江大学出版社,2012.
④ 余守萍.话语创新增强思想政治课亲和力[J].思想政治课教学,2021(9):4-7.

是思想政治课顺利开展的前提;与此同时,通过特定话语策略的使用,运用特定的媒介技术以及表达策略,则解决了"怎么说"的问题,能够为实现主流意识形态认同和学生的角色认同提供助力,这是思想政治课使命达成的抓手。从话语体系看,思想政治课的话语并不单一,是"政治话语、学术话语与大众话语的有机融合",是一种综合性的话语系统。

(二)话语运用影响思想政治课的亲和力

话语是思想政治课教学的载体,但话语不能静止,其一定产生于话语过程之中。话语过程是主体与对象之间的交流互动过程,是话语的实际运用。这个过程不仅仅传达信息,同时也是话语主体政治立场、思想认识和情感态度的输出。合适的话语运用是有效交流的前提,直接影响思想政治课的亲和力。思想政治课的亲和力,指其从内容到形式对学生的吸引力,能让学生听之信之,加强理论认同并提升学生的思辨力。为增强思想政治课的亲和力,合适的话语运用是重要因素。一方面,话语本身的亲和力可以为思想政治课的亲和力加分。缺乏主体感情渗透的言说、按部就班的文件精神传达、纯粹的理论说教等,都不会真正对学生产生触动。反过来,契合现实生活和主体兴趣、渗透教师人文情怀并辅之以多样化表达的话语,能变强制性灌输为对象的主动接受,大大增强了思想政治课的吸引力和感召力。另一方面,合适的话语运用也会于无形中提升思想政治课教师的人格魅力、主流意识形态的凝聚力和引领力,并助力良好教学氛围的营造,使学生受到潜移默化的影响,这已成为增强思想政治课亲和力的有效举措之一。

二、研究生思政课教学话语创新的过程展示

(一)充分利用"微助教"学习平台开展互动,促进话语形式的创新

和传统教学的互动相比,"微助教"的优点显著,就笔者所授的"新时代中国特色社会主义理论与实践"(以下简称"新中特")课程而言,运用"微助教"具有如下显著优点。

首先,有助于"大课堂"的教学管理。笔者所在学校研究生思政课课堂学生规模较大,一般在150~200人。对于这种大课堂,传统的"点名""签到"形式局限性明显。在"微助教"里,学生的关键信息(如学院、专业、班级等)都能够被清晰地展现出来。

其次,利用"微助教"可以提高课堂互动的趣味性。笔者在点名学生回答问题时,常会采取"随机模式",通过屏幕的闪现随机确定"答题者",这极易吸引学

生的注意力。此外,在互动中,笔者也会根据头像特点进行点名,如让所有头像是"猫"的同学回答问题等。

最后,使用"微助教"有助于和学生建立"点对点"联系。诸多同学往往囿于情面而"不好意思"课后和教师交流,"微助教"便是一种较好的替代方式。

(二)互动内容尽可能贴近学生生活实际,展开话语内容的创新

如笔者在讲授"社会建设"这一专题时,在论及"美好生活"的概念时,并不是抽象地从学理层面论述"美好生活"的理论基础,而是引导学生们思考并说出他们心目中的"美好生活"。这一互动是以匿名的形式展开的,研究生一般参与态度非常积极,大家还会时不时发出欢声笑语。表1是部分研究生的课堂讨论实录。

表1 部分研究生在课堂上对于"美好生活"的设想

学生1:每天上下班很畅通,没有早晚交通高峰,天天去户外做运动,看蔚蓝的天空。我能挣钱,我还有时间,去巴黎、纽约、阿尔卑斯山,我逛商场、我滑雪山,这样的日子好悠闲。人们的关系很友善,陌生人都是笑脸,养老生病不差钱,由政府来买单。
学生2:平等、民主、自由。
学生3:天天开心。
学生4:有阳光,有健康,有家人朋友,世界和平。
学生5:有自己热爱的事业或者工作,有能坚持的兴趣,爱的人。
学生6:吃好睡好心情好,能实现自我价值。
学生7:越山、阅书、悦己。
学生8:有衣穿,有饭吃,有房住,有家人,有朋友。
学生9:我认为美好生活应该是每天贡献自己的能力,让自己获得精神上的满足,同时能为别人提供帮助。
学生10:世界和平,社会充满公平正义。
学生11:对于青少年,用很低的学费就可以读书,每个人都能上学。最近看到美国大学高昂的学费颇受触动,中国的学子还是很幸福的。对于走出校园的人,身体健康,有医保兜底,阖家幸福,有一份稳定的工作。对于我,能够顺利毕业,找一份稳定的工作,有一个幸福的家庭就十分美好了,家人和自己身体健康。
学生12:人们普遍不焦虑,有双休,社会不要"卷"得太厉害。
学生13:家人健康平安,有一份满意的收入,再养一只柯基。
学生14:愿车马衣轻裘,与朋友共。
学生15:面包和玫瑰,缺一不可,精神生活和物质生活要同步。

续表

学生16:	人民安居乐业,学有所教,劳有所得,老有所养,住有所居,病有所医。
学生17:	多读书、多看报、少吃零食、多睡觉,希望生活无忧无虑。
学生18:	可以通过正常的努力奋斗去过好生活。
学生19:	我小时候一直很羡慕老家的那些乡村的教师,感觉他们拿着稳定的工资,教学内容也不难,还可以和小孩一块玩,每天都比较悠闲。随着我们不断长大,经历一次次的选择,经过一次次的考试,到了今天,大部分人对以前渴望的生活都已经淡忘了。但对我而言,我始终羡慕那样的生活,一辈子在山村里面,也挺好的。
学生20:	对社会有贡献,学有所成,学有所用。
学生21:	吃很多好吃的,知足常乐吧。

通过以上的讨论可以发现,学生们参与的积极性很高,所回答的内容也非常接地气。在带领学生总体浏览近200名同学的讨论情况后,笔者再结合"美好生活"的学术讨论进行深度解读,并进一步提炼大家共同关心的"就业"话题并给予重点解读,让学生深刻认识"结构性失业""摩擦性失业""周期性失业"等概念,掌握相关的分析工具。同时在教学的过程中,也适当引导学生形成"先就业,再择业"的正确择业观。

(三)紧密结合热点事件,提高话语内容的时效性

"新中特"课程和当下中国的政治、现实语境高度关联,为此,授课教师需要密切关注时事热点。这类时事热点包含三个方面。一是时政热点。如党的二十大、中央经济工作会议、"两会"等,这些会议内容和"新中特"课程的内容紧密关联。比如,笔者在讲述"民生"专题时,就列举了2023年"两会"的相关内容,并引导同学们进行深度思考。二是社会热点。在微博、抖音、快手等新媒体平台,各类社会热点事件层出不穷,学生们也主要通过这些渠道了解社会热点信息。为此,授课教师应该紧密跟踪社会热点,进而从中找到可以用于教学的案例或素材。比如,笔者注意到"上海'211'文科硕士吐槽'招聘会均薪5000'"这一"微博热搜",就在课堂上引导学生们一起参与讨论,同学们也表现出极大的兴趣。三是青年关心的热点话题。青年阶段有一些重要的话题是他们所关注的,比如就业、恋爱、游戏、心态等。在此过程中,需要授课教师多和青年学生交流,与青年学生做朋友,用"青年话"讲"思政课"。

三、研究生思政课教学话语创新的实际成效

以上课堂教学话语创新实践,效果显著,具体成效有以下三点。

（一）在形式层面，学生课堂抬头率得到有效提升

在以前的课堂教学中，有不少的学生低头玩手机，"抬头率低""低头率高"现象普遍存在。通过课堂教学话语创新，学生容易对课堂知识产生兴趣，并及时参与课堂的教学互动。学生课堂听课的专注程度得到明显提升。

（二）在知识层面，增进学生对课堂知识的深度理解

研究生阶段和本科阶段有所不同，这对思政课教学的知识宣讲也提出了一些新的要求。比如教育部关于"新中特"的教学要求中，明确提及：

研究生阶段重在深度探究，形成宣传、阐释、研究习近平新时代中国特色社会主义思想的素质和能力，做到融会贯通。主要以专题学习和理论探究的方式，运用学术探索、社会调查和国际比较等方法，深入思考习近平新时代中国特色社会主义思想的核心要义、价值取向、理论品格和思想方法，真正学深悟透、研机析理，不断提高马克思主义理论水平，自觉运用这一思想武装头脑、指导实践。

因此，要想强化研究生对思政课堂教学内容的深度理解，就要转换教学方式，进行话语创新，从而引导学生思考，促进学生形塑理性的知识能力。

（三）在实质层面，思政课教学更容易"入脑入心"

教学话语的创新，可以有效避免"填鸭式"的教学，将思政理念融入"接地气"的教学全过程，让学生在思辨中增进对中国道路的自信，增进对中国方略的认同。在这一过程中，教学话语创新可以不断探索，将"高度"与"温度"结合，把"天下事"更好地讲成"身边事"，促进正确价值观的"入脑入心"。

四、研究生思政课教学话语创新的推广方案

研究生思政课教学话语创新，有其一般性的规律，可以通过如下方式，进行有效推广。

（一）加强对学生基本诉求的调研，了解学生的所思所想

具体可以通过问卷调查、深度访谈等形式来收集学生的具体课堂诉求，并将这些诉求及时吸收。表2是笔者在一次课堂中收集的部分研究生的相关诉求。

表2 部分研究生对于思政课教学的诉求

学生1:希望上课的时候,教师多放一些生动的视频。
学生2:希望教师上课不要照本宣科。
学生3:上课的时候,多讲一些案例,多讲一些故事。
学生4:能重点讲一讲和我们大学生相关的一些事情,比如就业、专业发展等。
学生5:把理论讲得生动一些、丰富一些,不要太教条。
学生6:多分析一下社会问题和社会现象,比如"内卷"等。
学生7:多讲讲和日常生活关系密切的事情。
学生8:教育、住房、医疗这些民生实事,要多讲讲。
学生9:不仅要讲是什么,也要讲为什么、怎么办。

通过以上诉求的收集,授课教师就可以充分掌握学生的所思、所想和所需,进而调整授课内容,提高授课内容和研究生日常生活的关联性。

(二)加强对时政热点、社会热点和青年关切内容的关注

习近平总书记指出,"思政课不仅应该在课堂上讲,也应该在社会生活中讲","上思政课不能拿着文件宣读,没有生命,干巴巴的"。这表明,思政课教学的话语创新一定要融入时代和现实语境。为此,研究生思政课程要体现与时俱进,就需要授课教师及时掌握、追踪时事动态,不断拓展自身的知识结构。要将最新的会议精神、政策精神及时吸收进课堂教学之中,并进一步引导学生将马克思主义基本理论融入具体的现实生活之中。在青年关切的内容上,授课教师可以通过关注青年学生的"朋友圈"、通过微博等社交媒介来掌握青年学生的动态,并收集整理相关素材。

(三)加强对课堂学生专业情况的了解,做好精准教学

研究生思政课堂中的学生来自不同学院、不同班级,授课教师若能在课前充分调研,依据学生专业的特殊性,有针对性地开展教学,则能起到较好的教学效果。比如,在给华中科技大学船舶与海洋工程该学院的研究生授课时,笔者就充分利用了和该学院相关的素材——我国第三艘航空母舰的总设计师、毕业于该学院的校友王硕威。学生们对此都比较感兴趣,在这一基础上,笔者详细就"大国重器"的相关内容进行了解读。

党的二十大报告指出:青年强,则国家强。当代中国青年生逢其时,施展才干的舞台无比广阔,实现梦想的前景无比光明。全党要把青年工作作为战略性

工作来抓，用党的科学理论武装青年，用党的初心使命感召青年，做青年朋友的知心人、青年工作的热心人、青年群众的引路人。在这一背景下，研究生思政课教学话语创新的意义不言而喻，其是做青年朋友的知心人、青年工作的热心人、青年群众的引路人的重要载体和渠道。

中国式现代化融入"新时代中国特色社会主义理论与实践"课程的理与路

——基于实践教学的视角

朱文婷

中国式现代化,是党带领人民推进和拓展我国现代化建设中擎起的鲜明旗帜,是现代化的中国路径阔步迈向世界和未来的特定标志。党的二十大报告指出,中国式现代化是在长期探索和实践基础上形成的,"既有各国现代化的共同特征,更有基于自己国情的中国特色","为人类实现现代化提供了新的选择"①。上述内容充分彰显了中国式现代化独有的内涵,体现了世界历史视域中党的使命任务和责任担当,构成了推动人类发展进步的重要力量。

中国式现代化的提出具有其自身流脉:从习近平总书记在建党百年大会上提出坚持和发展中国特色社会主义"创造了中国式现代化新道路,创造了人类文明新形态"②,到《中共中央关于党的百年奋斗重大成就和历史经验的决议》进一步明确"党领导人民成功走出中国式现代化道路,创造了人类文明新形态,拓展了发展中国家走向现代化的途径"③,再到党的二十大报告将新时代新征程中国共产党的使命任务确立为"团结带领全国各族人民全面建成社会主义现代化强国、实现第二个百年奋斗目标,以中国式现代化全面推进中华民族伟大复兴"④。可见,中国式现代化是中国共产党人带领中国人民在实现民族复兴和人类进步过程中的伟大创造,构成了高校思想政治理论课教育教学不可或缺的育人切入点。深刻把握中国式现代化同"新时代中国特色社会主义理论与实践"这门高校研究生思想政治理论课在内容上的契合性,进而把中国式现代化的最新理论成果融入"新时代中国特色社会主义理论与实践",对于讲好中国式现代

---

① 习近平.高举中国特色社会主义伟大旗帜 为全面建设社会主义现代化国家而团结奋斗[N].人民日报,2022-10-26.
② 习近平.在庆祝中国共产党成立100周年大会上的讲话[N].人民日报,2021-07-02.
③ 中共中央关于党的百年奋斗重大成就和历史经验的决议[N].人民日报,2021-11-17.
④ 习近平.高举中国特色社会主义伟大旗帜 为全面建设社会主义现代化国家而团结奋斗[N].人民日报,2022-10-26.

化、回答好"新时代中国特色社会主义为什么好"、提升高校思想政治理论课教育教学的实效性,具有十分重要的理论意义和实践价值。

一、中国式现代化与"新时代中国特色社会主义理论与实践"课程的内容契合性

中国式现代化具备五个方面的内涵,具体包括人口规模巨大的现代化、全体人民共同富裕的现代化、物质文明和精神文明相协调的现代化、人与自然和谐共生的现代化以及走和平发展道路的现代化。"新时代中国特色社会主义理论与实践"课程内容也极为丰富,根据课程的章节分布,主要涵盖以下几个方面:中国特色社会主义进入新时代,新时代坚持和发展中国特色社会主义,新时代中国特色社会主义经济建设、政治建设、文化建设、社会建设、生态文明建设,新时代坚持和发展中国特色社会主义的重要保障,新时代中国特色大国外交与构建人类命运共同体,新时代坚持和加强党的全面领导与全面从严治党。可以说,中国式现代化的内涵与研究生思想政治理论课程"新时代中国特色社会主义理论与实践"在内容上高度契合,这也为中国式现代化思想融入该课程提供了必要前提。

(一)中国式现代化是"人口规模巨大的现代化"

中国式现代化要求既坚持人民主体地位、促进人的自由全面发展,又要求通过党的组织和带领,广大人民群众勠力同心,进行中国特色社会主义现代化建设。为实现上述目标,需要统筹推进各项社会事业协同发展,以此实现"人的现代化"这一中国式现代化的价值旨归。"新时代中国特色社会主义理论与实践"这门课程,正是在坚持党的领导、坚持中国特色社会主义理论与实践原则的基础上,在深度讲授统筹推进经济现代化、政治现代化、文化现代化、社会现代化、生态文明现代化,以及协同建设富强中国、民主中国、文明中国、和谐中国、美丽中国的相关内容前提下展开的,因而同中国式现代化存在完整、系统的内在联系。

(二)中国式现代化是"全体人民共同富裕的现代化"

这是社会主义的本质要求,也是中国式现代化的重要特征,并集中表现在现代化发展成果由人民共享的全过程之中。"新时代中国特色社会主义理论与实践"这门课程,一则充分彰显着实现全体人民共同富裕的价值意蕴,这既是中国特色社会主义本质的具体表现,也是中国式现代化道路的重要内涵;二则讲清了全体人民如何走向共同富裕的具体路径,即着力建设并取得物质文明、政

治文明、精神文明、社会文明、生态文明的一切发展成果。由此,后者从价值和路径两个方面讲清楚了中国式现代化的可能性和可行性。

(三)中国式现代化是"物质文明和精神文明相协调的现代化"

中国式现代化将物质文明作为硬实力、精神文明作为软实力,坚持以辩证、全面的态度推进物质文明和精神文明协调发展,确保二者互为补充、相互牵引。在"新时代中国特色社会主义理论与实践"课程讲授中,同样要求以物质文明发展促进精神文明繁荣,以精神文明进步推进物质文明建设,实现物质文明和精神文明共同发展。具体来看,体现在新时代中国特色社会主义经济建设、政治建设、文化建设、社会建设、生态文明建设的"五位一体"总体布局当中。这其中,既有隶属经济基础(物质文明)的部分,又有隶属上层建筑(精神文明)的部分,由此规避了片面偏颇的现代化发展方式,同时也给广大研究生讲清楚了中国式现代化的高质量、宽领域、深层次发展的重要前提。

(四)中国式现代化是"人与自然和谐共生的现代化"

中国式现代化坚持尊重自然、顺应自然、保护自然,确保人与自然的和谐共生,促进人的可持续发展。"新时代中国特色社会主义理论与实践"课程的第七章"新时代中国特色社会主义生态文明建设",重点讲授了新时代中国特色社会主义生态文明建设的理论与制度、坚持人与自然和谐共生、建设美丽中国、共同推进全球生态治理等一系列重大问题,由此提升了学生对于自然生态的本质、规律、现状的正确认识,有助于构建人与自然和谐发展的中国式现代化良好格局。

(五)中国式现代化是"走和平发展道路的现代化"

中国式现代化彰显了中国既发展自身又造福世界,始终是世界和平的建设者、全球发展的贡献者、国际秩序的维护者的身份定位。中国式现代化致力于推动世界各国以合作代替纷争、以协商化解分歧、以可谅消解冲突,为促进国际合作共赢、人类文明进步、世界和平发展贡献中国智慧和中国方案。"新时代中国特色社会主义理论与实践"课程的第九章"新时代中国特色大国外交与构建人类命运共同体",则讲清楚了新时代中国特色大国外交的根本遵循、推动建设新型国际关系、推动构建人类命运共同体等相关内容,特别强调了中国将坚持走和平发展道路的目标要求,以及打造人类命运共同体的相关理论与实践举措,充分体现了中国式现代化走和平发展、合作共赢的价值旨归。

二、将中国式现代化的最新理论成果融入"新时代中国特色社会主义理论与实践"课程

中国式现代化科学回顾并总结了进行中国特色社会主义现代化建设以来的伟大成就，指明了党和国家现代化事业的前进方向，具有丰富的教育意义，蕴含着深刻的育人内涵。将中国式现代化的最新理论成果融入"新时代中国特色社会主义理论与实践"课程教学内容，是新时代高校思想政治理论课立德树人的题中之义。

（一）要将新时代十年创立的、关涉我国现代化建设的理论融入课程

进入新时代以来，以习近平同志为核心的党中央准确把握中国特色社会主义的历史新方位，带领中国人民创立了一系列重要的现代化建设理论，代表性理论有以下三点。

一是"两步走"战略安排，即从2020年到2035年基本实现社会主义现代化、从2035年到21世纪中叶把我国建成富强民主文明和谐美丽的社会主义现代化强国。

二是"五位一体"总体布局，即经济层面要完整、准确、全面贯彻新发展理念，坚持社会主义市场经济改革方向，坚持高水平对外开放，加快构建以国内大循环为主体、国内国际双循环相互促进的新发展格局，实施科教兴国战略，强化现代化建设人才支撑；政治层面要发展全过程人民民主，保障人民当家作主，坚持全面依法治国，推进法治中国建设；文化层面要推进文化自信自强，铸就社会主义文化新辉煌；社会层面要坚持在发展中保障和改善民生，鼓励共同奋斗创造美好生活，不断实现人民对美好生活的向往；生态文明层面要牢固树立和践行"绿水青山就是金山银山"的理念，站在人与自然和谐共生的高度谋划发展。

三是协调推进"四个全面"战略布局，即全面建设社会主义现代化国家、全面深化改革、全面依法治国、全面从严治党。上述最新理论成果，能够从研究生思想政治理论课程的视角全面认识推进中国式现代化的总的原则方针和具体战略策略，可为高校研究生的专业学习、科学研究、职业规划提供政治层面的宏观视野和具体行动指南。

（二）要将新时代党和国家有关中国式现代化的最新要求融入课程

党的二十大报告指出："全面建设社会主义现代化国家，是一项伟大而艰巨的事业，前途光明，任重道远。"为此，必须进一步坚持和加强党的全面领导、坚持中国特色社会主义道路、坚持以人民为中心的发展思想、坚持深化改革开放、

坚持发扬斗争精神。参与"新时代中国特色社会主义理论与实践"课程学习的广大研究生具有新时代青年这一身份，故而要求教师把教学任务作为战略性工作来抓，用中国式现代化的最新要求感召青年，做青年思想的启发人、青年成长的引路人，从而确保广大研究生"怀抱梦想又脚踏实地，敢想敢为又善作善成，立志做有理想、敢担当、能吃苦、肯奋斗的新时代好青年"[①]。

三、中国式现代化融入"新时代中国特色社会主义理论与实践"课程的原则和方法

推进中国式现代化融入"新时代中国特色社会主义理论与实践"课程，要坚持学用贯通、知行合一，切实提升"融入"的系统思维、问题导向、守正创新和胸怀天下这四点原则和方法，引导不同学科专业的研究生将中国式现代化的思想伟力转化为实践动力，推动新时代中国特色社会主义取得现代化建设事业的更大辉煌。

（一）坚持系统思维，提升将中国式现代化融入"新时代中国特色社会主义理论与实践"课程的总体性

党的二十大报告指出："只有用普遍联系的、全面系统的、发展变化的观点观察事物，才能把握事物发展规律。"要善于通过历史看现实、透过现象看本质，把握好全局和局部、当前和长远、宏观和微观、主要矛盾和次要矛盾、特殊和一般的关系。可以认为，系统思维为有效推进中国式现代化融入"新时代中国特色社会主义理论与实践"课程提供了前瞻性思考、全局性谋划、整体性推进党和国家各项事业的科学思想方法。在课程教学中，一则可以从知识上入手、课程上聚焦、专业上行文、科目上统筹，使得中国式现代化能够有特色、全链条、不重合地融入课程内容；二则可以与高校辅导员、班主任、学生导师等不同身份群体的高校工作者共同推进课程的教学实践，促使中国式现代化内容能够时时刻刻得到彰显。

（二）坚持问题导向，确保中国式现代化融入"新时代中国特色社会主义理论与实践"课程的针对性和现实性

党的二十大报告指出："问题是时代的声音，回答并指导解决问题是理论的根本任务。"进入新时代以来，中国式现代化所面临问题的复杂程度、解决问题的艰巨程度正在加大，故而必须帮助广大在校研究生增强问题意识，聚焦现代

---

① 习近平.高举中国特色社会主义伟大旗帜 为全面建设社会主义现代化国家而团结奋斗[N].人民日报,2022-10-26.

化建设实践当中遇到的新问题、新矛盾，提升他们分析和解决问题的能力。在"新时代中国特色社会主义理论与实践"课程的具体教学中，教师一方面可以设法整合实践资源、拓展实践平台，把中国式现代化的核心要义同研究生的专业实践相结合，如依托大学校企、大学周边高新技术开发区、城市社区街道、农村村委会、企事业单位，等等，推进多种形式的社会实践；另一方面可以进一步丰富实践内容、创新实践形式，如开展在校研究生暑期"三下乡"实践活动、公益志愿服务活动、现代化实践工程等社会活动，在解决问题的过程中彰显中国式现代化的精神要义。

（三）坚持守正创新，展示中国式现代化融入"新时代中国特色社会主义理论与实践"课程的传承性和时代性

中国式现代化既有对历史的传承，也有对现实的回应。党领导中国式现代化能够取得成就的关键就在于传承马克思主义精神内核的同时，不断确保中国特色社会主义的持续创新。中国式现代化没有照搬西方现代化的发展模式、没有落入苏联现代化的发展窠臼，而是在守正创新中取得了中国特色社会主义现代化建设的辉煌成果。在"新时代中国特色社会主义理论与实践"课程的实践教学中，可制定创新型教学标准、适度增加创新教学比重、加强创新创业教育，注重让广大研究生用行动落实中国式现代化内涵，由此增强创新精神、创造意识和创业能力。

（四）坚持胸怀天下，展示中国式现代化融入"新时代中国特色社会主义理论与实践"课程的世界性和影响力

中国式现代化一直主动融入世界现代化的浪潮，它是在与世界的双向互动中扬弃地借鉴了现代化既有理论和实践的相关经验，在推动中华民族伟大复兴的同时，为世界的和平与发展作出卓越贡献。故而，教师在讲授"新时代中国特色社会主义理论与实践"课程中，需要讲清楚中国式现代化既造福了中国人民，也造福了人类社会；未来有必要进一步深刻洞察人类发展进步潮流，积极回应各国人民普遍关切，为解决人类面临的共同问题作出贡献，以此推动建设更加美好的世界。而找准中国式现代化与世界之间的契合点，需要对中国式现代化所蕴含的宏观视域、世界思维和全球眼光进行内容、方式和方法的合理设计，促进政治性、思想性、学术性和专业性在"新时代中国特色社会主义理论与实践"课程教学设计中的有机融合，进而讲清楚中国式现代化不仅维护了中国人民利益，还将为人类社会朝着和而不同、多元统一的共同发展提供强大助力，引导广大研究生将中国式现代化胸怀天下的原则和方法内化于心、外化于行。

总之，在中华人民共和国成立，特别是改革开放以来长期探索和实践的基

础上,经过党的十八大以来在理论和实践上的创新突破,我们成功推进和拓展了中国式现代化。面对全面建设社会主义现代化国家的新时代新征程,将中国式现代化进一步融入"新时代中国特色社会主义理论与实践"课程,将有助于为高校学生树立崇高的理想引领、正确的价值指向、必要的原则遵循、切实的战略谋划,帮助学生树立建设富强中国、民主中国、文明中国、和谐中国、美丽中国的理想信念,并为进一步纵深推进中国式现代化历史进程作出贡献。

基于SPOC的混合式教学模式应用于"形势与政策"思政课程的研究

欧阳真

"形势与政策"课是高校思想品德教学中的一门必修课程，是对学生进行形势与政策教育的主渠道和主阵地，是包括大专生、本科生、研究生在内每个学生的必修课，是学校德育的一项重要内容。开设这门课程的主要目的是帮助学生正确认识国家的政治、经济形势，以及国家改革与发展所处的国际环境、时代背景，正确理解党的基本路线、重大方针和政策，正确分析社会关注的热点问题，激发学生的爱国主义热情，增强其民族自信心和社会责任感，把握未来、勤奋学习、成才报国。

一、"形势与政策"课程要求及内涵

形势和政策是这门课程最基本的概念，要学好这门课程首先必须先搞清楚形势、政策这两个概念的含义、特征，以及它们之间的关系，进而才能把握其知识体系，最后达到对知识的活学活用。"形势"一词古汉语中即有之，其义颇多。到了现代，随着科学、理性的发展，又赋予了时代新意和时代特征。形势就是事物发展的状态和趋势。状态是现实的、可见的、静态的；趋势是未来的、不可见的、动态的。形势具有客观性、变化性、复杂性、联系性、阶段性、发展性、规律性的特征。掌握了形势的这七个特征，就为我们理解、把握形势，继而因势利导制定政策打下了基础。我们进行社会主义建设，制定的方针、政策科学与否，完全取决于对形势客观准确的分析判断。然而，客观准确地分析判断形势并非易事，因为形势的表现方式是多样的、多变的、错综复杂的。形势表现的复杂性以及形势对政策的制约性，要求我们在分析形势时，一定要根据其特点，坚持原则，不能草率，否则将会"失之毫厘，谬以千里"。概括起来，分析形势应坚持客观性、发展性、系统性、本质性等基本原则。形势与政策教育，不应简单地播报新闻，不是灌输式地告诉大家事实和结论，重要的是引导受众学会用正确的方法、站在正确的立场上去观察形势、分析问题，从而自觉地理解党的各项方针政策的制定依据，自觉地贯彻党的方针和路线。所以，学习"形势与政策"课程，应注重了解、掌握分析形势的基本方法,如阶级分析方法,善于抓住主要矛盾和矛盾的主要方面,用联系的观点分析形势等。

在形势与政策这对关系中,政策是人的主观努力对客观形势的影响。我们研究社会、把握形势,就是为了采取科学对策,为这一形势下的社会实践服务。所以,了解政策的含义和特征,对我们分析形势、理解政策,认识形势与政策的知识体系具有更重要的意义。政策是国家机关、政党及其他政治团体在特定时期为实现或服务于一定社会政治、经济、文化目标所采取的政治行为或规定的行为准则,政策是一系列谋略、措施、办法、方法、条例等的总称。从本质上讲,政策是统治阶级利益和意志的反映,是主观指导和客观规律的统一。本文讲的政策主要指我们党和国家的政策。例如,我国的外交政策、经济政策、就业政策、科技政策、文教政策等。政策具有阶级性、主观性、权威性、导向性等特征。政策按地位和作用分,有宏观政策与微观政策,宏观政策,亦称战略性政策或总方针、总政策,指关系全局的政策。政策按时间分,有过去政策和现实政策。政策按权威性分,有国家政策与地方政策。政策按范围分,有全球政策和区域政策。政策按性质分,有科学政策和非科学政策。

形势与政策的关系,是辩证统一的关系。二者之间,既相互区别,又相互联系。正是这种矛盾的互动过程,推动着事物向前发展。形势是客观的,政策是主观的。政策不是物质实体、客观事物,而是主观对客观的反映,是人们为达到一定目的的主观努力、精神成果。所以,政策是主观的。形势是多样的,政策是有针对性的。根据以上形势类别的划分,我们就可以了解到形势是多样的。但是,每一项政策都是在特定的时期、特定的阶段,为解决特定的事件、特定的问题,所制定的有针对性的政策。所以,我们说政策是有针对性的。政策的制定和出台总是滞后于形势,这是从形势与政策产生的时间顺序而言的。一般来讲,形势在前,政策在后。也就是说,先有形势的产生,才有政策的出台。当然,政策先于形势的现象也是普遍存在的。形势与政策的联系,是讲形势与政策之间内在的相互关联的关系。形势是政策制定的依据,政策是形势发展的主观影响。制定并出台正确的政策,必须依据对形势的正确分析。正确的政策必须是能够反映、符合事物发展客观规律的政策。形势变了,政策也要随之变化。

2022年3月,教育部印发《高校"形势与政策"课教学要点(2022年上辑)》(以下简称《要点》),要求各地各高校要组织教师关注、参与教育部高校思政课教学指导委员会和全国高校"形势与政策"课教学创新中心举办的集体备课活动,指导教师及时将坚持和发展中国特色社会主义的生动实践和重要成果转化为教学案例,引导广大学生不断增强"四个自信"。《要点》指出,2022年将迎来党的二十大,这是我们党在进入全面建设社会主义现代化国家、向第二个百年奋斗目标进军的重要时刻召开的一次十分重要的代表大会,是党和国家政治生活中的一件大事。在2022年上半年高校"形势与政策"课教学中,要深入学习贯彻习近平新时代中国特色社会主义思想,特别是习近平总书记最新重要讲话精神,全面贯彻落实党的十九大和十九届历次全会精神,深入阐释党的百年奋斗重大成就和历史经验,深入阐释我国沉着应对百年变局和世纪疫情,深入阐释"十四五"规划良好开局和发展态势,引导学生学深、悟透党的创新理论,弘扬伟大建党精神,坚定走好中国道路、实现中华民族伟大复兴的信心和决心,奋进新征程、建功新时代,喜迎党的二十大胜利召开。其中提到:要深入阐释党的十九届六中全会精神,厚植爱党、爱国、爱社会主义的情感;充分认识北京冬奥会、冬残奥会成功举办的重大意义,感受中国特色社会主义制度的优越性;积极关注2022年全国"两会",感受团结奋进的民主政治实践;深入阐释经济发展态势,增强对我国经济发展的信心;正确理解共同富裕的科学内涵,把握实现共同富裕的战略目标和实践途径,坚定实现共同富裕的信心;深刻阐述台海形势的时与势,坚定共创祖国统一、民族复兴伟业的信心和决心;深刻阐述气候变化问题的实质,充分认识中国提出碳达峰碳中和目标的责任担当;深入阐述习近平总书记对时代趋势和国际局势的重大判断,充分认识新时代中国外交;等等。这对高校"形势与政策"课程提出了更高要求。

二、SPOC概念及流程

SPOC(small private online course,小规模限制性在线课程)这个概念是由美国加州大学伯克利分校的阿曼德·福克斯教授最早提出和使用的。small和private是相对于MOOC(幕课)中的massive和open而言的,small是指学生规模一般在几十人到几百人,private是指对学生设置限制性准入条件,达到要求的申请者才能被纳入SPOC课程。当前的SPOC教学案例,主要是针对围墙内的大学生和在校学生两类学习者进行设置的,前者是一种结合了课堂教学与在线教学的混合学习模式,是在大学校园课堂采用针对性较强的在线教学资源,如MOOC视频(或采用通过教学适用性评估的在线资源及相关评价等功能),实施翻转课堂教学。其基本流程是,教师把这些在线教学资源(如视频材料或互动课件)当作家庭作业布置给学生,然后在实体课堂教学中回答学生的问题,了解学生已经吸收了哪些知识,哪些知识还没有被吸收,在课上与学生一起处理作业或其他任务。总体上,教师可以根据自己的偏好和学生的需求,自由设置和调控课程的进度、节奏和评分系统。SPOC教学案例中的后者是根据设定的申请条件,从全球的申请者中选取一定规模(通常是500人)的学习者纳入SPOC课程,入选者必须保证学习时间和学习强度,参与在线讨论,完成规定的作业和考试等,通过者将获得课程完成证书;而未申请成功的学习者可以以旁听生的身份注册学习在线课程,例如观看课程讲座视频、自定节奏学习指定的课程材料、做作业、参加在线讨论等,但是他们不能接受教学团队的指导与互动,且在课程结束时不会被授予任何证书。

三、基于SPOC的混合式教学模式在"形势与政策"课程中的应用

(一)制作学习任务单

学习任务单是线上议题式微探究教学的重要载体,学生以学习任务单为导向,围绕教师设置的任务开展自主学习。教育部印发的《高等学校思想政治理论课建设标准》(以下简称"课程标准")强调要转变人才培养模式,关注学生个性化、多样化的学习需求。线上议题式微探究教学作为线下活动型课堂的准备与衔接,在学习任务单设计上更加侧重于与线下活动型课程内容的有机融合。其中,SPOC课程以校本微课程为核心,并与线下活动型课程的相关学习资源相配套,线上议题基于结构化微情境和序列化微议题引导学生自主探究,让学生在项目任务的驱动下,在解决问题的过程中获得真实体验,积累学习经验,建构知识体系并迁移应用,为线下活动型课堂做好充分的准备。

(二)SPOC课程学习

"形势与政策"课是一门综合性、活动型的学科课程,但在实践中实施活动型课堂教学存在诸多难点,如学生对于课堂活动的开展没有足够的知识储备,课堂上没有充分的时间讨论,学生局限在较低层次水平的讨论制约了活动型课堂教学的有效开展……线上议题式微探究教学是构建活动型课程的重要一环,构建SPOC课程则是线上议题式微探究教学的基础,它重点解决课程所需学习的知识难题及提供线下课堂开展活动所需的相关信息资源。学生在SPOC课程的学习中能完成教材内容的学习,并收集、分析更多的信息资源,在线下课堂把所掌握的知识和信息资源迁移运用到相关实践活动中,使活动型课堂真实有效地发生,学科核心素养得到真正的落实。

"形势与政策"SPOC课程内容根据"课程标准"和核心素养要求确定,可以是视频资源、文本资源等,主要包括校本微课程、线下活动型课堂教学拓展性资源等。校本微课程是SPOC课程的核心内容,它立足大单元,对单元教学内容总体框架结构进行体系化的设计,每一课时的校本微课程总时长不超过45分钟,属于必修内容。其他的课程资源根据线下活动型课堂教学需要提供给学生拓展学习,可以是图片、文字或视频等,属于选修内容。

SPOC 课程的学习主要分为三个环节来完成。一是自主学习，落实基础。学生要在规定的时间内，完成5个基础知识微课程学习并完成相配套的质量检测题，掌握基础知识。二是师生互动，答疑解惑。教师在讨论区里开设本课程"线上学习答疑区"，学生可针对自主学习中遇到的问题，与同学和教师互动，答疑解惑，在交流互动中解决存在的问题。三是线上督学，鼓励督促。在线上课程学习中，我们配备了助教，利用平台数据统计，及时追踪学生课程完成情况，提醒和鼓励学生认真完成课程学习。

(三) 线上微议题探究

线上议题式微探究教学是议题式教学的传承与创新，而线上微议题探究是线上议题式微探究教学的关键环节。线上教学的核心问题在于有效性，但由于线上教学自身的特点，学生线上学习的积极性和效率往往不高。线上议题式微探究教学通过设置结构化微情境，创设序列化微议题，将 SPOC 课程的学习目标和内容融会贯通，能让学生自主微探究，在真实的社会生活情境中解决问题。这种形式简单、课程有趣、议学深刻和学科融合的线上教学方式受到了学生的好评，有效地提高了学生学习的积极性和效率。

结构化微情境是微议题的载体，它还承担着知识、能力和情感价值观的传递任务。设置的结构化微情境具有以下几个特点：一是结构化，情境内容主题鲜明，结构优化；二是具有时政性或生活化，契合时代主题或贴近学生生活实际；三是可视化，尽可能以图文、视频等形式呈现。序列化微议题的设置是开展线上微议题探究的基础。设置的序列化微议题有以下几个特点：一是序列化，它是一连串相关的议题；二是学理性，与课程内容相关；三是思辨性，具有可争议性或可争辩性；四是微型性，议题切口小且具有开放性。开展线上微议题探究是由教师在学习平台上开设"议题讨论区"，设置当节课微情境和微议题材料，由学生自主微探究，并且在讨论区中实现师生、生生互动。

(四) 线上微质量监测

线上微质量监测是线上议题式微探究教学效果的量化工具之一。它以学科任务导向为标志，设置包括关键行为表现、学科任务、评价情境和学科内容四个基本维度的线上质量监测内容，监测学生学科内容的学习效果和能否运用学科内容应对各种复杂社会生活情境的挑战。

(五) 学习效果微评价

学习效果微评价具有短小精悍的特点，它与微议题、微情境、微探究具有一致性，更容易发挥评价的作用。在"超星学习通"平台上，教师可以及时统计学生课程学习情况,观察学生的行为表现,通过收集学生讨论质疑、生生互动、师生互动、学习总结等有关数据,及时给予学生评价并根据实际情况加以引导,既有明确的价值判断,又有清晰的价值导向。同时,评价主体与评价形式具有多样性,突出评价的过程性。在线上议题式微探究教学活动结束后,通过对课程学习、作业完成情况的数据进行分析以及对学科质量监测的结果进行量化,可以更好地评价学生的学习效果。

"毛泽东思想和中国特色社会主义理论体系概论"课程实践教学的现状、问题及对策研究

刘兴花

"毛泽东思想和中国特色社会主义理论体系概论"课（以下简称"概论"课）是高校思想政治理论课的核心课程之一，也是落实立德树人根本任务的关键课程，重点聚焦马克思主义中国化时代化的历史进程与理论成果。理论性是该课程的重要特征，但仅有理论性是不够的。首先，理论来源于实践，又指导实践，恰如马克思所言："全部社会生活在本质上是实践的。"坚持理论与实践相结合是马克思主义的基本原则，因而加强实践教学也是马克思主义理论的本质要求[1]。其次，加强实践教学是推进思想政治理论课改革创新的内在要求。习近平总书记在主持召开学校思想政治理论课教师座谈会时曾指出，推进思想政治理论课改革创新，要坚持理论性和实践性相统一[2]，而目前思想政治理论课教学存在的主要问题之一是理论与现实相脱节，人们缺乏对社会问题的关注，这也直接影响到思想政治理论课教育教学的实效性[3]。最后，加强实践教学是实现思想政治理论课教学目标的需要。该课程的教学目标之一是提升运用马克思主义立场、观点和方法来认识、分析与解决中国实际问题的能力，这必然要求加强实践教学。综上，实践性是学习"概论"课的内在要求之一。

既然思想政治理论课的实践教学如此重要，那么"概论"课的教学就不能囿于课堂理论教学，还要着眼于课外实践教学。以此为背景，本研究以高校"概论"课为基础，探究"概论"课实践教学的现状，指出其中存在的问题并提出相应的对策建议，以期提高思想政治理论课的教学效果。

一、"概论"课实践教学的现状

无论是在课时设置上，还是在教学理念和教学形式上，许多高校的"概论"

---

[1] 何绍铭.论思想政治理论课实践教学环节的完善——以《毛泽东思想和中国特色社会主义理论体系概论》课为例[J].首都经济贸易大学学报,2010(5):124-128.
[2] 习近平主持召开学校思想政治理论课教师座谈会强调 用新时代中国特色社会主义思想铸魂育人 贯彻党的教育方针落实立德树人根本任务[N].人民日报,2019-03-19(1).
[3] 康沛竹,艾四林.思政课改革创新的"八个相统一"[J].人民论坛,2019(5).

课都将实践教学积极纳入课程之中。

(一) 课时设置上兼顾实践教学课时

全国各个高校对"概论"课的课时设置不同,比如之前有些学校设置为72学时,也有学校将其设置为96学时,但自从"习近平新时代中国特色社会主义思想概论"从"概论"课分离出去后,许多高校将"概论"课的课时进行缩短,如缩短为48学时,其中课内学时为32学时或36学时,课外学时则为16学时或12学时。目前虽然学时有所缩短,但在课时设置上,充分考虑了实践教学的需要,给予学生充足的课外实践时间,这也使课程设置更加合理。还有学校将部分学时和学分从"概论"课等几大思政必修课中拿出来,形成一门新的课程"思政课社会实践",该门课要求学生以课外社会实践的方式进行实地考察与调研,最终撰写社会调查报告。整体而言,高校在"概论"课的课时设置上都兼顾了实践教学。

(二) 教学理念上秉承实践教学理念

习近平总书记在主持召开学校思想政治理论课教师座谈会时指出,高校思想政治理论课教学的改革创新离不开教师的主导,而教师的主导性作用首先体现在教学理念上,必须坚持以学生发展为本的理念,在增加学生知识的基础上,实现立德树人的目标。为了更好地推动学生对知识的掌握以及学生的健康发展,"概论"课教师必须秉承实践教学的理念。许多"概论"课教师在教学过程中秉承"大思政课"理念,积极树立实践教学的理念,在课堂教学中将理论讲授与实践案例相结合,鼓励学生进行课外实践活动,并给予及时的指导与帮助。

(三) 教学形式上采取实践教学形式

高校"概论"课实践教学的形式相对丰富多样,有些学校要求学生结合课本中的知识点进行社会调查,并撰写调查报告;也有学校让学生从马克思主义的立场、观点和方法来认识并分析社会热点问题;高等学校的校史是近现代历史的重要内容,校史既是高校随时代发展、师生随时代进步的自身历史,也是党创办发展高等教育和开展国家文教建设的整体史[1],因此一些学校认为学校历史、学院和专业历史,甚至家族史等都是社会发展的缩影,一定程度上反映出当时社会发展的某些特征,进而让学生结合校史、院史、专业史、家族史等来理解并分析中国社会的发展;有些学校让学生去学校所在城市的红色革命遗迹参观打

---

[1] 狄鸿旭,杨宗丽.校史融入思政课:逻辑、理念与方法——以中央民族大学为例[J].民族教育研究,2022(6):100-106.

卡,学习革命精神,传承红色文化基因;还有学校通过让学生观看红色题材电影的方式进行实践教学,让学生结合课本内容写观后感;或者通过小组讨论或小组展示等形式就某一问题进行深入探讨。这些教学形式与方法上的突破,既可以有效地激发学生对"概论"课的学习兴趣,又能够调动学生对课程学习的热情和主动性,增强学生的参与感。

二、"概论"课实践教学中的问题

"概论"课实践教学在许多高校虽然取得一定的成效,但总体上在教学理念、教学内容、教学效果、教学评价和教学规范上仍存在一些问题。

(一)教学理念上,教师实践教学理念滞后,重理论、轻实践[1]

许多学校及其教师仍坚持传统教学理念,以课本理论讲授为主,忽视学生在学习中的主体性作用,不重视实践教学。教师的教学理念直接决定其教学实践,当下"概论"课实践教学的薄弱环节之一就是缺少设计理念[2],重理论、轻实践也必然导致后续教学过程中实践教学的缺乏。而之所以出现这种现象,一方面是许多教师认为学生只要掌握课本理论知识即可,没有必要进行实践教学;另一方面,许多教师认为实践教学会增加其工作量,既要花费时间进行实践教学的设置,还要在整个过程中做好组织、管理、评估等工作,这与传统教学方式有很大不同,整个过程也显得更加不可控。同时一些教师在实践教学中存在能力欠缺、本领恐慌、水平焦虑等问题[3],为了规避实践教学带来的困难和诸多不确定性,很多教师不愿进行实践教学。

(二)教学内容上,教师实践教学内容单薄、形式单调

许多教师虽然采用了实践教学的形式,如撰写调查报告,写观影感想,红色革命遗迹打卡学习,小组讨论与展示相结合,社会发展研究与学校、学院、专业、家族的发展研究相结合等方式,但多数情况下教师只会采取一种,至多两种方式,实践教学的形式相对单一,课外实践和课内实践、校外实践和校内实践往往没有兼顾。且内容相对单薄,仅仅涉及了课本中少部分知识点,而且内容"模板

---

[1] 夏海燕.思政课实践教学的取径之误与取向之思[J].江苏高教,2022(3):87-91.
[2] 周颖,陈旻,袁阳.基于思想政治理论课逻辑体系构建高职实践教学模式研究——以"毛泽东思想和中国特色社会主义理论体系概论"课为例[J].思想理论教育导刊,2019(12):125-129.
[3] 司忠华.思想政治理论课实践教学:困境、追因与对策[J].思想政治教育研究,2022(1):89-93.

化"问题突出,部分教师未考虑教学对象的需求与差异①,内容缺乏多样性。此外,目前"概论"课集中学习毛泽东思想和中国特色社会主义理论体系中的邓小平理论、"三个代表"重要思想与科学发展观,虽然对"习近平新时代中国特色社会主义思想"也有所涉及,但更侧重于前几方面,这些内容与社会实际和学生生活等都有一定的距离,这在一定程度上影响了学生参与的积极性和主动性,也影响了实践教学的效果。

(三)教学效果上,实践教学多流于形式,不够具体深入

实现思想政治理论课的教学目标,达到理想的教学效果,是衡量"概论"课实践教学效果的主要标准。以此来看,很多学校的实践教学确实取得了一定的成效,学生在实践教学过程中也有一定的收获,但也有许多学校"概论"课的实践教学却流于形式,教师出于课程要求设置实践教学环节,学生为了完成课程作业则进行简单应付,比如没有进行社会调查而撰写调查报告,甚至很多学生抄袭网络资料;还有很多学生抄袭他人的观影感想来完成作业;红色革命遗迹打卡学习出现重参观、轻参与的现象,学习也往往变为拍照留念、旅游观赏,学生并没有很好地学习这些红色革命文化;小组讨论与展示往往变为少数学生的任务,其他同学则出现"搭便车"行为,没有实际参与其中;关于校史、院史、专业史、家族史等的分析,有些学生也仅停留在描述阶段,并没有很好地与社会发展相结合。这些现象表明很多学校"概论"课的实践教学浮于表面,不够具体深入,且并没有与课本理论知识很好地结合起来。此外,受时间、人力、物力的限制,一些学校的实践教学并不能实现学生的全员参与和全程体验,而是选择部分学生代表参加或分阶段体验,从而限制和影响了实践教学的普及范围和育人效果。②

(四)教学评价上,课程评价体系中实践教学的重要性有待增强

教学评价是依据教学目标对教学过程及结果进行价值判断的活动。在课程的教学评价体系中,实践教学应当占有重要位置。许多学校的"概论"课在教学评价时并没有充分考虑实践教学,无论是对教师教学工作还是对学生学习活动的评价,实践教学都没有成为衡量的重要指标。针对教师的教学工作而言,许多学校在设定教师教学评价时没有充分重视实践教学,没有考虑教师是否设置实践教学内容、在实践教学过程中教师的教学指导是否充分、教师对实践教学的成果评价是否准确有效等;针对学生的学习过程和结果,教师在设定考核

---

① 冯刚,陈梦霖.高校思政课实践教学的内涵、价值及其实现[J].学校党建与思想教育,2021(18):4-9.
② 司忠华.思想政治理论课实践教学:困境、追因与对策[J].思想政治教育研究,2022(1):89-93.

标准时,没有考虑学生是否充分参与实践教学活动,学生提交的实践教学成果是否为自主完成,是否从中有所收获、有助于成长等,尤其是重结果、轻过程等典型问题。

(五)教学规范上,实践教学开放性强,缺乏制度化和规范化

许多学校对"概论"课的实践教学有统一规定,对实践教学的内容、形式、管理以及考核等有相对制度化的规范,教师也能做到有章可循,但有些高校"概论"课的实践教学则较为随意,教师可自主设置实践教学环节,如自主决定实践教学的内容、形式、管理以及考核等。这种所谓的灵活性和开放性使教师在实践教学中拥有较大自主权,使他们的实践教学有足够自由的空间,但同时也可能会产生一些问题,如:无法集思广益,无法丰富实践教学的内容和形式;实践教学缺乏制度化和规范化依据,降低了实践教学管理的效率;实践教学的形式太多样,可能导致内容参差不齐,进而影响实践教学水平的提高。

三、加强"概论"课实践教学的对策

(一)教学理念上,教师要秉承"大思政课"建设理念,坚持理论与实践兼顾

教师在"概论"课授课中发挥主导性作用,因此,要加强"概论"课实践教学,首先要更新教师教学理念,改变"学生只要掌握课本理论知识即可"的传统认知,既要重视课本理论知识的讲授,也要兼顾实践教学的需要,给予实践教学足够的重视,发挥教学中学生的主体性作用。此外,还要让教师做好充足的准备,预先规划好实践教学的内容、形式、组织、管理和评估等工作。同时可以通过教师培训、集体备课、自主学习等多种途径提高教师实践教学的能力与水平,使之克服本领恐慌和水平焦虑等问题,以积极的心态应对实践教学整个过程中的诸多困难和不确定性。

(二)教学内容上,丰富实践教学内容,拓展实践教学形式

在最初设计实践教学时要精心设计实践教学环节,尤其要精准细化实践教学的主题。实践教学的内容最好既能结合课本的理论知识点,又能激发学生的兴趣和积极性,主题设计既要考虑教学需要也要兼顾学生需求,且实践教学的内容要不断丰富,不要仅局限于一个或两个知识点,要与教学重点和社会热点

相结合,与校园文化和地方文化等相结合①,尽量克服教学内容"模板化"的问题。实践教学的形式要尽量多样化,兼顾课外实践和课内实践、校外实践和校内实践等,推动多种社会实践形式协调发展,同时可以提供一些替代方案,给予学生自主选择权,让他们结合自己的专业、兴趣爱好和时间等诸多因素来选择,还可以建立实践教学基地来开展实践教学,实践教学基地是衔接思政小课堂与社会大课堂的关键设置,这种教学方式蕴含着坚持大课程思想、大教学结构和大资源系统的价值意蕴。② 实践教学内容和教学形式的丰富必能吸引学生更好地参与实践。

(三)教学效果上,推动实践的具体、深入,促进其与理论更好地结合

对"概论"课来讲,教学效果是衡量实践教学结果的重要标准,因而,需要思考如何更准确地测量实践教学的效果。为了尽量避免实践教学浮于表面,要对实践教学的内容进行具体化,推动实践活动的不断深入。首先,要对实践教学进行过程性评估,关注学生完成实践活动的过程,比如:为了撰写调查报告进行了哪些调查,运用了哪些方法,收集到了哪些资料;参观红色革命遗迹时具体考察学习了哪些内容;小组展示前收集了哪些资料,做了怎样的讨论,小组内部如何分工;关于校史、院史、专业史、家族史的调查是如何收集资料的,又是怎样与社会发展密切结合分析的,等等。这些都能够体现在实践教学环节中实践活动是否"落地"、资料来源是否真实、"工作量"是否饱满等。其次,为了提升实践教学效果,要对学生的实践活动进行结果性评估,仔细甄别他们实践成果的真实性和原创性,并判断这些实践成果与课本理论知识点之间是否进行了很好的结合,学生从实践教学中是否真的有所收获、有所成长。最后,最好实现实践教学中学生的全覆盖,即尽量能够选择让学生全员参与和全程体验的形式与内容,进而从整体上提升实践教学的效果。

(四)教学评价上,课程评价体系中充分考虑实践教学

目前"概论"课的考核评价体系有待完善,有必要将实践教学积极纳入。这既包括对教师教学工作的评价,也包括对学生学习活动的评价。学校对教师教学工作的评价,可以加入以下指标:一是考虑教师是否设置实践教学内容,二是教师在实践教学过程中的教学指导是否充分,三是教师对实践教学的成果评价是否准确。教师和学生都可以针对上述问题对教学工作进行评价,教师主要进

---

① 江毅."毛泽东思想和中国特色社会主义理论体系概论"课实践教学案例的设计与运用[J].思想理论教育导刊,2014(7):115-117.
② 周增为."大思政课"建设中实践教学基地的价值意蕴和关键问题[J].人民教育,2022(18):14-16.

行自我教学评价,学生主要从教学对象的角度对教学进行评价。教师对学生实践教学的学习过程和结果的评价,需要过程和结果兼顾,不能重结果而忽视过程,这就需要考虑他们是否充分参与实践教学活动、所提交的实践教学成果是否为自主完成、是否掌握课程相关理论知识点、是否从中有所收获和成长等。

(五)教学规范上,推动实践教学的制度化和规范化

这更多地体现了"概论"课本身的课程设置与发展。针对有些高校"概论"课实践教学中的随意性较大,制度化、规范化缺乏等问题,需要推动相应的制度化规范化建设,对实践教学的内容、形式、组织、管理以及考核等都进行明确规定,使教师在实践教学中有章可循。在实践教学趋于制度化和规范化的条件下,教师可以通过集体备课制度,讨论实践教学的具体内容和形式,同时对实践教学组织管理过程中可能遇到的问题进行集体讨论与商议,这样可以更好地回应这些问题,增强整个实践教学过程的确定性和可控性,进而提高实践教学管理效率和教师的实践教学水平。

数字化赋能"习近平新时代中国特色社会主义思想概论"课程建设的路径策略研究

江文路

一、问题的提出

2022年10月16日,习近平总书记在党的二十大报告中指出:"教育是国之大计、党之大计。我们要坚持教育优先发展、科技自立自强、人才引领驱动,加快建设教育强国、科技强国、人才强国,坚持为党育人、为国育才,全面提高人才自主培养质量。推进教育数字化,建设全民终身学习的学习型社会、学习型大国。"[①]党的二十大报告首次把"教育、科技、人才"进行"三位一体"统筹安排、一体部署,并首次将"推进教育数字化"写入报告,赋予了教育在全面建设社会主义现代化国家中新的使命任务,明确了教育数字化未来发展的行动纲领,这对于新时期的高等教育而言具有十分重大的战略意义。

教育数字化是教育教学活动与数字技术融合发展的产物,也是进一步推动教育改革发展的重要动力。"教育数字化转型"是当前教育改革与实践中的热点,也是未来教育创新变革的发展趋势。党的十九届六中全会通过的《中共中央关于党的百年奋斗重大成就和历史经验的决议》指出:"党的十八大以来,以习近平同志为主要代表的中国共产党人勇于进行理论探索和创新,以全新的视野深化对共产党执政规律、社会主义建设规律、人类社会发展规律的认识,取得重大理论创新成果,集中体现为习近平新时代中国特色社会主义思想。"[②]

习近平新时代中国特色社会主义思想体系严整、逻辑严密、内涵丰富、博大精深。学好用好习近平新时代中国特色社会主义思想的世界观和方法论就必须全面准确理解和把握习近平新时代中国特色社会主义思想的精髓,进行体系化凝练,明确学习内容范畴。大力推进"习近平新时代中国特色社会主义思想

---

① 习近平.高举中国特色社会主义伟大旗帜 为全面建设社会主义现代化国家而团结奋斗——在中国共产党第二十次全国代表大会上的报告[M].北京:人民出版社,2022.
② 中共十九届六中全会在京举行[N].人民日报,2021-11-12(4).

概论"课程建设数字化发展,培育教育教学新形态,深化教育改革创新,是推动习近平新时代中国特色社会主义思想入脑入心、培育新时代全面发展的高素质人才的重要抓手,是新时期高校思政课建设的重中之重。

二、数字文明时代的教育数字化:时代背景与重大意义

21世纪以来,以物联网、人工智能、大数据、智能制造等为代表的新兴科技迅速发展,驱动着人类社会生产方式发生新变革,信息革命的浪潮开始席卷各行各业,给人们的生活带来了深刻的改变。在新科技革命与产业变革相互交织的浪潮中,人们创造、交换、分享着各种各样的数据,以数据为代表的信息要素创造了新的社会联结,改变着人类的思维、生产、生活、学习方式。人、机、物三元世界的高度融合引发了数据规模的爆炸式增长和数据模式的高度复杂化,驱动着世界进入网络化的大数据时代。① 在大数据时代,信息生产和信息传播日趋"互动化"和"扁平化"。在新兴信息技术快速更新迭代的数字化浪潮中,大数据、人工智能、区块链等数字要素不仅带来了劳动生产率的显著提高,创造了新的经济增长引擎,同时深刻影响着教育的传统范式,加速了现代教育的数字化转型。

作为一种强调技术推动教育创新和变革的过程,教育数字化转型的产生和实践有着重要的发展意蕴。社会和文化的变迁、技术革新的动力、国家政策的主导和教育系统内生发展四个因素形成推拉合力,驱动着教育数字化转型。② 习近平总书记高度重视信息化建设和数字经济、数字中国建设发展,多次强调数字化、网络化、智能化在中国式现代化建设中的重要意义。他指出:"当今时代,数字技术作为世界科技革命和产业变革的先导力量,日益融入经济社会发展各领域全过程,深刻改变着生产方式、生活方式和社会治理方式。"③

从教育现代化的发展趋势看,利用信息化技术推动数字化转型正在成为全球教育变革的历史大潮。在以大数据、人工智能等为代表的数字技术不断塑造人类社会运行方式的数字文明时代,数字技术对经济社会和教育的影响,已经在广度和深度上实现了质的飞跃,达到了影响和改变人类现代文明形态的程度。伴随着世界百年未有之大变局的加速演进,全球各国围绕科技革命和产业变革的竞争博弈空前激烈。以信息化引领全面创新、以信息化为基础重构国家核心竞争力,已成为国与国之间竞争的主要表征。于我国而言,教育的数字化

---

① Steve Lohr. The Age of Big Data[N]. New York Times, 2012-02-11.
② 祝智庭,胡姣.教育数字化转型的实践逻辑与发展机遇[J].电化教育研究,2022(1):5-15.
③ 习近平向2022年世界互联网大会乌镇峰会致贺信[N].人民日报,2022-11-10(1).

转型既是守正创新、开创现代教育新局面的重要抓手,也是在数字文明时代取得全球数字教育竞争优势的关键之举。

党的十八大以来,我国出台了多项加速教育信息化进程的相关政策,对教育数字化转型起到了积极的推动作用。2022年全国教育工作会议明确提出,要实施教育数字化战略行动。这是我国教育事业一项重要的改革举措,将为教育高质量发展注入强大动力。

首先,教育数字化将深化我国教育理念的重大变革。随着大数据在网络空间不断生成、存储、流转和分享,各类资源要素都被整合进入特定的平台和场域,这大幅提升了资源配置效率。数据已经成为一种全新的生产要素,不仅绿色环保,而且具有巨大的创新功能,有助于加强线上线下联络沟通,推动人力、物力等跨越地域边界,实现万物互联,使教育要素的配置方式更加灵活多样,教育资源的利用更加节约高效。作为受教育者,人们可以随时随地参与在线教育活动,实现全时共在,使接受教育更加方便快捷,教育发展的成果实现普惠共享。具有代表性的示例是:在新冠疫情防控中,广大居民借助数字技术,足不出户就可以购买生活用品、获得居家服务,在线学习、视频授课保证大中小学校"停课不停学、不停教"。数字技术的广泛应用,展现了教育现代化发展的广阔前景,成为培养更多大师、战略科学家、一流科技领军人才和创新团队、青年科技人才、卓越工程师、大国工匠、高技能人才等的重要手段。

其次,值得注意的是,教育数字化不是简单地将传统教育方式线上化或视频化,而是通过全过程教学大数据的采集、分析和应用,将传统经验性教学向以数据交互、信息评估为主的数字化教育转变,推动教育和学习活动无处不在、无时不有。从这个角度来看,教育数字化对于教师这一群体的要求提高了,教育工作者不仅需要熟练掌握基本的信息技术工具,更需要用数字化的理念审视和指导教育教学过程的各个环节,勇于尝试,敢于探索,以信息化引领教学手段现代化,以数字化推动教育理念的现代化。

再次,教育数字化将有助于促进教育资源公平配置。在数字化的环境下,教育将不再局限于传统意义上的校园,受教育者不仅可以通过传统的面授方式获得知识,还可以足不出户,借助计算机,通过网络接受教育。通过教育数字化,可以扩大优质教育资源覆盖面,逐步缩小优质教育资源的区域、城乡差距,大力促进教育公平,让受教育群体共享优质教育。

最后,教育数字化为推动教育高质量发展创造了条件。[①] 因材施教的个性

---

① 以数字化提升教育发展质量(新论)[N].人民日报,2022-04-19(5).

化教育是现代教育未来的发展方向。依据每个学生的能力、潜力、创造力以及学习进度等数据,智能化的数字教育可以分析不同学生的学习情况,借助学习过程中双向数据反馈进行教学过程诊断与评价,科学引导教师差异化指导学生,为学生制定个性化学习方案。推动教育数字化,不仅有助于实现以学定教、以学评教、以学导教,还有助于构建更加健康、更加多样、更具活力的现代教育生态。

"十四五"规划时期,我国开启了全面建设社会主义现代化国家的新征程。大数据、云计算、移动互联网、物联网、人工智能等新一代数字技术迅猛发展,成为推进中国式现代化建设的强大动力。在教育现代化发展进程中,教育信息化已然成为教育发展的战略制高点,以教育信息化推动教育高质量发展,以教育信息化引领教育现代化,不仅是当前教育改革与实践中的热点,也是未来教育创新变革的发展趋势。对于新时期的高等教育系统而言,以数字化赋能"习近平新时代中国特色社会主义思想概论"课程建设是适应数字化时代教育形势发展的需要,也是推动高等院校思政课立德树人、铸魂育人培养体系全局性、整体性变革的关键抓手。

三、"习近平新时代中国特色社会主义思想概论"课程的授课情况分析

习近平新时代中国特色社会主义思想是当代中国马克思主义、二十一世纪马克思主义,是中华文化和中国精神的时代精华,实现了马克思主义中国化、时代化新的飞跃。① 新时代以来,正是在习近平新时代中国特色社会主义思想的科学指引下,我们党团结带领人民采取一系列战略性举措,推进一系列变革性实践,实现一系列突破性进展,取得一系列标志性成果,党和国家事业取得历史性成就、发生历史性变革。习近平新时代中国特色社会主义思想体系严整、逻辑严密、内涵丰富、博大精深。学好用好习近平新时代中国特色社会主义思想的世界观和方法论,就必须全面准确理解和把握习近平新时代中国特色社会主义思想的精髓,进行体系化凝练,明确学习内容范畴。因此,开设"习近平新时代中国特色社会主义思想概论"课程,是推动习近平新时代中国特色社会主义思想入脑入心、培育新时代全面发展的高素质人才的重大举措,是新时期高校思政课建设的重中之重。

---

① 中共十九届六中全会在京举行[N].人民日报,2021-11-12(4).

教育部高度重视"习近平新时代中国特色社会主义思想概论"课程建设工作,围绕如何将课程打造成学生满意、学校认可、社会称道的思政金课,如何让习近平新时代中国特色社会主义思想真正入脑入心、指导实践,作出一系列重大部署。为了全面贯彻党的教育方针,落实立德树人根本任务,培养德智体美劳全面发展的社会主义建设者和接班人,2021年,国家教材委员会研制印发了《习近平新时代中国特色社会主义思想进课程教材指南》,明确了习近平新时代中国特色社会主义思想的核心要义、理论与实践贡献、方法论、理论品格和历史地位,强调把马克思主义中国化最新成果系统纳入各级各类学校课程教材。2022年,教育部等十部门印发《全面推进"大思政课"建设的工作方案》(以下简称《工作方案》),《工作方案》明确指出,各高校须全面开设"习近平新时代中国特色社会主义思想概论"课。在教育部、中宣部等中央部委领导的高度重视下,在学校党委领导的大力支持下,华中科技大学马克思主义学院于2019年率先开设"习近平新时代中国特色社会主义思想概论"课程,高度重视"习近平新时代中国特色社会主义思想概论"课程建设工作,坚持用习近平新时代中国特色社会主义思想立德树人、铸魂育人,加强学生对习近平新时代中国特色社会主义思想的深刻理解,推动学生充分认识中国特色社会主义事业的重大历史任务,增强广大学生投身全面建设社会主义现代化国家、全面实现中华民族伟大复兴宏伟实践的自信心与责任感,取得了重要进展。

2022年秋季学期,华中科技大学马克思主义学院"习近平新时代中国特色社会主义思想概论"在整体课程设计与实施方面,凸显了思政课立德树人、培根铸魂的教化引领作用;在学习体验方面,学生对于理论学习的兴趣得以激发,政治意识得以增强,学习获得感十足。

首先,坚持以习近平新时代中国特色社会主义思想为指导,指引学生进一步感悟思想伟力。"习近平新时代中国特色社会主义思想概论"课程以宣传和讲解习近平新时代中国特色社会主义思想为主旨目标,课程主线涵盖新时代新思想新飞跃、坚持党的全面领导、全面从严治党、坚持总体国家安全观、坚持和发展全过程人民民主、全面依法治国、以新发展理念引领高质量发展、坚持人与自然和谐共生、习近平新时代中国特色社会主义思想、全面建设社会主义现代化国家、坚持以人民为中心的发展思想、加强以民生为重点的社会建设、坚持和发展中国特色社会主义的总任务、全面深化改革、推动构建人类命运共同体等15个专题板块,课程内容既强调对于习近平总书记理论思想的全面深入讲授,又不乏理论联系实际的案例分析和故事分享;课程站位高、思路清、方向明,向学生及时、准确、有效地传达了党的最新理论成果和思想精华。学生们纷纷表示,通过学习习近平新时代中国特色社会主义思想概论,自己对于中国特色社会主义当前的实际情况有了更深的了解认识,掌握了很多的思想理论,更加深入地了解和学习了党的指导思想、行动指南。

学生在课程学习后的课程感想（节选）

"习近平新时代中国特色社会主义思想概论"这门课是一门新的思政课，采用不同教师轮番讲课的方式，将习近平新时代中国特色社会主义思想与时事相结合，给我们带来了多方位的视角，让我们能够更加整体地观察这个社会的世态。正所谓十年树木、百年树人。育树，在于建筑可造之材，让人有所用；育人，在于塑造可用之人，让学生有所长，能所用。这门课正好能如此启迪我们。

其次，有效激发青年大学生学习兴趣，把习近平新时代中国特色社会主义思想蕴含的世界观和方法论"讲深、讲透、讲活"了。"习近平新时代中国特色社会主义概论"课程刷新了高校大学生以往对思政课枯燥乏味、照本宣科等的刻板印象，初步实现由兴趣驱动的学习理解。调查数据显示，超过半数的学生发自内心地认为学习"习近平新时代中国特色社会主义思想概论"课程重要性十足，学习态度十分端正。

再次，全面拓宽学生的世界视野，全面提升青年大学生获得感。许多学生表示学习"习近平新时代中国特色社会主义思想概论"课程让自己"了解世情国情党情，拓宽知识视野"，"对党史的了解更为深入"，"学到了最新的时政理论"。

最后，显著增强学生政治意识，帮助学生"系好人生的第一颗纽扣"。学习"习近平新时代中国特色社会主义思想概论"课程后，学生普遍反映对祖国、对中国共产党的认同和热爱有所加深，通过学习党的奋斗历程和创新理论，能够发自内心地敬党爱党，自觉以习近平新时代中国特色社会主义思想为指引，以实现中华民族伟大复兴为己任，主动担起国家富强、民族振兴、人民幸福的历史使命。

学生在学习课程后的决心体现（节选）

新时代青年要增强担当意识，长做中国人的志气；厚植担当情怀，强做中国人的骨气；提升担当能力，厚做中国人的底气。

就在本周，我通过了党组织的考核，光荣地成为一名中共预备党员。从刚入大学时递交入党申请书至今，我在思想上、行动上都有了很大的进步，始终向着有理想、有追求、有担当、有作为、有品质、有修养的大学生而不懈努力。系统地学习了党史与"新思想"，使我更深入地了解了我们党，清楚了她的伟大历史，清晰了她的荣光未来，也更纯洁了我的入党动机，更坚定了自己的使命责任。立足当下，着眼未来，在习近平新时代中国特色社会主义思想的指导下，我定将：

学以致用强本领，学习上不断严格要求自己，学有所成；

艰苦朴素助民众，生活上尽我所能帮助他人，克己奉公；

忠诚老实听党话，思想上学深悟透新思想，坚定信仰；

服从组织跟党走，行动上坚决做到两个维护，砥砺前行。

争取早日转正，当好旗帜，成为习近平新时代中国特色社会主义思想的坚定信仰者实践者！

功以才成，业由才广。培养造就大批德才兼备的高素质人才，是国家和民族长远发展大计。[①] 教育数字化是建设教育强国的重要基础。教育数字化战略行动启动实施以来，我国已经建成世界第一大教育教学资源库，探索了以服务引领和支撑学生全面发展、教师能力提升的新路径，实现了国家智慧教育平台应用试点工作全覆盖，形成了一批标志性研究成果，为加快建设高质量教育体系提供了重要支撑。习近平新时代中国特色社会主义思想，是新时代中国共产党的思想旗帜，是国家政治生活和社会生活的根本指针，是当代中国马克思主义、二十一世纪马克思主义，为实现中华民族伟大复兴提供了行动指南，为推动构建人类命运共同体贡献了智慧方案。[②] 面对数字时代的到来，加强"习近平新时代中国特色社会主义思想概论"课程建设，必须适应社会变迁并加速变革，充分运用当代数字技术，以系统学习和理论阐释的方式，运用理论与实践、历史与现实相结合的方法，引导学生全面深入地理解习近平新时代中国特色社会主义思想体系、内在逻辑、精神实质和重大意义，理解其蕴含和体现的马克思主义基本立场、观点和方法，增进对其科学性系统性的把握，提高学习和运用的自觉性，增强全面建成社会主义现代化强国和实现中华民族伟大复兴中国梦的使命感，不断培养适应未来的社会主义建设者和接班人。

四、数字化赋能"习近平新时代中国特色社会主义思想概论"课程建设的策略建议

"问题驱动+理念引领"是教育数字化转型的基本原则。用数字技术赋能"习近平新时代中国特色社会主义思想概论"课程建设必须推动大学课堂教学范式从"以教学者为中心"向"以学习者为中心"转型，并通过构建数字化流程，以优化其课程组织和管理流程，适应当代大学生学习和扩展教育教学模式，大

[①] 习近平.高举中国特色社会主义伟大旗帜 为全面建设社会主义现代化国家而团结奋斗——在中国共产党第二十次全国代表大会上的报告[M].北京:人民出版社,2022.

[②] 国家教材委员会关于印发《习近平新时代中国特色社会主义思想进课程教材指南》的通知[EB/OL]. [2023-07-12]. https://www.workercn.cn/c/2021-08-24/6726182.shtml.

力推进课程信息化与相关资源数字化建设,推动课程的"系统进化＋创新突破"。

(一)充分运用先进数字技术,不断推进"习近平新时代中国特色社会主义思想概论"课程教学体系和能力的现代化

首先,要牢牢把握"方法重于技术、组织制度创新重于技术创新"的工作理念,按照"应用为王、服务至上、示范引领、安全运行"的工作要求和思路一体化推进习近平新时代中国特色社会主义思想课程建设与应用。坚持"应用为王、服务至上",把数字应用摆在优先突出位置,以课程教学的应用需求驱动运行数字平台、标准平台和数据资源平台建设,加强课程相关内容建设和运营维护,不盲目追求最新技术,而是以实用高效为导向,切实为师生提供能用好用的习近平新时代中国特色社会主义思想相关数字化资源。其次,要加强资源整合,做好教育数字化建设推广应用探索,构建新技术融合的习近平新时代中国特色社会主义思想数字学习生态系统。通过数字技术链条的方式,将"习近平新时代中国特色社会主义思想概论"课程的教、学、管、测、评有机地整合在一起,从而推动教育信息化实现发展标准化、成果品牌化,大力提升课程管理体系和管理能力现代化水平。最后,创建数据赋能的新型教育教学评价方式。充分利用数字技术,提高课程评价的科学性、专业性、客观性。从高等教育发展趋势来看,在信息连接的基础上用数据驱动变革,以数据赋能教育评价改革是教育数字化的基本方向。因此,"习近平新时代中国特色社会主义思想概论"课程的评价需要创建数据赋能的新式教育数字化评价方式,增添更加多元的过程性评价和增值性评价新方式,形成富有生命力的课程评价系统,使评价过程更加科学、结果更加准确、手段更加丰富。

(二)充分开发和运用新形态数字化课程资源,推进"习近平新时代中国特色社会主义思想概论"课程教学模式的创新变革

教育数字化转型的第一层级在于将技术整合到教育领域的各种活动中,第二层级在于数字化转型带来的体验提升、效率提升和模式创新。大数据、人工智能等数字技术能够对个人的学习行为进行精准画像,进而提供个性化的教育服务,实现因人施教、因材施教。加强"习近平新时代中国特色社会主义思想概论"课程的数字化建设,需要探索面向数字文明时代的教育教学新模式,在人工智能、5G、云计算、大数据等技术的基础上,孵化信息化、数字化、智慧化的教育教学新模式。要加强"习近平新时代中国特色社会主义思想概论"课程的新形态优质数字化课程资源开发工作,持续扩大优质数字教育资源供给,撬动教学过程数字化转型。新形态优质数字化课程资源,即以数字形态存在、可装载于

数字终端阅读、可动态更新内容、可及时记录交互轨迹的新型学习资源。随着互联网技术的发展,信息和资源的分享更为便捷,各种类型的数字化课程资源正不断涌现,基于互动视频、虚拟仿真、全息投影、数字孪生、协同建构的课程教学也此起彼伏。通过信息技术提供的全方位数据分析和互动服务,教师能够准确了解学生学习"习近平新时代中国特色社会主义思想概论"课程的状态、学习进度和学习效果,也有利于学生把握课程重点难点,提高学习探索主动性,实现知识素养和探索能力双提高。因此,我们可以借助传统纸质课本和练习本、数字化教材、智能化教学工具和装备,探索新型教学模式、提高课堂教学效率、减轻师生负担、培养学生新型学习能力。并且我们要最大限度地增加"习近平新时代中国特色社会主义思想概论"优质数字化课程资源,推动各类学校、在线教育机构等逐步开放数字教育资源,合力打造优质数字教育资源库,把虚拟的实践场景"搬到"课堂,增强高校人才培养的针对性和有效性。[1]

需要注意的是,加强课程数字化建设需要有机融合虚拟与现实教育。教育重点在于育人,在线教育不能完全替代线下教育,不能因为积极推动数字化教育发展而忽视或弱化师生面对面交流的课堂教育。将在线教育作为"习近平新时代中国特色社会主义思想概论"课程教学的必要补充和延伸,课堂线下教育和数字化线上教育必须相互融合。

(三)将数字化贯穿到课程教学改革全过程,必须着力强化广大教师和教学管理人员的数字素养和技能

探索面向未来的教育教学新模式,在人工智能、5G、云计算、大数据等技术的基础上,孵化面向未来的教育教学新模式,其关键在人。当前,数字化为推动"习近平新时代中国特色社会主义思想概论"课程教学模式变革提供了重要机遇,提出了更高要求,这就要求从事本课程教学的教师队伍加快进行数字化转型能力建设。

首先,教师和教学管理人员需要积极转变教育教学理念,重视"习近平新时代中国特色社会主义思想概论"课程教学数字化转型价值。教育数字化转型的过程涉及组织方面的元素,包括领导力、数据治理能力、教师数字素养等教育数字化转型能力。这些能力元素极大地影响着教育数字化转型的价值倾向和组织实践的过程。因此,数字化赋能"习近平新时代中国特色社会主义思想概论"课程教学必须加强教育数字化转型能力培养,可探索建立首席信息官(CIO)制度,做好课程教学改革的试点和推广工作,实现从起步、应用和融合数字技术、到树立数字化意识和思维、培养数字化能力和方法,再到激发资源和数据要素、

---

[1] 陈振娇,熊璋.大力推进教育数字化[N].人民日报,2022-12-05(9).

构建智慧教育发展生态、形成数字治理体系和机制的重大转变。

其次,将数字技术与"习近平新时代中国特色社会主义思想概论"课程建设融合发展,要着力增加课程含金量,探索学科交叉性,提高学生选择自由度,突出发展进阶性,打破学习天花板,全面提升思政课的育人能力和水平。

最后,要为"习近平新时代中国特色社会主义思想概论"课程建设提供相应的硬件设施保障。对学校硬件教学设施来说,重点是推动5G、物联网、大数据、云计算、人工智能等新一代信息技术的应用,优化和升级基本设施、硬件设备、网络条件、智能工具、学习平台等,持续建设智慧校园、智慧教室和智慧生活场所,打造时空和教学深度融合、线下和线上融合的智能学习空间,推进场景式、体验式、沉浸式教学。要构建智联教学环境,努力打通学校、家庭和社会之间的数据信息壁垒,促进教育数据的全方位挖掘和整合,利用学习分析、教育数据挖掘等手段,改善教学服务供给与学习需求的匹配度,实现精准推送,不断优化教学服务质量和效率,探索构建由中央和地方以及高等学校提供的高学习体验、高内容适配性和高教学效率的大学生"习近平新时代中国特色社会主义思想概论"课程智慧化教学体系。

五、结语

习近平总书记指出,"办好思政课,要放在世界百年未有之大变局、党和国家事业发展全局中来看待,要从坚持和发展中国特色社会主义、全面建成社会主义现代化强国、实现中华民族伟大复兴的高度来对待,必须培养一代又一代拥护中国共产党领导和我国社会主义制度、立志为中国特色社会主义事业奋斗终身的有用人才"[①]。在当下,新一代信息技术突飞猛进,信息化、智能化和数字化正在同经济社会广泛融通、深度融合。[②] 加快推进教育数字化,扎根中国大地开展实践探索,不断深化"习近平新时代中国特色社会主义思想概论"课程教育教学改革,是当代中国高校思政课教师的机遇所在、职责所系。面对世界百年未有之大变局与中华民族伟大复兴战略全局,以习近平新时代中国特色社会主义思想为指引,加快"习近平新时代中国特色社会主义思想概论"课程的数字化建设是为党和国家培养更多担当民族复兴大任的时代新人的必备项,同时也是推进习近平新时代中国特色社会主义思想进课程进教材进头脑的重要抓手。

---

① 习近平.思政课是落实立德树人根本任务的关键课程[EB/OL].[2023-08-31]. http://news.cnr.cn/native/gd/20200831/t20200831_525234265.shtml.

② 江文路.数字文明新时代背景下的数字政府建设:规划图景、改革路径与实践经验[J].武汉科技大学学报(社会科学版),2023(1):49-56.

面向未来,以信息化驱动现代化、以数字化引领智能化、以数字技术赋能思政课程,推进"习近平新时代中国特色社会主义思想概论"课程的数字化建设,既是守正创新、勇毅前行的重要一招,也是在数字文明背景下落实立德树人根本任务、全面提高人才自主培养质量的关键之举。

高校思政课混合式教学改革的实践困境与路径优化

翁俊芳

习近平总书记指出,我们的高校是党领导下的高校,是中国特色社会主义高校。办好我们的高校,必须坚持以马克思主义为指导,全面贯彻党的教育方针。要坚持不懈传播马克思主义科学理论,抓好马克思主义理论教育,为学生一生成长奠定科学的思想基础。[①] 开展高校思政课教学是我国落实立德树人根本任务的主渠道,是强化政治建设、传播马克思主义理论、培养社会主义事业建设者和接班人的重要载体,是实现高等教育创新发展的重要环节。在数字中国建设驶入快车道的背景下,为积极响应党中央关于加强高校思想政治理论课教育教学改革的号召,更好地贯彻中共中央、国务院印发的《关于新时代加强和改进思想政治工作的意见》中关于"推动思想政治理论课改革创新"的指示精神,实现思政课教学改革与发展目标,加强对思政课课程体系、教学体系、管理体系与监督体系的优化,并使之与高校专业课程相衔接,创新教学方式和方法,拓展思政课教学虚拟平台与跨校团队合作,各大高校须自主探索思政课混合式教学改革之路。因此,在高校思政课的教学过程中运用混合式教学模式具有较强的创新价值与实践意义。

一、高校思政课混合式教学的时代价值与科学内涵

高校思政课教学改革的方向是提升思政课教学质量,丰富思政课教学的授课形式及内容,提高学生的思辨能力与实践能力,增强思政课教学与时俱进的实效性。高校思政课是落实立德树人根本任务、培养国之栋梁的重要途径,改革和创新高校思政课建设具有重要的现实意义。随着数字技术的发展和多媒体教学设备的普及,混合式教学逐渐成为高校思政课教学的重要方式之一。将线下课堂教学与线上网络教学相结合,在充分发挥学生主体性的同时,更好地

---

① 坚持和加强党对高校的全面领导[EB/OL].[2023-11-15]. https://baijiahao.baidu.com/s? Id = 1695154542527634 565&wfr=spider&for =pc.

实现了线上授课和线下教学之间的优势互补,形成具有时代特色和推广优势的思政课混合式教学新模式。

2012年教育部发布的《教育信息化十年发展规划(2011—2020年)》(以下简称《规划》)首次提出了"教育信息化"的概念,加快了我国在线开放课程和平台的建设发展及推广宣传。教育部提出《规划》要求以来,国内众多高校基于自主研发的教学平台以及国家允许在线开放的授课平台,逐步开展并推广混合式教学模式,不断创新思政课线上公开精品课程。截至2022年,教育部已认定上千门国家精品在线课程,以互联网技术为技术支持的慕课授课平台也在混合式教学中发挥重要作用。2022年,国家启动实施教育数字化战略行动,建成国家智慧教育公共服务平台,创建2.7万门高等教育优质实验课和网络慕课,汇聚4.4万条基础教育课程资源,扩大数字教育教学资源的覆盖面,推动教育公平与均衡发展,开启智慧教育发展之路。① 2023年1月12日,2023年全国教育工作会议指出,"大力实施国家教育数字化战略行动,推动塑造教育发展新赛道新动能新形态",这展现了科技变革对我国教育改革发展提出的新要求与新风向。2023年2月13—14日,世界数字教育大会在北京举办,大会以"数字变革与教育未来"为主题,旨在创新发展我国教育数字化工作,为世界数字教育发展增添新能量。② 截至2023年2月23日,国家智慧教育公共服务平台总浏览量已超过72亿次,访客量超过10亿人次,用户覆盖200多个国家和地区。③ 综合来看,混合式教学模式是大势所趋。当代高校思政课教师不仅要顺应时代潮流,熟练运用多媒体教学工具及设备,还要考虑当代大学生的特点,深入研究把握混合式教学规律,利用现代信息技术推动思政课教学的教育精神、教育理念、教育技术和教学方法等方面的变革,以实现信息化条件下的"铸魂育人"和"促进大学生全面发展"的思政课教学目标,提升教学质量。④

二、高校思政课混合式教学的发展现状与主要特点

高校思政课是高校对大学生进行思想政治教育、推动党的二十大精神入脑

---

① 教育的未来 向"数字"而来[EB/OL].[2023-09-17]. https://news.cctv.com/2023/02/27/ARTIRR7ZEXgI7yK2ccdStwKp230227.shtml.
② 教育的未来 向"数字"而来[EB/OL].[2023-09-17]. https://news.cctv.com/2023/02/27/ARTIRR7ZEXgI7yK2ccdStwKp230227.shtml.
③ 聚焦世界数字教育大会 教育的未来 向"数字"而来[EB/OL].[2023-08-22]. http://www.moe.gov.cn/jyb_xwfb/s514/202302/t20230227_1047935.html.
④ 李若瀚,高娜.高校思政课混合式教学模式改革面临的困境与出路[J].高教学刊,2022(26):134-137.

入心的主渠道、主阵地。然而,在大力推动"数字中国"建设的背景下,高校呈现出教学方式多元化、教学设备多样化、教学时间灵活化的特点,学生获取知识信息的途径也更加便捷、多变,传统线下课堂教学方式较难适应现代大学生的学习需求与学习习惯。在此背景下,高校思政课教师需要响应时代号召,不断创新授课形式及授课思路,适应当代大学生日益变化的学习需求。混合式教学作为一种新兴的教学方法,将传统课堂与线上教学相结合,不仅能提升学生的学习兴趣,还能将课堂延伸到课外实践中去。因此,笔者对高校思政课混合式教学的发展现状进行总结和梳理,归纳出当前我国高校思政课混合式教学具有四个主要特点:运用智能化教学手段及教学设备、强调以学生为主体、高度共享数字化网络教学资源、重视学生在课堂上的过程参与。

（一）运用智能化教学手段及教学设备

智能化的教学手段及多媒体教学设备是高校教师开展混合式教学的重要保障。其一,教师需要合理运用信息技术手段,充分利用网络教学平台、慕课以及各类与授课主题相关的视频等资源进行混合式教学,使学生通过生动活泼、紧跟时政的网络资源和多媒体教学平台学习相关课程知识。在课程内容方面,可以根据课程需要设置问题,利用多种资源向学生提供丰富的学习材料,并在学生完成课后作业时给予适当的评价。此外,还可以利用线上网络资源提供更多学习内容与拓展渠道,充分满足学生多样化需求。其二,教师要根据自己的教学对象和教学内容选取合适的智能化教学设备,如运用智能手机或电脑进行授课时,可以利用相关智能化教学设备录制微课视频或制作课件等。在课堂上使用多媒体教学设备开展授课时,教师也可以通过智能设备对学生进行在线测试、作业检查以及组织小组讨论等。其三,在开展混合式教学过程中,教师需要将智能化教学手段与传统教学方法有机结合起来。例如,华中科技大学的思政课教师在讲授"习近平新时代中国特色社会主义思想概论"时,授课教师将"微助教"或"学习通"作为授课辅助工具,应用于课堂上的讨论或小组展示环节中,增进了师生间的有效互动。

（二）强调以学生为主体

混合式教学作为一种与时俱进的新教学方式,是信息化时代下对传统思政课教学的有益补充。它以课堂教学为主要授课形式,利用数字化信息技术,将传统的线下课堂教学与网络平台教学相结合,充分融合二者各自的优势,从而提升思政课的教学质量及教学效果。混合式教学坚持以学生为主体的教学原则,学生成为学习的主体和活动的中心,教师在授课过程中要确保学生的主体性。这就要求教师应积极开展混合式教学设计,精心设计学习过程和学习任务,激发学生学习兴趣。在高校思政课中实施混合式教学时要注意以下几点:其一,教师要提高教学认知,明确学生是学习的主体和活动的中心,他们并不是被动接收信息的接受者,而是主动获取信息,进行思考、讨论与交流,积极建构知识的个体。所以在混合式教学中教师应引导学生充分发挥自身能动性和创造性,掌握和运用已有知识和经验解决问题。其二,通过线上线下相结合开展混合式教学,在充分利用信息技术提供教学支持的基础上,进一步优化以线下课堂为主、线上课堂为辅的教学模式。其三,要实现传统课堂与线上课堂协同发展,既要充分发挥传统课堂的优势和作用,又要充分发挥线上平台的优势和作用。其四,要实现传统授课方式与线上授课方式互相补充、相得益彰,积极鼓励学生参与课程讨论与实践环节,确保学生能够将理论与实践相结合,提高学生自主思辨、积极行动的能力。

(二)高度共享数字化网络教学资源

网络教学资源是课堂教学的延伸,学生能够充分利用课余时间灵活使用网络教学资源开展自主学习和课后复习。在混合式教学中,授课教师将传统课堂和网络学习有机融合,充分利用网络资源开展教学及答疑,为混合式教学提供了丰富的素材。混合式教学对课程资源建设的要求较高,需要在充分挖掘原有课程资源的基础上,不断创新、丰富、拓展,教学内容与形式。因此,高校要积极构建网络教学资源体系,充分利用网络平台建立校际间、跨院系间和不同院系的网上课堂;整合优质的教育教学资源,为教师提供多样化的在线课程资源,使师生可以及时获取丰富的学习素材和内容;充分利用网络技术建立资源共享平台,加强教师之间、教师与学生之间、不同院系之间的资源共享。例如,华中科技大学马克思主义学院教师团队在既有资源的基础上,充分运用中宣部会同教育部出品的《习近平新时代中国特色社会主义思想概论》统一教材、统一课件和其他支持材料,严格落实教育部相关战略部署,积极推进"习近平新时代中国特色社会主义思想概论"慕课制作等课程建设规划,依托校园内丰富的"大思政课"实践教学基地资源,逐步深化与人民网、光明网等主流媒体的合作,与兄弟院校深入开展联合跨校集体备课活动,打造一批具有高校自身特色的"习近平新时代中国特色社会主义思想概论"精品课程,为不断提升课程建设、培养具有全面素质的青年人才贡献力量。

(四)重视学生在课堂上的过程参与

混合式教学的实现建立在"以学生为主体,以教师为主导"的基础之上,教师充分调动学生参与课堂发言、讨论、展示等各个环节,引导学生在课堂中活跃思维、分析问题、参与问答。这不仅要求教师对教学内容有足够的专业知识积累、授课节奏及氛围的把控,结合学生在课程学习过程中所出现的问题进行有针对性的讲授,对学生有疑问的地方及时进行点拨,还需要授课教师能够充分运用智慧教学工具,保障由于特殊原因无法直接参与线下实体课堂教学的学生也能够参与课程互动。例如,2022年末,华中科技大学根据新冠疫情防控形势果断开展混合式教学模式,要求全校教师在线下授课的同时开启"腾讯会议"同步教学内容,确保每位因特殊原因无法参与线下课程的学生能够同步上课、同步参与课堂发言、同步参与课堂讨论、同步学习进度,实现了全校师生课堂学习的数字化交互。这种利用智慧教学工具的网络课堂不仅在新冠疫情防控的特殊时期确保校内外高校师生能够继续开展教学活动,还能进一步提高学生在课堂中的参与效率,确保授课教师能第一时间为学生答疑解惑。

三、高校思政课混合式教学的执行偏差与现实困境

习近平总书记在主持召开学校思想政治理论课教师座谈会时强调,要用好课堂教学这个主渠道、主阵地,同时要积极推进线下和线上教学深度融合。推进线上、线下相结合的混合式教学是对传统线下课堂教学的有益补充,对落实立德树人的根本任务具有重要意义。但在混合式教学的实施过程中,无论是教师还是学生都出现了一些认识和行为上的偏差,主要体现在:部分教师缺乏混合式教学能力和认识、不同教学手段之间的融合存在隐形隔阂、网络课程缺乏相应的制度性管理及监督、不同高校间存在网络资源共享壁垒。这些偏差背后反映出较多的问题,包括教师对课堂混合式教学模式应用研究不够、线上教学效果不理想、课堂混合式教学与课后巩固不协调等。

(一)部分教师缺乏混合式教学能力和认识

近年来,数字化技术得到了突飞猛进的发展,为混合式课堂教学提供了技术支撑与数据资源。但是,教师在混合式教学过程中,在利用信息化手段开展教学过程中缺乏创新意识、教学观念较为陈旧。其一,由于受到传统思想政治理论课的影响,部分高校思政课教师在开展思想政治理论课时存在传统教育理念的约束和技术操作水平的制约,导致上课形式无法满足教学需要。同时,部分思政课教师受自身专业素养和理论水平限制,在运用信息化教育手段开展思想政治理论课教学时还存在困难。其二,高校思政课混合式教学需要进一步丰富教学资源,推动思政课的信息化建设。在混合式教学中,高校应充分挖掘课程资源、校本资源、校外资源,推动多媒体技术和信息化技术的有效融合,从而更好地开展思想政治理论课教学工作。其三,教师往往采用传统的师生互动方式,把重点放在传授知识和理论灌输,容易忽视学生自主学习、主动实践的能力

培养。高校思政课教师在教学过程中还没有完全形成转变角色的意识,没有认识到混合式教学模式对其提出的挑战和要求,只是将混合式教学模式与传统课堂教学模式进行简单结合。教师对混合式教学模式缺乏深入理解和研究,不能对传统课堂模式进行有效整合,极大影响了混合式教学的效果。

(二)不同教学手段之间的融合存在隐形隔阂

技术革新改变着我们的生活,潜移默化地影响着教育教学的形态。技术不应仅作为时代的背景,更是高校教师迎接挑战的重要方式。① 但是在实际运用与实践过程中,技术运用与教学内容极易出现两极化倾向或者融合不佳的问题,要么是低水平的多媒体技术沦为辅助教学的点缀工具,要么是高水平、高成本的技术运用成为高校教学短期的偶然体验,难以提供混合式教学持续性的正能量。推进线上、线下教学深度融合,目的是实现思想政治教育工作体系和工作能力的现代化,提高当代高校思政课教师的授课质量。传统的慕课授课方式尽管为学生提供了线上学习资源,但慕课平台往往使用的是教师已经录制好的教学视频,无法实现课程直播、实时互动等功能,需要进一步改革混合式教学的授课形式及授课工具。不仅如此,混合式教学中不同教学手段之间的融合存在一定的隐形隔阂,这些隔阂为教师在课堂上组织混合课堂和实施混合式教学带来了一定的阻碍。例如,线上课程讲授多为大容量、多频次的学习内容,需要教师具备较高的课堂组织能力和协调能力,而线下课堂则需要教师在授课时以启发式、案例式等多种方式提高学生的参与度和学习效果。当线上课堂与线下课堂需要同时开展时,教师不仅要调动线下课堂的学生参与讨论,还要积极关注线上听课学生的问题与发言,这对于思政课教师而言是一个不小的挑战。

(三)网络课程缺乏相应的制度性管理及监督

伴随着混合式教学的日渐普及,网络教学在技术及形式上渐趋成熟,但仍有别于传统课堂的教学模式,在网络课程实施过程中,目前缺乏相对统一的质量标准和有效的监督手段,因此还未形成有效的教学质量监控管理系统。② 由于缺乏相应的制度管理及监督,高校教师和学生对网络课程的重视程度不够,部分教师不注重对学生参与网络课程情况进行监督和管理,学生参与网络课程学习的主动性、积极性和自律性不高。其一,部分高校缺少对网络课程教学的具体管理细则,混合式教学过程中出现诸多问题。学生通过不同的网络平台进

---

① 杨晓哲.技术与教育教学融合存在哪些错误倾向?如何解决?[EB/OL].[2023-02-27].http://www.zgjiaoyan.com/2020/mjgd_0608/9599.html.
② 张玮.网络教学质量监控管理的现状及对策研究[J].经济师,2021(2):193,195.

行学习,同一上课时间的课程数量增多,教学管理部门虽然可以通过后台对学生在线情况统计课程出勤率,却难以对网络教学的质量进行实时监控。比如:网络课程上传时间与上课时间不同步、线上与线下课堂教学不同步;出现课后作业、学习任务等布置不及时、效果不理想的情况;对学生参与网络课程学习情况缺乏有效监督。其二,部分教师认为网络课程是一个新事物,其教学质量得不到保证,更愿意选择传统的课堂教学方式,从而忽视了混合式教学的重要性。网络教学与常规课堂教学进度与计划很难保持一致,特别是需要参与实践的课程,难以和单纯的线上理论讲授紧密结合起来。其三,随着时间的推移,学生对于网络课程的新鲜感和关注度逐渐降低,这大大削弱了学生对于网络课程的学习热情和学习动力,使学生很难自觉投入线上课程,学习效果往往不尽如人意,授课教师也难以第一时间发现学生的注意力是否发生了变化。

(四)不同高校间存在网络教学资源共享壁垒

数字化教学改革为各大高校共建共享教学平台与教学资源提供了契机与便利,而改革发展的进程中依旧存在共享机制滞后、资源重复开发、技术运用未同步等问题,这极大影响了我国高校教育信息化发展的进程。① 其一,我国不同高校之间的教育资源差距较大,不同高校在教育资源的开发、利用和共享上存在一定的壁垒。国内外众多高校积极开展网络教学改革与实践,不同高校在自主探索网络平台及数字化信息资源库的过程中,往往设置了校内用户的使用及管理权限,并未完全对外开放校内网络教学资源。在提高校本资源运用的同时也加大了网络教学公开使用的壁垒和成本,难以实现不同高校之间的教学合作与资源共享。其二,网络教学资源共享机制还未健全,高校之间存在着较为严重的信息资源不共享、信息孤岛等问题,这在一定程度上限制了思政课程混合式教学的开展。各高校之间缺乏统筹规划和合作交流机制,这就导致不同省份的学生获取信息的渠道和范围存在着较大差异,无形中增加了混合式思政课教学模式开展的难度。其三,部分高校在教学资源库建设的过程中存在同等功能软件重复开发、网络合作公司恶性竞争、技术费用水涨船高等问题。尤其是各大高校为了争夺优质教学资源,纷纷开发建设基于本校实际发展状况的网络教学平台,导致全国范围内的教学平台数量庞大,并且难以实现全国统一的网络教学平台合作及管理,极易造成网络教学平台的重复开发及数字化教学资源的浪费。②

---

① 丁卫泽,熊秋娥.高校数字化教学资源共享的困境分析与化解策略——基于博弈论的视角[J].中国电化教育,2015(1):93-96,103.
② 王十一.信息化时代网络教学资源的整合与共享[J].广西广播电视大学学报,2020(5):10-15.

四、高校思政课混合式教学改革的创新思路与优化路径

在新的时代背景下,高校思政课混合式教学改革实践具有三个方面的优势:符合新时期高等教育改革的诉求、符合教育现代化的方向、符合网络发展的趋势,但同时也存在课堂教学和线下线上教育的融合还不够充分、线上学习和线下教学的衔接还不够紧密、思政课教师的教学能力和信息化素养还需要提高,等等问题。对此,高校思政课混合式教学改革应抓住时代机遇,从"教""学""用"等多个方面着手,在打造一支适应网络信息化发展的高校思政课教师队伍的同时,创新教学理念和教学方法,促进高校思政课混合式教学改革的路径优化。

(一)提高教师的思想认识及信息化教学水平

高校思政课教师作为思想政治教育的主导者,需要紧跟时代的步伐,不断更新自身的思想观念,改革创新传统的教育方法。在传统教学模式下,教师是课堂教学的主导者,学生是课堂学习的主体;在混合式教学模式下,教师不再是单一的身份,而是身兼多种角色,发挥多种教学功能。比如,在课堂上扮演学生的引导者,扮演学生学习的组织者、管理者,扮演解决学生学习中出现问题的答疑者。其一,高校思政课教师不仅要丰富自己的专业知识,还应注重从多个角度来挖掘教学资源,充分利用课堂时间及课后时间来引导学生进行自主学习。通过整合校内外思想政治教育资源,拓展教学内容,使学生对知识点形成全面认识。其二,教师不仅要丰富自身的专业知识和综合素质,还应不断提高自身的信息技术水平,在课堂上充分利用信息化技术手段,合理设计教学内容,丰富上课的形式和内容,激发学生的学习兴趣。同时也要求教师注重教学内容的选择,教学内容不仅是教学过程中的重点,也是学生学习的难点。教师在设计教学内容时应注重提高学生对课程内容的理解度和接受度,使教学内容更具有吸引力和说服力。其三,高校思政课教师应充分运用多样化教学方法,如启发式教学方法、小组讨论式教学方法、案例分析法、问题探究法等,以提高思政课课堂教学的吸引力和有效性。同时,还要利用好互联网平台,丰富教学资源,使混合式教学得到有效开展。教师可以利用"微课""雨课堂""学习通""微助教"等平台开展网络交流活动,还可以通过网络平台在课前、课中、课后进行分组讨论,并设计调查问卷收集学生的反馈信息,为进一步改进混合式教学模式提供依据。

(二)增强不同教学方法及策略的有效融合

习近平总书记在全国高校思政工作会议上强调,要利用课堂教学渠道,课程思政实施需要以课堂教学为载体,课堂教学遵循一定价值理念,教育中要培育既定价值观,做好课堂思政,打造课程思政系列化教学课程。在混合式教学不断普及的时代背景下,思政课教学不仅要提高多媒体教学技术的运用能力,还要增强不同教学方法及策略之间的有效融合。其一,拓宽教学视野与创新育人思维,让思政课的教学理念变得更加开放包容。通过教学情境的融入,让学生对理论知识产生更加深刻且独特的见解。同时,线上实践育人路径也要进行落实,依托"学习通"、大学慕课等专业教学平台,通过线上视频展示的方式,带领学生了解红色基地,学习红色经典,研读红色家书等。充分利用学生课余碎片时间,将教学与实践有机融合,通过实践路径将书本上生硬的理论知识变得更加灵活生动,让思政课程对学生具有更大的吸引力,不断提升学生的学习兴趣。① 其二,学校要利用"青年大学习""学习强国"等新兴教学方式在网上开展主题宣传教育,如开设有关校史普及、党的二十大精神宣讲,宣传学校历史文化中的重大事件、国家最新政策及文件解读等,确保思政课内容及相关讲座内容与时俱进,提高学生的责任感与爱国情怀。

(三)优化线上课程的监督管理及制度设计

混合式教学模式主要是通过在线学习和线下实践,提高学生对思政课的学习兴趣,从而更好地实现线上和线下教学的有效结合。混合式教学模式是一种新的教育理念,它不是对传统教学模式的颠覆,而是将两者进行有机融合,并在一定程度上提高了课堂教学质量。为了更好地实现这种模式,高校应积极探索构建科学、合理的监督管理机制与学习评价机制,为混合式教学模式在思政课中的应用提供必要的指导。其一,高校思政课混合教学模式是在网络环境下实施的,在课堂之外还需要建立相应的教学管理制度作支撑。在网络环境下,教学管理制度应具备开放性、动态性、实时性,以适应信息化发展趋势。目前,部分高校在混合式教学中实施了建立课程学习档案、设置课程考核评价等一系列规章制度,但由于网络平台的开放性和技术环境的复杂性,还没有形成完善的管理制度。这需要高校加强混合式教学管理和评价研究,建立健全网络空间中的规章制度。其二,学生评教是教学评价体系中非常重要的一个部分,也是衡量高校思政课混合式教学质量优劣的关键因素。因此,高校应进一步完善学生

---

① 高职院校思政课实践教学改革的融合理论与实践策略[EB/OL]. [2023-02-27]. https://m.gmw.cn/baijia/2023-01/17/36309989.html.

评价机制,推动高校思政课混合式教学模式的发展。首先,应逐步建立学生在思政课教学中的主体地位,增强学生参与教学过程的积极性。其次,高校应完善混合式教学模式下学生学习评价机制,以此来更好地保证学生学习效率和学习质量。最后,高校应根据学生的课后评价及有效反馈,及时调整混合式教学的授课形式及授课内容,不断优化思政课混合式教学的整体效果及效率。

(四)协同发展思政教学资源的开发与共享

目前,各类高校之间通过网络平台整合共享网络教学资源,可以打破高校之间的信息壁垒,实现资源优势与特色的集中并互通有无,也避免了同一类型教学资源在各高校重复建设的情况,在人力、物力、财力等方面都可以节省成本。教师和学生对网络教学资源的内容和质量要求也越来越高,高校要实现资源的可持续更新,避免出现低质量资源重复使用的现象,这一点仅靠校内资源网是无法满足的,需要将区域内乃至国内外的优质网络教学资源进行整合和完善。其一,要高度重视数字化网络资源开发与汇聚。高校要积极开发思政课程内容及相关领域内数字化网络资源,丰富思政课教学内容和形式,逐步提升课堂教学吸引力。其二,高校还应广泛开展慕课资源建设与开发工作。高校应鼓励教师利用慕课等网络教学平台制作符合高校大学生特点和需求的网络课程;鼓励教师利用网络开放、共享优质教育教学资源;鼓励教师积极参与网络教学建设工作和科研活动;积极鼓励师生共同参与网络课程建设与开发工作,形成教师、学生、学校共同推进网络课程建设与开发工作的良好局面。其三,探索共享思政资源开放运用与混合式教学新场景创设结合。具体来说,在思政课混合式教学中,利用现代信息技术和网络开放资源,如利用人工智能、VR技术、云视听等,创建文图、声像、视听触交互体验的数智化思政教室场馆,以沉浸式、互动式学习情景创设促进思想政治教育创新传播,运用"云上展馆""数字文博"等,探索共享思政资源开放运用与混合式教学新场景创设结合,在传递思政教学内容重点、内在逻辑的同时,创新教学形式,提升吸引力,促进思政课混合式教学共享资源开放、运用协同发展。[1]

---

[1] 杨晓宁,王维.美高校思政课混合式教学高质量发展的内涵、问题及实践策略[J].扬州大学学报(高教研究版),2022(4):96-102.

发挥学生主体性作用的课程思政建设路径探析

张冬静

目前国内课程思政教育对"教"的原则、策略,以及方法有非常多的研究和反思,但对学生的"学"的相关研究却相对薄弱。思想政治教育的对象是学生,教育能否取得实效,关键要看广大学生能否很好地接受知识,而这离不开调动和激发其主体性和能动性。2019年3月18日,习近平总书记在学校思想政治理论课教师座谈会上的重要讲话中强调,在推动思想政治理论课的改革创新工作中要"坚持主导性和主体性相统一"。如何避免学生主体性缺失情况发生,提高思政课教学的实效性,是课程思政工作需要解决的突出问题。基于此,本文从课程思政中发挥学生主体性作用的学理性、困境与挑战、教育对策上展开研究,以期达到课程思政是立德树人的根本目的这一教育要求。

一、有关学生主体性的教育认识论学理基础

学生主体性问题是近年来教育领域关注的焦点问题。学生主体性指的是在教育活动中,作为主体的学生在教师引导下处理同外部世界关系时所表现出的功能特征,具体表现为选择性、自主性、能动性和创造性。

学生在教育中的主体性的问题,最早由教育心理学家杜威提出并确立。他批判了传统教学中"以教师为中心"的"老三中心"(即偏重于教师、教材和课堂教育)导向,强调学生自己与环境的积极互动在教育中起着重要作用,提出了"新三中心"理论(即学生中心、活动中心、社会中心)。杜威讽刺传统教学是"用机巧的方法引起兴趣,使材料有兴趣;用糖衣把它裹起来;用起调和作用的和不相关的材料把枯燥无味的东西掩盖起来;最后,似乎是让儿童在他正高兴地尝着某些完全不同的东西的时候,吞下和消化一口不可口的食物"。在他看来,传统教育无视儿童的突出表现,强制儿童学习外在的、现成的知识,过度强调知识的灌输,忽视学生的个性,导致学生的主动性、积极性、创造性无发挥空间。他批判的是传统教育中以现成、外加的形式向学生传授知识,强调的是教师要有高超的技艺来调动和激发学生学习的主动性。传统偏重教师的教学方式,会使得学生的主动经验被忽视。但是在实际教学过程中,主动经验是不可替代的,

即便是有逻辑、有系统的学科材料也不能代替学生主动学习。杜威的进步主义教育理论在当时得到了一部分学者的肯定,但是也有部分学者认为杜威主动学习观念片面强调了学生活动,却忽略了教师的作用,淡化了知识对学生发展的价值。

随着教育教学研究的进一步发展,教育心理学家罗杰斯在杜威的"新三中心"理论基础上,又进一步提出了"学生中心说",即在教育过程中用 facilitator(促进者)替代 teacher(教师)的概念。在他看来,教师工作是促进学生学习,而不是简单地向学生灌输知识,教师应向学生提供学习资料、创造轻松自由的学习氛围,以唤醒学生自主学习的意识,激发学生探究知识的潜能。"学生中心说"使得教学中的师生关系有了新的发展方向,强调了教师要关注学生的实际需求,要理解、尊重、服务、启迪、激励学生,使得学生成为整个教学工作的中心。

我国最早明确提出学生主体性这一概念的学者是王道俊和郭文安,他们指出,教育以培育人的主体性为最高任务并以此区别于其他社会现象,因而学生主体性是教育的本质特点。近年来,大量学者就学生思想政治教育工作中学生主体性问题展开研究。目前相关研究主要集中于三个层面:①思想政治教育中学生主体性的重要性。在 2019 年学校思想政治理论课教师座谈会上,习近平总书记强调"坚持主导性与主体性相统一",也强调了"教育者为主导、受教育者为主体"的教学关系,肯定了思想政治教育工作中学生主体性的重要性。②思想政治教育中学生主体性的内涵和表现,从学生主动性、能动性和创造性等角度展开论述。自主性即学生在学习过程中的自主意识和自主学习行为,即学生在学习过程中可以对自己的学习活动进行自我支配、自我调节和自我控制;能动性即学生在学习活动中主动参与互动、主动进行选择、主动思考判断;创造性即学生在学习活动中具有问题意识和批判精神、具有创新创造能力。③思想政治教育教学中教师主导性与学生主体性相统一。沈壮海和董祥宾认为,有效教学取决于教师主导作用与学生主体性的同生并用。在具体教学上,田鹏颖和宁靖姝认为,思想政治理论课主导性与主体性统一,即要求教师发挥主导性作用,通过教学设计和教学环节引导学生达成教学目标,学生在教师引导下主动学习并建构知识、技能、方法、观念上的认知,两者相互影响。

二、课程思政中学生主体性教育困境

课程思政强调的是高校思想政治教育要融入专业课课程教学和改革过程,即在坚持思想政治理论课为核心的基础上,融合各高校的自身办学特色,通过对教育内容和模式进行改革创新,拓展思想政治教育渠道,将思想政治教育渗透进其他各类课程中去,挖掘专业课程的思想政治教育资源。2016 年 12 月,在全国高校思想政治工作会议上,习近平总书记强调:"要把思想政治工作贯穿教育教学全过程,实现全程育人、全方位育人,努力开创我国高等教育事业发展新局面。"相对于思政课程,课程思政工作更加需要注意以学生为中心,加大对学生的认知规律和接受特点的研究。特别是随着数智时代的到来,学生的主体性教育受到了来自技术的侵蚀与捆绑,个体能动性、社会性、创造性和自主性等主体应有的特性渐趋模糊与销匿,开展相应教育更是困难重重。具体表现在以下几个方面。

(一)课程思政教学偏重"教"而轻视"学",主客体失衡

从当前高校思想政治理论课教学现状来看,教学中仍然存在教师主导性地位越位,学生主体性缺位,导致课程效果不佳的情况。表现在学校教学实践中,就是重"教"轻"学",即教师在课程中思政任务明晰具体、无微不至,学生的学习活动却晦暗不明,"学"被罩在"教"之下。从一定程度上讲,教学被窄化为教师的工作,而不是教师引导下的学生学习,灌输式教学方法一直沿用而未及时修正,造成了学生主体性不能得到充分发挥。

(二)课程思政教学活动设置中,学生主动参与意愿不足

在课程思政教学活动设计上,存在着为了体现思政元素而生搬硬套的现象,例如直接将相关政策和论述在一开始上课的时候读一遍,或者在总结的时候提一下。这种简单机械的活动设置,导致学生在课程思政中不愿意主动参与课程,甚至在案例探讨和教学活动中不愿意深入思考专业课程背后的思政元素,在团队协作中更是缺乏基本的团队协作意识,缺乏上课的主动性和创造性。

(三)课程思政教学内容上,学生认同感不足

"心理排斥"问题是在对课程思政价值认同产生偏离的基础上形成的,实际教学中也有部分学生对课程思政的价值产生怀疑。比如,表现在上课时候,学生的主体意识欠缺,存在心理障碍,学生学习功利化;部分学生对时事政治非常关心,但是对政治观念又较为模糊,在课程内容的把握上浮于表面,只关注是否获得学分而不关注课程的真正内容,上课时消极懈怠。

(四)思政课程评价机制上,学生学习动机的功利化趋向

将考试成绩的好坏作为衡量学生学习效果最根本的要素不仅不利于教师教学方式的创新,更严重影响着学生学习方式的转变。比如"抬头率""前排率"等课堂考核机制或学分量化的奖惩机制就存在被功利化的可能,容易导致教学过程变成教师的单向输出。表现在课程学习过程中,学生偏重于打卡、签到、参

与即可等课程记录形式,而不是主动积极地参与互动与分享。简单的课程评价体系,弱化了教育中潜移默化的教育目的,流于形式,学生主体性问题日益凸显。

三、课程思政中学生主体性教育的建设路径

在对课程思政的认识上,教学需要扭转传统偏重"教"的倾向。教学不仅是教师教授学生知识,也是引导学生健康成长的主战场。教学不是教师的单口相声,而是师生的有效互动,在课堂教学过程中提升学生的参与感和互动感,深入反思和再学习是课程思政的重点。如何在课程思政中发挥学生的主体性作用,可以从以下几个层面展开。

(一)教师层面

教师是课程思政教学活动的主要实施者,也是提升学生主体性的关键所在。一是从对课堂教学认识上,教师不再将课堂当成是宣讲知识的课堂,而是将其看成是学生自主学习、思考和探究的课堂。教师是课程思政教学中学生学习的引导者、启发者。当代大学生思想意识独特且复杂,思维方式、心理特点、价值取向都有其独特之处,在课程思政建设中,要清楚了解学生的共性之处和个性思维,探索合理的教育方式,从而增强建设的成效,从实际出发凸显课程思政的育人理念。二是从课程教学设计上,思政课教师要仔细分析各章节知识中所蕴含的思政育人内涵,有针对性地精选案例,多样化组织课堂教学活动,使学生参与思政内容的自主学习和构建,如采用翻转课堂、案例分析、线上线下混合教学等多种模式,提升学生在课程思政教学中参与度、自主性和获得感。三是从课程内容设计上,课程内容设置合理。以专业知识讲授为主的同时必须兼顾思政育人,结合各章节知识内容,提升课堂知识的外延性和拓展性,将教学内容重点从知识性、技能性拓展到政治性、思想性、道德性,以引导学生树立正确价值观,培养爱国情感和高尚道德品质。四是从课程教学评价上,构建动态化、多样评价体系。制定合理的内驱机制,有效调动专业课教师推进课程思政建设的进程。在课程评价上,提升实践教学和反思评价,将课堂教学和课后实践相结合,将课堂上的案例探讨、学生互动,课后的实践反思,以及整个课程中学生的成长变化动态评价结合起来,提高学生参与课程的实效。

(二)从学生层面

学生是教育活动中的客体,课程思政目的本质上是立德树人。加强学生主体性地位建设,需要从以下几个方面展开:一是多样化教学方式,激发学生学习

兴趣。兴趣是发挥学生主体能动性的前提。赫尔巴特说:"符号对于教学来说是一种明显的负担,教师假如不通过对符号所标志的事物产生兴趣的力量来消除这种负担的话,那么它就可能把教师与学生抛出正在前进的教养之轨道。"在信息化迭代的时代,学生对外界知识的获取渠道和方式多元化,触摸屏幕、语音识别、手势识别等人机教学,可以极大提升学生参与课堂兴趣,也能引起学生关注,更好地促进学生的互动参与。二是打破知识的边界,扩展学生认识范围。在信息化时代,学生更容易获得知识,但是也存在浅层化理解的趋势。在传统教育中,对现实中不能"看到"的知识,学生缺乏直观感受,对有些认识活动缺乏真正的理解,仅靠机械记忆得以完成,这必然会影响学生认识的积极性和有效性。三是从本源上,提升学生对课程思政的理性认识。在教育教学活动中,学生也并不只是通过感觉来把握知识,牢记知识并形成知识图谱,而是通过理性的思维活动、辩证性的反思和总结来理解专业知识背后蕴含的家国情感、理想信念和品德培育价值。在思政教学的过程中,学生不仅要通过他们自己咀嚼可消化的知识,而且要善于独立思考、发现问题和解决问题。因此,在课程思政教育中,教师应该注重学生引导性思考,辩证看待思政育人中的一些核心问题,提升理性思维培育意识。

(三)管理层面

制度保障问题具有长期性、稳定性和全局性,保障制度体系对推进课程思政建设具有重要意义。目前在课程思政具体开展方面,各个高校教育教学部门对课程思政理念的认识和理解各有差异,学校各部门推进策略和教师具体教学实施上各有不同。而且有的学校对于课程思政的实施仅仅是多开一门课,用敷衍的心态采取短暂配合,也有对课程思政理念判断不清导致生搬硬套思政元素到专业课堂,营造表里不一的思政氛围。课堂教学是实施课程思政建设的主渠道,各类课程都要通过课程思政种好思想政治教育"责任田",达到课程思政的育人效果既需要育人系统内各构成要素具备良好的思想政治教育素养,又需要系统内各部分要素或主体之间的合力作用。从管理层面上,学校各部门需要加强合作,加强课程思政工作开展的协同机制、评价机制和课程实施保障机制,创新教学改革工作。

基于学生主体性教育的课程思政反思,教师只有对学生主体性问题加以深入分析和研究,才能帮助学生在专业学习的同时树立正确的思想观、道德观和法治观,清晰自己日后的人生方向。对于学校而言,应立足于学生需求,坚持以教师主导性与学生主体性相统一,重视教学过程对学生自主性、选择性、能动性和创造性的培养,从而实现真正意义上的思想政治教育入脑入心,达成立德树人目标。

参考文献

[1] 习近平.在学校思想政治理论课教师座谈会上的讲话[N].人民日报,2019-03-19(1).

[2] 习近平.思政课是落实立德树人根本任务的关键课程[J].求是,2020(17):13.

[3] [美]艾里希·弗洛姆.健全的社会[M].欧阳谦,译.北京:中国文联出版公司,1988.

[4] 郭华."学生主体"的教学论意义——纪念主体教育实验30周年[J].教育研究,2022(11):56-65.

[5] 田鹏颖,宁靖姝.论坚持高校思想政治理论课主导性与主体性的统一[J].思想教育研究,2019(12):81-85.

[6] 沈壮海,董祥宾.论新时代思想政治理论课的改革创新[J].思想理论教育,2019(5):10-15.

[7] 王道俊,郭文安.试论教育的主体性——兼谈教育、社会与人[J].华东师范大学学报(教育科学版),1990(4):33-40.

[8] 王红霞,滕明政.新时代高校思政课教师主导性与学生主体性研究述评[J].聊城大学学报(社会科学版),2022(5):127-135.

大学生政治鉴别力提升路径研究

雷志春

2019年3月18日,习近平总书记在北京主持召开学校思想政治理论课教师座谈会时强调:"青少年阶段是人生的'拔节孕穗期',最需要精心引导和栽培。"①在全球化进程越来越深入的当下,伴随着人员、技术、货物等要素流动的,还有在现实社会和网络空间汇聚、交错的多元思想②和良莠不齐的信息。思想和信息的交流有助于拓展大学生的视野,但同时也给处于"拔节孕穗期"的大学生正确人生观、价值观和世界观的形成带来了冲击。承载着立德树人根本任务的思想政治教育只有正面解决这些冲击带来的问题,才能更好地助力高校实现为党育人、为国育才的目标,才能为中华民族伟大复兴提供强大的人才支撑。

一、西方"乌卡时代"的内涵与特性

伴随着国际和国内环境的快速变化,各种风险和冲突层出不穷,西方"乌卡时代"(或者"乌卡世界")的说法传入我国,成了国内经济学界、管理学界、新闻传播学界、法学界等领域关注的焦点。"乌卡时代"有着复杂的特性,并由此带来了一系列难以预测和估量的风险和冲击。

(一)"乌卡时代"的内涵

"乌卡"(VUCA)是"易变性"(volatility)、"不确定性"(uncertainty)、"复杂性"(complexity)和"模糊性"(ambiguity)这四个单词首字母的组合。这一术语源自20世纪90年代,是由美国军方提出的。因为冷战结束后,美国看到了一

---

① 张烁.用新时代中国特色社会主义思想铸魂育人 贯彻党的教育方针落实立德树人根本任务[N].人民日报,2019-03-19(1).
② 有学者指出,自2010年以来,活跃于中国思想市场中的社会思潮呈现出"弥散型"理论光谱,2010—2020年共有30种思潮进入过主要社会思潮榜单。思潮数量从有限几种转变为高度"碎片化",思潮格局从彼此对立型转变为各种思潮在短时间内此消彼长的"弥散型"态势,思潮主体从以"政治运动"年代成长起来的"理想型知识分子"转变为中国快速崛起年代成长起来的"中低龄青年网民",思潮议题从主要聚焦于"国内发展道路"转变为各种"分散性"议题。参见:郭忠华.改革开放以来中国主要社会思潮——阶段与本质[J].政治学研究,2022(4):78-90.

个多样化的全球格局的出现,这意味着要准备好应对来自非对称对手(如非国家民兵和其他组织中松散的甚至有时可能是"虚拟"的对手)愈演愈烈的挑战;要迅速适应这些对手高度即兴的武器和战术;要迅速、有效和高效地应对技术驱动的(但经常是相互矛盾的)战场情报的爆炸;要解决围绕"谁是敌方战斗人员"和"谁是无辜平民"的日益模糊的问题。因此他们发明了"乌卡"一词,用以说明世界局势"太不一样,太疯狂",无法确定,以往经常采用的零散的方法无法胜任解决问题的任务。[①] "乌卡"使美国军队能够更好地理解不稳定的环境,预测变化,并管理风险。当时的军队领导人观察到了从工业时代向现时代的过渡,指出现时代将是复杂的,需要一个灵活和适应性强的军队,因为其面临着一个不断演变的环境,所面临的风险是持续和迅速变化的,因此,需要训练那些能够驾驭陌生环境和预测尚不存在之环境的人。后来,经济学者将"乌卡"应用于现代商业,用"乌卡"来改善适应性管理、团队合作、敏捷性、人才培养、决策、风险管理、负责任的领导、战略思维、模拟以及其他管理挑战。[②]

一般认为,"乌卡"是一种在高度混乱、动态和不透明的环境中风险管理的方法。[③] 而"乌卡时代"就是一个国内外环境高度混乱、动态和不透明的时代,即一个具有易变性、不确定性、复杂性和模糊性的时代。

(二)"乌卡时代"的特性

"乌卡时代"所具有的特性源自组成该术语的四个方面:易变性、不确定性、复杂性和模糊性。

1.易变性

商业中的易变性通常与金融市场的活动联系在一起,因此通常表现为金融工具的价格随时间的波动。事实上,易变性是一个比市场变化更广泛的概念,它可以在任何存在波动的环境中发生。易变性有四个明显的特征,将其与其他类型的风险区分开来:①易变性是出乎意料的;②易变性是一个典型的突发事件;③易变性事件本质上是不稳定的;④易变性事件的持续时间不明确。[④] 易变性并不难理解,但却难以预测,基于以往数据的统计分析并不能帮助评估当卜

---

① Carla C. J. M. Millar, Olaf Groth, John F. Mahon. Management Innovation in a VUCA World: Challenges and Recommendations[J]. California Management Review, 2018, 61(1):5-14.
② Robert C. Bird. VUCA [J]. Virginia Law and Business Review, 2018,12(3).
③ Volker Franke. Decision-Making Under Uncertainty: Using Case Studies for Teaching Strategy in Complex Environments[J]. Journal of Military and Strategic Studies, 2011, 13(2).
④ Robert C. Bird. VUCA [J]. Virginia Law and Business Review,2018, 12(3).

的问题。①

2. 不确定性

不确定性描述了一种受知识匮乏困扰的情况,不知道某一事件的原因或影响是否足够重要,是否需要作出特定的反应。不确定性可以在三种条件下产生:①由缺乏信息驱动的不确定性;②组织可能面临信息过多带来的不确定性;③信息变异性造成的不确定性。② 不确定性可以被理解为无法准确评估当下的状况,从而难以识别出哪些是机会、哪些是困难,应该更关注哪个因素。③

3. 复杂性

在相互关联和依存的环境中,诸多因素之间不再是线性关系,因此因果关系也难以识别。高度相关性意味着即便是相同的条件和投入,也可能导致不同的结果。因素之间的不同组合或者某一因素的变动,都可能带来结果的重大变化,很难把原因和结果精准地对应起来,因此每一个因素都可能至关重要。但是复杂关系未必是易变的。④

4. 模糊性

因果关系不明,甚至是否存在因果关系都不确定,所以即便有一些假设,也可能无从证明;无法根据规则或常规步骤理解和解释具体状况,解决方案可能有多个,但难以确定恰当的方案,不同的行动方案可能是同样有效的。但模糊的状况不一定意味着变动性,也可能不像复杂性那样包含多种交织的因素。⑤

二、我国大学生政治鉴别力提升面临的困境

"乌卡时代"的出现不仅关涉军事、经济和管理等方面,还给中国乃至全世界带来了系统性的挑战,如一些突发事件的发生可能导致结构性和系统性的风险,而这些风险背后的因果链条可能错综复杂,导致后续的应对和解决措施具有较高的难度。这样的问题在中国特色的社会主义意识形态建设过程中也同样存在,而主流意识形态建设工作是否顺畅,直接影响着包括大学生在内的所

---

① 杨黎婧.从单数公共价值到复数公共价值:"乌卡"时代的治理视角转换[J].中国行政管理,2021(2):107-115.
② Robert C. Bird. VUCA[J]. Virginia Law and Business Review, 2018,12(3).
③ 杨黎婧.从单数公共价值到复数公共价值:"乌卡"时代的治理视角转换[J].中国行政管理,2021(2):107-115.
④ 杨黎婧.从单数公共价值到复数公共价值:"乌卡"时代的治理视角转换[J].中国行政管理,2021(2):107-115.
⑤ 杨黎婧.从单数公共价值到复数公共价值:"乌卡"时代的治理视角转换[J].中国行政管理,2021(2):107-115.

有中国民众政治鉴别力的培养和提升。

（一）中国特色社会主义意识形态建设面临的新难题

作为两种不同的社会形态，资本主义社会和社会主义社会之间的主流意识形态存在着天然的差别，而两个阵营之间的意识形态斗争从未停歇，只是斗争的激烈程度在不同的时期有差别而已。中华人民共和国成立以后，西方国家对中国共产党领导的中国特色社会主义意识形态的排斥和攻击从来没有停歇。特别是苏联解体和东欧剧变以后，随着中国特色社会主义取得一个又一个令人瞩目的成就，科学社会主义的中国实践日益显示强大活力，西方国家加大了对中国的意识形态围攻。从20世纪80年代末至90年代初的"历史终结论"，到"威胁论""崩溃论""趋同论"，再到"中等收入陷阱""修昔底德陷阱""金德尔伯格陷阱""气候变化陷阱"等论调，西方国家攻击中国的各种论调不绝于耳。特别是在重要的时间节点，世界范围的大事小事都可能成为西方意识形态歪曲和攻击中国的理由。① 自党的十八大以来，中国的综合国力进一步提升，中国在世界上的地位和作用发生了根本性的变化，中国正走近世界舞台中心。处在由兴国走向强国的历史方位，中国开启了全面进步的强国时代。但与此同时，我们离民族复兴目标越近、离世界舞台中央越近，敌对势力就越会想方设法攻击抹黑中国道路、理论、制度、文化，加紧进行意识形态渗透、价值观渗透，加大策动"颜色革命"力度。除了在宏观方面干预中国内政或者挑起中国内部局部地区混乱（如"香港修例风波"）、抹黑中国共产党和中国政府形象（如"新疆棉花"事件）之外，中国的社会主义意识形态建设面临着如下一些新的难题。

（1）意识形态斗争的复杂性大幅提升，我国两种意识形态并存、相互交织、斗争激烈。习近平总书记指出："当今时代，社会思想观念和价值取向日趋活跃，主流的和非主流的同时并存，先进的和落后的相互交织，社会思潮纷纭激荡。"② 在多元价值观念和思想的冲击下，我国社会主流价值观仍然存在着被弱化和边缘化的风险，一些人，包括少数党员干部信仰缺失、价值观扭曲，如有调查发现，在多元价值观的冲击下，甚至有部分党员干部和党员开始怀疑马克思主义，"对党的政策存在理论上说不清、做法上看不惯、行动上跟不上"③。

（2）意识形态建设要针对的靶向模糊性程度越来越高，因为国际意识形态

---

① 郭亮,王永贵.社会主义意识形态引领力建设的必然、实然和应然——兼析习近平关于社会主义意识形态引领力建设论述的理论意蕴[J].广西社会科学,2020(10):1-7.
② 习近平.论党的宣传思想工作[M].北京:中央文献出版社,2020.
③ 康晨.改革开放以来农村基层党组织建设——以西部地区为例[M].北京:社会科学文献出版社,2015.

斗争对人们思想意识的影响日益加剧,意识形态斗争的内容越来越具有伪装性。比如一些历史虚无主义者通过将其"主义"包装成学术面孔,构建了"告别革命论""西方殖民有功论""西方侵略有功论"等理论,同时还形成了"重评历史""虚构历史""恶搞历史""戏说历史"等成熟手法,如把孔子描写成"修侠情圣",把杜甫再创作为"杂耍混混"等;而在历史虚无主义的基础上,"普世价值论"则以西方价值观的面目出现。"普世价值论"具有极大的迷惑性,因为一旦其泛化得逞,不仅西方国家打着"自由""民主""人权"等幌子侵略发展中国家的行径得以正当化,而且发展中国家自身的文化价值也被侵蚀和替代,从而为西方的"颜色革命""和平演变"埋下伏笔。①

(3)网络空间作为意识形态斗争的主阵地、主战场、最前沿,其领域的意识形态斗争极具易变性和不确定性,网络意识形态安全风险挑战突出。习近平总书记强调:"掌控网络意识形态主导权,就是守护国家的主权和政权。"②过不了互联网这一关就过不了长期执政这一关。③ 然而,中国互联网上充斥着美国西方包装和加工过的信息流、娱乐流、舆论流、价值流和制度流:时尚、色情、暴力、犯罪等渗透方式花样翻新;历史虚无主义、后现代主义、新自由主义、"普世价值"等社会思潮传播千奇百怪;"历史终结论""去意识形态化""意识形态多样化"等反马克思主义论调大张旗鼓。④

综上可知,"乌卡时代"的世界给中国在现实社会和网络空间进行有强大凝聚力和引领力的社会主义意识形态建设工作带来了巨大困难和冲击。

(二)大学生政治鉴别力提升的难点问题

提升公民的政治鉴别力,教育和引导公民增强对主流意识形态的认同,是社会主义意识形态建设的重要目标之一。政治鉴别力,是一个人、一个政党或一个组织始终站在政治立场和政治高度对国内外各种社会现象、事件、关系及形势等问题上的洞察、预见、甄别、分析和判断的能力,是个人、政党或组织的政治方向、政治立场、政治经验和政治行为的综合体现。⑤ 它不仅关涉个体人生观、价值观和世界观的正确树立,也与整个国家的政治安全有着密切关系。

---

① 郭忠华.改革开放以来中国主要社会思潮——阶段与本质[J].政治学研究,2022(4):78-90.
② 习近平.论党的宣传思想工作[M].北京:中央文献出版社,2020.
③ 石云霞,田辉.建设具有强大凝聚力和引领力的社会主义意识形态[J].学校党建与思想教育,2022(23):1-7.
④ 刘建华.美国对华"网络自由"渗透背景下我国公民政治鉴别力提升策略[J].华侨大学学报(哲学社会科学版),2020(1):14-26.
⑤ 刘建华.美国对华"网络自由"渗透背景下我国公民政治鉴别力提升策略[J].华侨大学学报(哲学社会科学版),2020(1):14-26.

对于思想政治教育而言,提升大学生的政治鉴别力是高校意识形态工作的重要内容,也是高校守好意识形态阵地的重要战线。上述意识形态建设面临的冲击也给高校针对大学生所进行的政治鉴别力提升工作带来了较大的难题:

一是多元并存、相互交织的意识形态的复杂局面,增加了大学生分析、判断的难度。要认清相互交织的思想孰对孰错,需要大学生具有较强的鉴别能力,但囿于大学生的人生阅历和学识,大多数学生并不具备这种拨云见日的能力。

二是错误思潮对其内容进行伪装后,容易对大学生产生误导,使大学生掉入其建构的话语陷阱中而不自知。正如有学者指出的,美国"网络自由"渗透,不同程度上会降低中国公民的政治敏锐力,模糊政治识别力,误导政治判断力,削弱政治动员力,威胁政治执行力。①

三是网络空间作为一个监管相对松散的阵地,其间充斥的错误思想、错误言论和错误信息,容易让大学生陷入"信息茧房"之中,从而丧失对思想对与错的鉴别能力。

三、建构立体式思政教育体系——高校提升大学生政治鉴别力的路径

在党的二十大报告中,习近平总书记指出:"青年强,则国家强……全党要把青年工作作为战略性工作来抓,用党的科学理论武装青年,用党的初心使命感召青年,做青年朋友的知心人、青年工作的热心人、青年群众的引路人。"②高校作为承载立德树人根本任务的主体,要努力帮助大学生提升政治鉴别力,引导大学生"系好人生的第一颗纽扣"。针对上述大学生政治鉴别力提升存在的问题,笔者认为,高校应当改革当下的思想政治教育模式,建构立体式思想政治教育体系。具体而言,应从主体、内容、方式和平台四个方面重构当下思想政治教育体系。

(一)主体层面:建立"教""学"并重的思政教育模式

大学阶段是学生世界观、人生观、价值观形成和定型的重要时期,要让学生有效鉴别各种社会思潮、正确看待各类社会现象,从而发自内心地认同社会主义核心价值观,离不开教师对学生的教育和引导,故教师的教授和引导是相当必要的。但有部分学生表示,有些思想政治课教师"满堂灌",忽视对学生积极

---

① 刘建华.美国对华"网络自由"渗透背景下我国公民政治鉴别力提升策略[J].华侨大学学报(哲学社会科学版),2020(1):14-26.

② 习近平.高举中国特色社会主义伟大旗帜 为全面建设社会主义现代化国家而团结奋斗[M].北京:人民出版社,2022.

主动性的发掘;也有一些教师仅从自己的角度出发来安排输出的知识,而忽略了对学生"需求侧"的满足。比如有学者指出,这种讲授在本质上是使学生处于一种"被学习"状态,因此也就很难真正将理论教育内化于心、外化于行。① 要解决这一问题,需要转变过去的教学模式和教学思维,建立"教""学"并重的思政教育模式。而现在的思政课进行小班化改革后,也在现实层面增加了这种模式适用的可能性。

1. "教"的层面:教师要增强理论定力并讲好中国故事

一方面,要提升学生的政治鉴别力,教师就要增强自身的理论定力,并保持清醒的理论认识,夯实自身的马克思主义理论功底,用好理论分析的"望远镜",做到真学真懂真信真用,这样才能在解决学生的思政困惑时有理有据。

另一方面,教师要利用好课程平台,讲好中国故事。讲好中国故事不仅是对外宣传的重要方式,也是引导大学生形成正确的政治认同、自觉抵制西方错误言论的重要渠道。思政课教师可以通过精选故事引起学生学习的兴趣,巧设疑问激发学生的好奇,妙用语言讲让故事生动有趣,最重要的是,要善用理论来解释故事所涉的核心焦点问题。

2. "学"的层面:提升学生参与的积极性和主动性

现今在校大学生以"00后"为主体,他们生活在一个个体意识觉醒的时代,思想活动的独立性、选择性、多变性、差异性明显增强,生活习惯、知识结构和学习方法发生很大变化。② 要调动学生的主观能动性,思政课教师必须跟上新时代大学生的节奏,在合理的范围内满足其"求新求异"的趋向,必须改革传统的"漫灌"和"强灌"等教学方式,采取多样化的教学方式方法。

(1)设置议题,学生主讲。针对学生感兴趣和存有疑问的热点、难点问题,通过设置议题的方式,让学生在课下查阅相关资料,并由学生来主讲,引导学生在准备和主讲的过程中加深对相关问题的认识,并在学生讲授完毕后,通过课堂讨论和点评的方式深化学生对相关议题的认识。

(2)举行辩论,拨云见日。对于一些具有争议性的问题,可以通过学生辩论的方式,让学生们在不同观点的交锋中了解到不同选择或立场背后的理论和实践支撑。这样的方式既丰富了课堂教学的形式,又有助于提升学生的积极性和创造力,更重要的是可以通过学生的视角,让所有的学生了解、掌握相关的知识。

---

① 康沛竹,艾四林.思政课改革创新的"八个相统一"[J].人民论坛.2019(13):108-110.
② 马一.线上线下混合式教学行动研究——信息技术与思政课教学融合创新[J].教育学术月刊,2020(7):97-105.

(二)内容层面：实现政治性和学理性相统一

有学生在接受访谈时表示，一些教师在讲授到重要问题时常常流于表面或者只是简单带过，而不能深入分析相关事件背后的问题，因而给学生一种"隔靴搔痒"的感觉。笔者认为，部分思政课教师不注重对重要议题的研究，导致自身的讲授内容过于肤浅，无法给学生"解渴"。

面对新时代、新形势、新需要，要真正帮助学生正确认识各种重要的事件和问题，实现思想政治理论课程内容的政治性和学理性相统一。具体而言，思政课教师要围绕课程所设的重要内容展开深入研究，掌握丰富的背景和理论知识，坚定理论自信，并将研究成果充分运用于教学实践之中，更好地引导学生对错误的观点和思想进行批判，形成对主流意识形态的认同。

(三)方式层面：建立健全理论讲授与实践体验相结合的思政教育机制

2019年3月18日，习近平在学校思想政治理论课教师座谈会上讲话中强调："马克思主义是在实践中形成并不断发展的，要高度重视思政课的实践性，把思政小课堂同社会大课堂结合起来。"[①]为了保证知识的体系化和细致化，教师主导的理论讲授仍是思想政治教育的主旋律。但是，为了更好地调动学生学习的积极性和对社会现实理解的深入性，应当开展思政课实践教学。思政课实践教学是在引导学生在参与社会实践的过程中，通过实地考察、志愿服务、社区宣讲等形式，深化对中国国情的了解和认识，把个人成长与国家民族的发展进步相联系，真正与祖国、人民同行。[②]因此，高校要以"德育一体化"育人机制为依托，积极推进"第二课堂成绩单"制度建设，建立健全理论讲授与实践体验相结合的思政教育机制。

对于思政课实践教学的开展，可以依托红色文化拓展实践基地，开展沉浸式教学。通过各种类型的思政课实践教学活动，让学生深入了解社会，深化对国家方针政策的理解，提升学生同错误观点进行斗争的能力。

(四)平台层面：打造线上线下相融通的思政教育平台

高校的思想政治教育体系为大学生的线下教育提供了较为充分的保障，相较而言，线上思想政治教育相对薄弱。习近平总书记曾指出："互联网是当前宣传思想工作的主阵地。这个阵地我们不去占领，人家就会去占领；这部分人我

---

① 习近平.思政课是落实立德树人根本任务的关键课程[J].实践,2020(9):4-11.
② 夏海燕.思政课实践教学的取径之误与取向之思[J].江苏高教,2022(3):87-91.

们不去团结,人家就会拉拢。"①因此,要补齐线上思想政治教育的短板,打造线上线下相融通的思政教育平台。

  一是充分利用短视频等平台,针对学生关注的热点和重要问题,录制简明易懂的短视频,第一时间抢占舆论阵地,引导学生形成正确的认识。

  二是如有学生在论坛讨论区发帖,发起与课程相关的讨论,其他学生对此话题感兴趣并发帖参与,思政课教师则要根据自己对此问题的认识及时回应,解答学生普遍感到困惑的难题。同时要注意对讨论主题的引导,确保发帖内容与思政课统编教材精神保持高度一致,严禁在网络上出现思想性、导向性的问题。

---

① 习近平谈治国理政:第二卷[M].北京:外文出版社,2017.

大学专业课程教学与思政教育融合的探索

丁滋芳

《高等学校课程思政建设指导纲要》明确提出,高校的人才培育是育人、育才的统一,是要解决专业培养与思政教育相脱节的问题。充分利用课堂教学主阵地,挖掘专业课程的思政元素,将立德树人真正贯穿教学全程,使教育的显性、隐性功能相得益彰,把学生的专业追求与民族复兴的伟大使命相结合,是当下高校专业课程教学所必须探讨与实践的。

一、大学专业课程教学与思政教育融合的价值

2018年,时任教育部部长的陈宝生在新时代全国高校本科教育工作会议上明确提出:坚持正确政治导向,以价值追求育,依知识体系教,实现专业知识、思想政治双教育相结合,培育国家建设者。

高校的专业课教师数量占所有教师数量的80%左右,高校的专业课程占所有课程的80%左右,而大学生用于专业课的学习时间也大约占全部在校学习时间的80%。所以,大学专业课的教学水平及专业课教师素养对学生的影响毋庸置疑,专业课程教学是课程思政最重要也是最基本的载体,知识、能力、价值观三方面不可分割,须融为一体。专业课教师是育人的主力军,专业课程教学是育人的主渠道,专业课教师要种好自己的"责任田",结合专业特色,深挖德育资源,育才育人同向同步而行。将专业课程教学与思政教育有机融合,助推专业课程教学改革,这是响应时代、国家的高校育人要求,也是具有思想指导意义和实践价值的。

以往的专业课程教学重在专业知识、技能之传授,而很难真正做到以德化人、以德育人。大学生的全面发展,德为首位,统率其他。为落实国家的育人方针,必须加强专业课程教学的育人作用,强化专业课程教学的育人功效,以专业课程教学为主形式,拓展思政教育新路径,探索专业课程教学改革,真正将思政教育扎实做好,落在实处。高校须践行习近平总书记的要求,将思政教育贯穿教育教学全过程,提升专业课程的思政内涵,实现专业课程全员全程全方位育人,创新专业课程教学,全面提升大学生素养,为新时代国家发展输送为国所

需、为国能用的优质人才。

二、大学专业课程教学与思政教育融合的误区

在大学专业课程教学与思政教育融合实施推进的过程中，存在一定的误区，从而导致教师在专业课程的教学中出现疑惑，教学效果不佳。高校教师须提升自身认知能力，避免出现以下误区。

（一）专业课程教学单纯负责传授专业相关内容，与价值观宣讲无关

专业课教师过于追求专业的学术价值，认为要去政治色彩，甚至在意识形态、价值观方面持中立态度。作为社会主义国家育人的课堂，这显然是错误的。高校培育出的学生若专业出类拔萃，而价值观有悖于社会制度，有悖于国家政策、发展理念，是非常危险的，因此，高校的专业课程教学，不管是人文社科还是理工学科，均需要对学生进行价值引导。

（二）思政课宣讲的内容，若融入专业课中，是重复利用

部分教师把两者对立起来，各讲各的，"互不干扰"。实际上，专业课和思政课教学的侧重点是不同的，专业课程教学和思政教育相融是专业课教师将思政理论（如：马克思主义理论，中国特色社会主义理论体系，习近平新时代中国特色社会主义思想等）内化到自己的教学理念中，外化到课堂教学实践中，以提升在专业课程中立德树人的水准。

（三）专业课程教学与思政教育融合，降低了专业性、学术性

有人认为思政教育占用了专业课程的教学时间，影响高校教师对专业课的钻研，占用了高校专业教师的时间与精力。但事实并非如此，如公共管理、国际关系等基础课程，专业课教师将中国特色、大国外交等融入其中，才能做到一般性原理与中国实践相结合；再如物理、化学、生命科学等基础课程，专业课教师将中国自主研发、科技自立自强、科创惠民等融入其中，学术才有了生命力，有了实用价值，同时提高了专业课程教学的权威性及学术性，也才能真正彰显专业特色。因此，思政教育融合既对专业课程教学提出了更高的要求，也会助力提升专业课程教学效果。

（四）简单地认为专业课程教学与思政教育融合就是"专业课程＋思政"

部分教师甚至将课堂教学时间划分比例，硬性规定课堂教学10%或20%

的时间须为思政时间。这是机械化、教条化的做法,没有真正认识到育才、育人、立德树人的内涵。

(五)专业课程教学与思政教育融合会影响学术研究与国际接轨

有人认为科学是无国界的,学术是无国界的。然而人才培养是有国界的,我们的大学教育,专业课程教学必须培养为我国所需、为我国所用的人才。

(六)难以定量考量专业课程的教学质量

有人担忧,若加入思政的因素,难以以定量的方式考量教学效果。其实教学效果本身就不能完全定量化,需要优化教师教学评价体系,定量与定性相结合,过程与结果相结合,育才与育人相结合,多角度、全面地考量与评价。

(七)专业课程教学与思政教育融合是落后于时代的

社会环境发生变化,经济全球化进程加快,知识传播方式多元化,大学生的选择面在扩大,专业课程教学与思政教育融合是不是跟不上时代步伐了,是不是倒退了?事实上,社会大环境和世界格局的变化,为高校育人提出了更大的挑战,也更突显了价值观、意识形态教育的重要性和紧迫性。

因此,高校专业课教师须提升认识,树立正确育人理念,坚定推进专业课程教学与思政教育相融合。特别是在日常教学中将思政元素有机地融入专业课程教学,增强课程内容的思想性、理论性和亲和力,既体现思政理念对专业课程的价值引领,又实现专业课程对课程思政改革的学理支撑,从而促进课程思政与高校专业课程实现"同频共振"。

三、大学专业课程教学与思政教育融合的建议

专业课程教学与思政教育融合是教学理念的更新,是教学思维方式的改变,是对教学各环节的重新定位与设计。把对大学生进行思政教育纳入教学全过程,提炼专业课程内容中的价值追求与中国文化基因,以具体的教学为载体,给学生理想、信念的指引,这样的专业课教学与思政教育融合才能引起学生情感的共鸣。而如何变生硬的"嵌入"为"润物细无声"的有机融合,需要深入思考与实践探索。

(一)构建与思政教育融合的专业课程建设方案

专业课程教学与思政教育融合是将立德树人贯穿教学全过程、各环节,充分发挥课堂教学主阵地作用,为此,须重建专业课程设计与实施方案,使专业课

程教学与思政教育融合的内涵体现出来,取得应有成效,真正将思政教育落实下去。专业课程建设方案中应该引入思政价值导向与元素(见图1)。

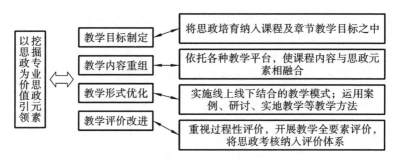

图1　专业课程的建设方案

(二)挖掘专业课程内容中的思政元素

在整合教学内容时,挖掘思政元素,是对专业课教师的更高要求。各专业教师都有引导学生健康成长、为国育人的义务,使学生在专业学习的过程中潜移默化受到思政培育。为此,思政元素的挖掘要落在课程内容的各章节,以各专业课程的概述(或绪论)为例,如表1所示,思政教育的融入内容要设计,不得生搬硬套。

表1　某专业课程第一章　概述(或绪论)

第一章　概述	本课程是什么?研究什么?怎样学?——引导学生树立理想	课程的发展历程与祖国的建设——引导学生爱国	课程在国家发展中的角色地位——培育学生责任感	专业课程的价值追求——鼓励学生奋斗
教学内容与思政教育融合	主讲教师以自身科研经验为例,带领学生全面了解本课程	本课程所涉及的专业领域之领军人物、杰出贡献者的事迹	站在国家发展及时代前沿,探析本课程的前瞻性问题	引导学生进行职业规划时,将专业、学科与国家需要相结合
教学目标及教学评价	学生理想的树立	学生爱国情怀的培育	学生创新意识的激发	学生端正学习目的,规划人生目标

将专业课程教学与思政教育有效融合,将思政教育贯穿人才培养体系,有利于实现教育教学效果最大化,也避免了专业课程的单调和思政教育的"唱高调",同时这种有效融合才能让大学生在情感上产生共鸣,接受度高,学习有积

极性,奋斗有动力。

(三)教学实施做到多措并举,提升融合效果

1. 专业课教师要以思政教育融合为目标规划教学思路

专业课教师在课程教学过程中,必须注重把蕴含的思政元素挖掘出来,并以具体的举措落在实处,对所教专业课程要有整体规划与安排(见图2)。

图2　专业课程的教学思路

2. 专业课教师要找准思政教育融合的切入点

专业课教师要以大专业的理念来思考问题,从社会、历史、国家多角度来认识本专业,在专业课教学中要讲学术、讲专业,既要有国际视野,也要有家国情怀。某大学专业课中"慢行交通设计"的教学内容中的思政切入点,就值得借鉴(见表2)。当然,在不同的专业课中,思政的切入点是不同的,这需要专业课教师合理安排,教学时适时把控。

表2　慢行交通设计与思政教育融合的教学设计

教学内容	思政元素	教学内容与思政元素的融合
慢行交通设计	"以人为本"	(1)中国古代步行速度及礼节,感受中国步行文化。 (2)现代社会安全舒适的需求。 (3)总结慢行交通的设计基础、设计理念与遵循的基本原则
过街天桥及通道设计	法制、伦理	(1)列举某些国家法律中的行人优先权。 (2)北京中关村南大街路段设计案例所涉及的效率、伦理探讨。 (3)过街天桥、通道的设置、标线、安全岛等学习。 (4)行人过街的细节设计
人行道设计	共享	(1)不同道路的功能定位,人行道的设计原则。 (2)发达城市优秀的设计方案,共享理念的介绍

3. 对专业课教师的教学评价,增加"跟踪"的长效考评机制

高校专业课程教学与思政教育融合的效果,须以"跟踪"的长效考评来衡量,大学生思想、素质等方面的变化是课堂教学的最终体现也是最终目标,所以对专业课教师的教学评价可根据学生的后期发展来考评,将考核流程拉长之后,评价有了难度,但更有意义,也反过来加强了专业课教师的责任感。例如,

加入"跟踪"的考核流程可分为"短、中、长"的考评:"短"的考评为学生课堂中的提问、研讨等;"中"的考评为学生期末结课的学习成果,如考试、研讨性论文、社会实践汇报等;"长"的考评为"跟踪"学生的升学或就业,若干年后学生的成长与进步等,将大学生毕业后的成长也与专业课教学联系起来,会彻底解决专业课教学与思政教育"两张皮"的问题,也使专业课教学与思政教育融合的价值更有长效性、现实性。

四、结语

习近平总书记在党的二十大报告中明确指出:"教育是国之大计、党之大计。培养什么人、怎样培养人、为谁培养人是教育的根本问题。育人的根本在于立德。全面贯彻党的教育方针,落实立德树人根本任务,培养德智体美劳全面发展的社会主义建设者和接班人。"这是以习近平同志为核心的党中央对新时代教育事业的总体战略部署。

大学专业课程教学与思政教育融合的目的就是要在大学生人生观、价值观和世界观的养成过程中,把社会主义核心价值观渗透到人才培养的各方面,融入大学教育教学各环节,使学生树立爱党爱国的高尚情怀、共产主义的远大理想,立志听党话、跟党走,坚定中国特色社会主义的道路、理论、制度和文化的自信。要通过大学专业课程教学与思政教育的融合,使每门课程"情理"入耳、"学理"入脑、"真理"入心,在"润物细无声"中加快培养担当民族复兴大任的时代新人。

参考文献

[1] 陈宝生.坚持"以本为本"推进"四个回归"建设中国特色、世界水平的一流本科教育[J].时事报告:党委中心组学习,2018(5):18-30.

[2] 陈茜,项乔君,马永锋,等.面向"双融合"的课程思政教学案例设计——以"交通设计"课程教学模块为例[J].东南大学学报(哲学社会科学版),2022(S1):153-155.

[3] 董尚文.推进哲学教育课程思政建设的思考[J].学校党建与思想教育,2020(20):42-44.

[4] 龚一鸣.课程思政的知与行[J].中国大学教学,2021(5):77-84.

[5] 罗俐梅,谢轶,牛倩,等.《检验路径与临床应用》课程思政的设计与探索[J].四川大学学报(医学版),2021(5):747-753.

[6] 谭刚毅,钱思.基于教育的本源探究课程思政及其建设——以华中科

技大学建筑与城市规划学院为例[J].课程思政教学研究,2021(0):117-133.

[7] 汪峰,凌瑞雪.寓德于美——华中科技大学艺术学院关于构建美育课程思政的理念思路及实践探索[J].课程思政教学研究,2021(0):160-165.

[8] 王飞,唐杰,庄敏."三全育人"背景下课程思政与专业课融合教学效果评价[J].中学政治教学参考,2021(39):35-37.

[9] 吴疆鄂,刘赵昊旻,龚跃法,等.化学专业概论教学中的课程思政探索与实践——以华中科技大学"一院一品"化学专业概论课为例[J].化学教育(中英文),2022(12):24-29.

[10] 许小军.高校课程思政的内涵与元素探讨[J].江苏高教,2021(3):101-104.

[11] 杨威,汪萍.课程思政的"形"与"质"[J].马克思主义与现实,2021(2):195-202.

[12] 张兴海,李姗姗.高校课程思政改革的"四论"[J].中国高等教育,2020(S2):7-9.

以提升学生获得感为导向的混合式思政课教学模式初探

谭亚莉

高校思想政治理论课是落实立德树人根本任务的关键课程。党的十八大以来,党中央高度重视思想政治理论课的建设工作,针对提升思想政治理论课教学实效作出了一系列重大部署。2018年4月12日教育部印发的《新时代高校思想政治理论课教学工作基本要求》中明确要求要增强学生的获得感,要让思想政治理论课(以下简称思政课)教学"有情有义、有滋有味",直指以往思政课教学中的针对性不强、亲和力偏弱的关键短板,要本着"为学生提供真心喜爱、终身受益"的教学改革目标进行思政课的供给侧结构性改革,打造有传播力和影响力的思政金课。学生是否从思政课中真正有所获得,能否切切实实有获得感,已经成为高校思政课"以学生为中心"教学理念落地的重要质量评价指标。

一、大学生思政课获得感的内涵与要素

从教育者角度来看,高校思政课承担着针对大学生开展系统的马克思主义理论教育和进行社会主义核心价值观培育的重要责任;从大学生角度来看,思政课应该是对自身思想成熟和道德提升起到关键作用的核心课程,应该使人从中深切感到有所思、有所悟和有所得。然而,在思政课教学实践中,往往并非如此。学生在课程学习中的关注度和抬头率与其应承载的重大育人责任并不完全匹配,存在一定程度的获得感不足的问题。

"获得感"是对"获得"的主观感受,是建立在"客观获得"基础上的、对"客观获得"的主观感觉。就"客观获得"来说,"获得感"要以获得实实在在的"获得"为基础,但不仅仅局限于物质利益与经济利益上的"获得",还包括情感、思想、行为上的获得。学生获得感主要是指学生学习知识和能力的主观心理感受,而这与学生学习体验有很大的相关性。在思政课学习的过程中,让学生体验到更高的获得感包括但不限于:让学生获得能够达到课程要求的学分;有机会获得更高的成绩或分数;能掌握并应用马克思主义理论的相关知识;在思政课学习

过程中获得的充实且积极的情绪体验;在课程互动中获得的有趣且有益的交往经验等,这些都构成了大学生在学习思政课中获得感的来源。大学生思想政治教育获得感是学生在教育过程中或之后因获得而产生的心理客观状态和主观体悟,体现为主客观的统一,绝对与相对的统一,获得与意义、发展的统一(赵静,2020)。大学生思政课获得感兼具自觉性、自愿性和自为性,充分体现了大学生在思想政治教育实践中的主体性价值,也体现了思想政治教育的意识形态、行为调控和人格塑造的规范性价值(赵建超,2018)。

二、大学生思政课获得感的内涵与要素

大学生思政课获得感是一个较为复杂的心理结构,包含认知、情感、意志和行为等多个方面。

(一)认知维度

思政课获得感的认知维度主要指的是学生在思政课中接触、了解和学习到理论规律等具体知识后,因认知进步和思想提升带来的获得感。例如在"马克思主义原理"课上,学生通过学习马克思主义理论中关于人类社会发展运动规律,来深刻理解当前的社会发展阶段和未来方向;在"毛泽东思想和中国特色社会主义理论体系概论"课上,通过对中国化马克思主义理论的学习,了解马克思主义如何与中国革命和建设实践相结合上升为理论并重新指导实践;在"中国近代史纲要"课堂上,通过对近代以来中国的发展历史回顾来理解中华民族如何在摸索和奋斗中选择了马克思主义;在"思想道德与法治"课堂上,通过对社会主义、爱国主义、集体主义和社会主义法治原则的学习来理解科学理想信念、社会主义核心价值观和法治观。通过上述课程的系统学习,大学生掌握并能运用唯物论、辩证法、认识论和唯物史观来分析和解决现实问题,提升了认知、分析能力,并由此产生获得感。

(二)情感维度

思政课获得感的情感维度主要指的是学生在思政课学习过程中各种需要被满足,积极情绪得以产生而带来的获得感。例如课堂上接触到新鲜信息带来的愉悦感,记忆准确、学习效率高带来的成就感,师生和生生互动交流过程中社会支持、社交归属等需要被满足后带来的幸福感等。情绪是人心理活动中对客观事物的看法态度和感受体验,积极正面的情绪体验是获得感的重要组成部分。

（三）意志维度

思政课获得感的意志维度主要指的是学生在思政课学习过程中思想成熟、道德扬升、政治认同等态度形成后，因意识形态凝聚和升华带来的获得感。例如，坚定了马克思主义科学信仰后解决了寻求人生意义问题而带来的动力，理解、接纳道德原则后解决了善恶冲突问题而带来的安宁，这些本质上都是学生在思政课中丰盈了自身精神力量而产生的获得感。

（四）行为维度

思政课获得感的行为维度主要指的是学生在思政课学习过程中通过实践实现自我价值，改造了自身和周围环境而产生的获得感。这里的实践行为是指学生在理论、情感、思想多方共同支配下，在参与思政课学习的同时，主动参与教学实践，充分发挥主观能动性，以思政课为指引，通过深入学习认识发展的规律，在实践中运用所学知识，落实到行为维度，并通过反复练习巩固，将知识和思想固化为正确行为。实践是人的存在方式，建构了人类独特的生命活动，因此思政课的行为获得感也是大学生思政课获得感中最为核心和重要的要素。

提升大学生思政课的获得感，有赖于适宜得当的思政课教学设计，即面向让大学生在认知上实有所得、情感上真有所悟、意志上心有所定、行为上思有所动的教学改革目标，改进思政课的教学流程、教学方法和教学评价，从总体上提升大学生的思政课获得感。

三、混合式思政课教学改革的基本理念

混合式教学模式即按照学生学习的需要，灵活地将各种教学理论、手段和模式等有机结合（陈晨，2017）。从根本上说，就是运用"恰当的"教学资源，整合"合适的"教学方式，获得"最好的"学习效果。混合式思政课教学模式是思政课教学改革的大趋势。这既是当代教育从"师"向"生"的转变、从"结果"向"过程"的趋势在思政课教学实践中的反映，也是思政课教学改革突破传统教学模式束缚的必然要求。

本文提到的混合式思政课教学模式中的混合，主要包括教学空间、教学时间和教学方式上的混合。打破空间隔离，在空间安排上实现第一课堂与第二课堂、线下课堂与线上课堂的混合，让学生走出教室，让知识学习走出课堂；打破时间隔离，在时间安排上实现课前、课中和课后三个阶段的高效混合，让课程教与学连贯起来，学生主体性和教师主导性各自发挥主要功能；打破线性教学方式，在方式安排上强调师生共同参与课堂、共同建设课程的多元教学方式。

混合式思政课教学改革与其说是教学方式的改进,不如说是教学理念的变革。这具体体现在以下几个方面。

(一)从教学主体来看,教师和学生的角色都发生了转变

在传统教学模式中,教与学是思想政治理论课的基本活动,教师是知识的传播者,学生是知识的接收者;然而,在混合式思政课教学模式中,教与学的主体边界是模糊的,教师不仅教授知识、传播知识,还为学生掌握知识创造机会、创造条件,学生不仅学习知识、接收知识,还主动参与知识创造和转移的过程,更好地发挥主体性作用。这样才能更好地达成教育的目标:教是为了不教、学是为了会学。

(二)从教学目标来看,从注重结果向注重过程转变

在传统的教学模式中,教学的目标是提高思想素质水平、政治成熟度,甚至是为了提升成绩、增加分数,把教学结果置于教学活动的中心,而学生的思想政治素养如何因教学而发生变化未得到充分关注。在关注过程的思想政治教育模式改革中,教师会充分考虑学生的认知特点和发展过程,充分考虑学生的个体差异和群体差异,充分考虑学生的思想实际和专业实际,提升学生学习思想政治理论课时的获得体验,从而更有效地开展有针对性的思想政治教育。

(三)从教学形式来看,从以教师或学生为单一中心转变到以师生互动为中心

在传统的教学模式中,要么使用专题讲授式、案例分析式、视音频融合式等以教师为核心、相对灌输略有改进的教学模式,要么使用研讨式、实践式、互动式等以学生为核心、相对自学略有差异的教学模式,两种教学模式都浮于表面,造成教学改革效果往往不能持续;在混合式思政课教学模式中,学生在课下也可以借助视频、在线课程等进行深入的学习,如遇到不能理解的难点问题,还可以及时在网络平台上和教师、同学进行探讨,在掌握重难点知识的同时,加强了与教师、同学的沟通。

四、以提升学生获得感为导向的混合式思政课教学模式

以提升学生获得感为导向的混合式思政课教学模式可有效避免为改革而改革,强调"以混合促获得"。混合式思政课教学模式应注重以下几点。

(一)应注重课前、课中、课后的高效混合

虽然在传统教学中也强调课前、课后的重要性,如课前预习和课后巩固等,但课前预习与课上讲授的内容存在较多的重合,使得学生产生学习倦怠感,影响其获得感。混合式教学模式真正将学生的学习时间从传统的课堂有效延伸到了课前、课中、课后三个阶段:课前资料阅读与准备是为了更好地在课堂中参与研讨和分析;课中重点讲学生困惑的、不懂的知识点;课后引导学生自主探究感兴趣的问题,真正实现三个阶段的高效融合。以提升学生获得感为导向的混合式思政课教学模式在课前要求学生自行查找资料或调研相关主题;课中要求进行汇报分享或案例讨论,教师总结提炼;课后布置相关拓展阅读文献,完成课后作业或小组活动。

(二)应注重"线上+线下""教室内+教室外"的混合

教学不再局限于课堂,突破空间的限制,走出传统的教室,将学生的学习扩展至线上与线下、教室内与教室外、第一课堂与第二课堂,让学生脱离枯燥低效的灌输,在实践中体验思想教育,增加学生获得的渠道,灵活高效地开展教育教学活动。线上教学方式有在线观看视频、线上测试等;线下教学方式有教师讲授、小组讨论、专题辩论、课堂考勤、课堂作业等。在进行混合式教学设计时,教学资源既要注重网络课程细分的内在逻辑,又要兼顾课程体系的整体性和系统性。线下教学应该以抽象性主题、学生感觉较为生疏或困难的内容为主,线上教学应该以具体性主题、学生感觉较为熟悉或容易理解的内容为主,一方面降低学生学习的认知负荷,另一方面增强学生的学习获得感。打破空间限制的混合教学模式还能把手机这个传统课堂中与学生争夺注意力的敌人化解为促进学生参与课堂的朋友,化堵为疏,让手机成为促进知识内化的教学好帮手。

(三)应注重以面对面授课为主的传统授课方式与以学生为中心的现代教学方式的混合

通过多种方式打破传统的教师讲、学生听或者学生自学、教师监督的单一线性传授模式,在教学方式上融合讨论、辩论、问答、汇报等多种师生互动、生生互动方法,尽量采用慕课、翻转课堂、移动混合式教学等教学模式,充分引入"雨课堂""微助教""学习通"等多种信息化课堂教学手段。同时,把集体授课与自主探究结合起来,把大班教学与小班研讨结合起来,把正式发言与视频弹幕结合起来,把学生发言与课堂辩论结合起来,让学生成为学习真正的主人。注重发挥教师的主导作用并尊重学生的主体地位,让教学改革真正围绕"学生是否真有所获得、学生是否真产生了获得感"展开。特别值得注意的是,伴随着数字技术的成熟,应用虚拟现实技术可增添思政课堂的趣味性,如果适当将教材中的观点、故事置于特定的场景,能提升学生学习的沉浸感,吸引学生的注意力,让学生更投入课堂学习,接受理论观点更有准备性。这对于提高学生的学习动机和学习兴趣,促进学生对观念理论的理解和认同有立竿见影的效果,既能让学生有所获得,还能提高学生的获得感。

五、结语

以提升学生获得感为导向的混合式思政课教学模式是一场需要长期进行探索的教学革命。面对数字科技发展的新形势,传统的教学方式已经濒临解体,教师在课堂上的教学行为如果不从理念上进行全面变革,会逐渐被更为有趣、更为新颖的数字空间信息所驱逐,学生的注意力也会被其吞没。

2019年3月18日,习近平总书记在北京主持召开的学校思想政治理论课教师座谈会中提出的"八个相统一"为思政课教学改革指明了方向:坚持政治性和学理性相统一、价值性和知识性相统一、建设性和批判性相统一、理论性和实践性相统一、统一性和多样性相统一、主导性和主体性相统一、灌输性和启发性相统一、显性教育和隐性教育相统一,其内涵都指向了切实提高学生思政课学习的获得感。

以提升学生获得感为导向的混合式思政课教学模式不拘泥于教室授课的单一形式,而是不断开拓户外课堂、线上课堂等新形式,探索实践空间的多种可能,主张在学习中实践,在实践中学习,以"人人都是教育者""人人都是分享者""人人都是研究者"为原则,充分激发出学生自主学习、自主分享、自主研究的积极性,让学生参与感与获得感相辅相成,互相促进,同时引导学生将所学理论应用到实习实践中,完成从提高内化到促进外化的顺利转换。

新时代高校思政课社会实践教学评价体系构建研究

赵 爽

高校思政课实践教学是思政课的重要部分，也是落实立德树人根本任务的重要举措。在高校思政课实践工作创新发展的新时代，构建符合时代与实践发展要求的评价体系，是推动新时代高校实践工作科学化、规范化、可持续发展的重要路径。本文拟从推进思政课实践与社会实践、专业实践相融合的角度，构建科学有效的评价指标体系，并推动评价指标体系实现开放式完善、长效性运行与可持续性发展，进而不断提升新时代高校思政课社会实践工作科学化、专业化水平。

一、课题研究的理论依据

(一)推动高校思政课实践与专业社会实践相融合

2019年8月，《关于深化新时代学校思想政治理论课改革创新的若干意见》发布，意见指出："坚持开门办思政课，推动思政课实践教学与学生社会实践活动、志愿服务活动结合，思政小课堂和社会大课堂结合。"2020年4月，《教育部等八部门关于加快构建高校思想政治工作体系的意见》发布，明确指出要把思想政治教育融入社会实践、志愿服务、实习实训等活动中，创办形式多样的"行走课堂"。健全志愿服务体系，深入开展"青年红色筑梦之旅""'小我融入大我，青春献给祖国'主题社会实践"等活动。

根据教育部印发的《普通高等学校本科教育教学审核评估实施方案（2021—2025年）》，思政课实践教学与大学生社会实践活动在教学目标、教学内容、教学形式上具有共通性。围绕协同育人，思政课实践教学与大学生社会实践具有一致性，可将二者结合，制定一套完善的教学评价体系。

1.二者理论依据相一致

思政课实践教学与大学生社会实践都以马克思主义的认识论与实践论为理论依据，实践的观点是马克思主义认识论的基本观点，马克思认为"实践是人的思想形成与发展的源泉和基础"。思政课实践教学和大学生社会实践的共同性在于都是通过实践引导大学生形成稳定的价值观念、社会情感、精神意志;理论层面都是以马克思主义、习近平新时代中国特色社会主义思想为基础,加强理想信念教育,以社会主义核心价值观养成为主线,培养社会主义事业建设者和接班人。

2. 二者形式内容相兼容

思政课实践教学和大学生社会实践在形式和内容上具有高度的兼容性,目前思政课实践教学主要要求以拍摄微视频、撰写调研报告等方式进行实践成果总结,大学生社会实践主要是以开展暑期"三下乡""返家乡"实践活动的方式进行,两者在内容和形式上都具有相似性和兼容性。

3. 二者实践载体可共享

思政课实践教学和大学生社会实践在实践形式和内容上虽然方式各异,但在载体、平台、资源上具有共享性,都可以通过理论宣讲、法治宣传等语言类实践教学开展思政实践,也可以通过参观博物馆等走访调查类实践教学开展实践,还可通过参与志愿服务、公益项目等志愿服务类实践教学开展实践。

(二)推动教学评价体系构建,促进教学成效

《关于深化本科教育教学改革 全面提高人才培养质量的意见》指出,要完善高校内部教学质量评价体系,建立本科教学评价、专业评价、课程评价、教师评价、学生评价为主体的全链条、多维度高校教学质量评价与保障体系。《深化新时代教育评价改革总体方案》指出,针对不同类型的教育特点,改进结果评价,强化过程评价,建立科学的教育评价机制。

实践教学是推动应用型人才培养的重要途径,高校思政课实践教学的教学效果与青年大学生社会化成长息息相关。目前,高校尚未形成相对成熟完善的实践教学评价体系,院系开展实践教学缺少指挥棒。因此,探索构建高校思政课社会实践教学评价体系是确保高校应用型人才培养的关键,是提升高校青年学子实践能力的基础与保证。

在开展思政课实践教学的过程中,易出现实践教学目标难以量化、实践教学考核及评价仅凭文字报告定级的现实情况,导致评价效果不明显,难以用标准促进实践深度。因此,建立科学有效的实践教学评价体系显得尤其重要,提出符合实践教学目标、令实践活动有规律可循的评价指标非常关键。

二、教学研究过程

社会实践应融合思政教育与专业培养,深入学科体系建设,挖掘各学科特

色育人模式,创建行走的思政课堂。

(一)对高校思政课社会实践评价模式现状的调查和总结

1.综合素质评价背景下高校思政课社会实践评价现状调查

随着我国教育评价改革的不断发展,社会实践评价得到了越来越多学校和师生的重视和支持,但是究竟发展如何、存在哪些问题,还需要进一步的调查和研究。为深入了解目前高校社会实践评价的认知情况和开展情况,笔者于2022年6月中旬至2022年9月持续展开调研,向本校教师和学生发放调查问卷,目的是想了解现阶段教师和学生对高校社会实践评价的整体认知及重视程度,对学校如何开展社会实践评价进行深入分析,从评价内容、评价主体、评价方式方法、评价结果呈现及现有管理制度五大方面进行深入研究,找出问题,得出结论,并给予建议(见表1)。

表1　高校思政课社会实践评价师生问卷维度构成

问卷维度		具体内容
功能定位		对评价本质的认识
		对评价意义的认识
实施操作	评价内容	评价内容组成
	评价主体	评价主体组成
	评价方式方法	评价方式种类
		实践活动开展
		评价手册填写
	评价结果呈现	结果呈现方式
管理制度	现有管理制度	组织人员构成
		管理制度构成
		重视程度

2.现阶段高校思政课社会实践评价体系存在的问题

根据调研结果总结发现,现阶段评价办法较模糊,原因主要包括:①考核标准模糊。对于开展社会实践考核的目的和意义认识不足,导致大学生社会实践的评价标准较为模糊或者根本没有。②评价主体缺乏多方参与,社会实践单位评价受忽视。目前,许多高校社会实践评价是在实践结束后,对学生递交的实践论文、实践调查报告、实践日记等给予简单考核、实施总体性评价。评价主体主要集中在高校社会实践工作指导者和管理者方面,往往忽视了大学生、实践单位、社会舆论等社会力量的参与和评价。③过度重视宣传影响。当前高校重点从社会影响层面出发对大学生社会实践活动进行评价,这也往往会导致社会实践组织者和参加者为了实现评优,过于注重社会实践的舆论宣传和媒体报道,而较少从有利于大学生成长和社会实践活动的长远发展出发进行科学评价。

(二)基于层次分析法构建高校社会实践评价体系

在构建高校大学生社会实践评价体系的过程中,将层次分析法引入其中,用数学建模的形式分析社会实践的相关要素,通过定量与定性的方法,确定科学、可操作的指标,搭建"概念—模型—功能"三位一体的能力评价理论框架。

1. 大学生思政课社会实践评价指标体系的构建原则

1) 合目的性和合规律性原则

应始终围绕"立德树人"这个根本任务。评价的宗旨是"以评促建、以评促改、评建结合、重在建设",其目的是检验实践育人的实际成效,不断提升实践育人的科学化水平。高校在实践育人评价过程中,既要通过评价来总结实践育人工作中的成功经验,提炼可供借鉴和推广的经验做法,同时也是为了查找育人结果与预期目标之间的差距,查找实践教育过程中还存在哪些短板或问题。

2) 系统性原则

以习近平新时代中国特色社会主义思想为统一理论,将其贯穿于思政课实践教学和社会实践之中,从而增强学生的理论素养和实践能力。大学生实践教学的各环节紧密联系,影响因素众多,应采用系统论的观点和方法,全面考察包含实践任务完成情况、综合素质表现、个人成长发展、社会影响力、学习体验感受等各个要素。

3) 主体性原则

社会实践活动的主体是学生,如何凸显学生的主观能动性成为社会实践评价的主要部分。注重全面发展和多元评价,不仅要关注学生的知识水平和技能,也要关注学生的思想品德、文化素养、审美能力等方面。对实践成果进行多元评价,从而更好地反映学生的优劣表现。

2. 层次分析法基本原理

层次分析法(analytic hierarchy process,AHP)是一种应用网络系统理论和多目标综合评价的决策分析方法,是指将一个复杂的多目标决策问题作为一个系统,通过定性指标模糊量化的方法算出目标权重,以此作为目标、多方案优化决策比例的系统方法。

利用层次分析法,将社会实践评价分为三个层次,即最高层(目标层)、若干中间层(标准层)和最低层(评价层)。通过层次分析法与模糊隶属度相结合的方法,可以得到切实可靠的评价方法,即定量分析得到各个评价指标所占的比重,并结合实际情况,得出评价结果。

3.评价指标体系构建

根据大学生实践特点,学习相关政策,结合本校、本院实践评价工作经验和相关文献资料,遵循指标体系构建原则,将评价指标初步归结为实践计划安排、实践活动开展、实践活动成效,以及实践活动总结与反馈四项内容(见表2)。

表2 高校社会实践评价体系

一级指标	二级指标
实践计划安排	实践主题
	时间安排
	实践团队分工
	准备工作与精力投入
	实践基地和对象选择
	实践资源利用能力
实践活动开展	组织领导
	指导力量
	社会支持
	实践资料收集
实践活动成效	品牌特色
	成果展现
	专业结合
	宣传成效
	预期目标实现程度
实践活动总结与反馈	个人成长感悟分享
	服务对象评价
	后续工作安排

(1)实践计划安排。主要从团队、实践策划、对接情况等方面全面考评实践的前期工作,以标准促进学生了解一次有效实践的组织工作内容。

(2)实践活动开展。从学生方、指导方、社会方多重考量实践活动开展的深度,鼓励一次实践成为多方协同的育人平台。

(3)实践活动成效。对于实践的完成情况进行评价,鼓励形成具有团队特色的实践品牌,多种形式展现实践成果,重视实践与专业理论的结合度。

(4)实践活动总结与反馈。其包含个人成长感悟分享、服务对象评价、后续工作安排三个部分。主要通过学生在实践过程中的收获与思考再次提升实践育人成效,通过服务对象反馈指导后续发展,指引学生做好实践的二次规划与成果转化,增强实践的长效化。

根据专家意见及其统计数据,由1~9标度法,构造4个一级指标及其二级指标判断矩阵,分别计算其所对应的最大特征值,并进行一致性检验,整理得到最终权重表如表3所示。

表3 高校社会实践评价体系权重汇总表

一级指标	对总目标影响权重	二级指标	影响因子对总目标的权重
实践计划安排	0.119	实践主题	0.279
		时间安排	0.112
		实践团队分工	0.102
		准备工作与精力投入	0.201
		实践基地和对象选择	0.201
		实践资源利用能力	0.105
实践活动开展	0.210	组织领导	0.279
		指导力量	0.257
		社会支持	0.244
		实践资料收集	0.22
实践活动成效	0.339	品牌特色	0.163
		成果展现	0.207
		专业结合	0.187
		宣传成效	0.231
		预期目标实现程度	0.212
实践活动总结与反馈	0.332	个人成长感悟分享	0.279
		服务对象评价	0.393
		后续工作安排	0.328

4. 结论

(1)在AHP评价体系中,实践活动成效占最大比重,其中宣传成效所占比重较大,所以高校应加强此方面考虑,一是为学生提供更多宣传平台,加大宣传,吸引学生的注意力,让学生主动参加活动;二是挖掘学生感兴趣的内容,调动学生参与的积极性。

(2)在AHP评价体系中,可以看出实践活动的总结与反馈也十分重要,其中服务对象评价占有较大的比重,所以高校在社会实践活动方面,应引导学生关注服务对象需求,鼓励学生以多种方式进行成果呈现,丰富实践成果。

(3)在AHP评价体系中,实践活动开展占比位列第三,即高校还需注重学生实践的过程,根据实践过程评价结果。在社会实践活动中,各高校要转变思想观念,发挥学生最大的主观能动性。要坚持思想政治理论教育与实践育人活动相结合,帮助学生在实践过程中增强本领、端正价值观。

(三)对大学生思政课社会实践评价工作进行实证

通过背景评价,着眼于确定和描述社会实践育人的目标和对社会实践育人目标的合理性判断;通过自评与他评相结合,对该指标体系进行多维评价;通过过程评价,对社会实践评价方案实施情况进行督导与反馈;通过多样化的考核指标,将学生参与社会实践的调查报告、心得体会、微视频等成果和学生参与实践的自觉程度、团队贡献度、实践时间等进行结合,既考察理论成果,又考察思想认识。

三、课题研究成效

(一)进一步强化了思政课实践教学的育人功能

一是加强了思政课实践教学改革,实现了理念、体系、手段、成效四者之间的链条拓展,形成了教学闭环。让思政课实践教学从目标提出到成果评价等环节有机地进行结合,确保教学模式的科学性和规律性,让思政课实现从教书到教学的转变。

二是拓宽了教学视野与创新育人思维,让思政课的教学理念变得更加开放包容。将理论与实践相结合,推动学生走向社会,加速学生社会化进程,提高学生综合素质。

(二)以目标为引导,进一步强化了思政课实践教学的机制建设

进一步改革创新实践教学的育人机制、管理模式,使之具有更高层次的系统性,保证高校"立德树人"教学目标的高效实现。从思政课实践教学管理方面来看,研究专门的实践评价大纲,配合理论教学内容,延伸教学链条,更好地指导学生的实践,也有利于更好地培养学生。

（三）完善了考核评价体系，建立了以评促进、以标准促深度的激励机制

评价体系综合思政课实践教学与社会实践的评价去向，确定了既注重培养学生的思想政治素质和社会责任感，又注重提高学生的实践能力和综合素质的综合性培养目标；形成了既注重学生的思想品德、文化素养、道德情操等方面的发展，又注重学生的实践能力、团队协作能力、创新能力等方面的发展的评价指标；提出了既采用问卷调查、讨论研究、个人陈述，又采用实践成果展示、社会反响、服务对象满意度的评价方式。根据实践育人具体要求，以及学生特点和需求进行差异化设计。

通过制度保障，将思政课实践教学和大学生社会实践、志愿服务、创新创业等结合，具体体现在第二课堂的成绩单中。

四、课题研究的推广方案

（一）宣传指标体系的重要性和必要性

让师生充分了解指标体系对于评估学生综合素质和思想政治素质的作用，注重过程考核和结果考核相结合。既要重视调查报告、心得体会的质量，又要注重在实践中个人的收获变化、参与程度、团队协作、贡献程度等。在实践过程中，需要激发学生的兴趣，增强其自主性和创造性，让学生在实践中体验到思政课所强调的人文关怀、社会责任和民族精神等。在实践结束后，及时地进行总结、分享、提升，选取在实践中表现突出的集体和个人进行表彰，召开各种层面的分享会、宣讲会、报告会，引导学生在实践中将社会主义核心价值观内化于心、外化于行。

（二）在教学过程中积极引入指标体系

设计相关培训和工作坊，为师生提供必要的培训和指导服务，以便更好地理解和应用指标体系。通过指标体系来指导课堂教学、实践活动等环节，并且对指标体系中所涉及的内容进行详细阐述和解释。整合课程设置，在思政课的课程设置中，可以安排一些与社会实践相关的内容，如案例分析、实践论文写作等，从而增强学生的实践能力。学校可以与社会组织、企业、政府等部门合作，共同开展一些社会实践活动，让学生实际参与其中，并结合思政课的教学目标进行引导和指导。

(三)将指标体系融入各学科人才培养体系中

将指标体系与其他评价指标相结合,促进思政课实践教育与社会实践、专业实践教育相结合,深度融入各学科人才培养体系中,形成全面、科学的评价体系。加强不同院系间的交流学习,一方面推动教学工作在交流中不断进步,更好地发挥实践育人的功能;另一方面带动不同院系的学生开展合作实践,丰富实践形式,开阔视野,推动学生全面发展。

(四)建立专门的管理机构或小组

建立专门的管理机构或小组,负责具体实施指标体系的推广、监督和维护工作,并且定期收集反馈意见,及时修订和完善指标体系。为使学生更好地将所学知识应用于实践中,需要加强实践指导,提供必要的技术支持和指导,帮助学生顺利完成实践任务。对于学生的实践成果,需要进行全面、客观的评价,以便更好地了解学生的实践表现和思想水平,并及时反馈、改进。

建立新时代高效思政课社会实践教学评价体系是一项系统工程,需要全面考虑各种因素。研究过程中仍需重视问卷调查和数据分析的作用,以及实际应用效果,不断优化和改进评价体系的设计和方法。

"大思政"格局下党的二十大精神融入"德法"教学的生活化路向研究

杨昌华

党的十八大以来,习近平总书记围绕我国的思想政治理论课(以下简称思政课)建设多次作出重要论述、提出明确要求。习近平总书记曾强调:"思政课不仅应该在课堂上讲,也应该在社会生活中来讲。"大思政课,我们要善用之,一定要跟现实结合起来。上思政课不能拿着文件宣读,没有生命、干巴巴的。① 习近平总书记的话,既指明了当前我国思政课教学存在的理论教育与现实生活脱节的问题,又强调了今后思政课教学改革创新过程中应该遵循的基本原则和发展方向。"大思政课"肩负着高校培养符合时代要求的德智体美劳全面发展的社会主义建设者和接班人的教育使命,是新时代高校落实立德树人根本任务的重要举措,其强调要以思政课的理论教学为主阵地,坚持以思政"小课堂"与社会"大课堂"相统一、理论教育与社会实践相融合、家庭学校与社会多方主体相协同为途径,构建以全员育人、全程育人、全方位育人为核心的育人体系,形成最广泛的育人合力和最强大的育人效力。

党的二十大精神是推动国家各项事业现代化发展、实现中华民族伟大复兴的行动指南,更是教育当代青年学生强有力的思想武器。《中共中央关于认真学习宣传贯彻党的二十大精神的决定》指出:"要把学习党的二十大精神作为……学校思想政治教育和课堂教学的重要内容……推动党的二十大精神进教材、进课堂、进头脑。"②高校思政课教学是我国意识形态工作的主阵地,承担着学习宣传贯彻党的二十大精神的重要使命和首要责任。而"思想道德与法治"(以下简称"德法")课程是学生在本科阶段接触到的第一门必修的思政课程,肩负着系好青年学生人生"第一颗纽扣"的关键任务。因而在"大思政"的格局下,思考和探究如何将党的二十大精神全面系统、深刻灵活地融入"德法"课的生活化教学中,对增强思政课的实效性、加强高校的意识形态工作、落实立德

---

① 杜尚泽.大思政课,我们要善用之(微镜头·习近平总书记两会"下团组"·两会现场观察)[N].人民日报,2021-03-07(1).
② 中共中央关于认真学习宣传贯彻党的二十大精神的决定[N].人民日报,2022-10-31(1).

树人根本任务而言意义重大。

一、党的二十大精神融入"德法"教学的必然逻辑

党的二十大是我国在全面建设社会主义现代化国家、实现中华民族伟大复兴的新征程中召开的一次十分重要的会议。当下,认真学习贯彻党的二十大精神是当前和今后一个时期党和国家的首要政治任务,也是高校思政课教学的首要政治任务。把党的二十大精神融入"德法"教学中,既是落实用党的最新理论创新成果武装学生、做好意识形态工作的必然要求,也是推动思政课创新发展、实现立德树人根本任务的必然途径。

(一)维护意识形态安全的政治要求

当今世界正处于百年未有之大变局之中,"世界之变、时代之变、历史之变正以前所未有的方式展开,人类社会面临前所未有的挑战"①。西方各国针对我国青年学生的意识形态渗透和价值理念斗争等愈演愈烈。同时我国社会加速发展,信息技术革命不断推进,众多因素交织中带来社会思潮和网络思潮的负面冲击、多元化价值观的困惑不解,影响着青年学生对民族、社会、国家的正确认知,动摇着我国的意识形态安全。意识形态教育是思想政治教育的重要组成部分,是培养青年学生树立正确三观和良好道德品质的重要途径。青年强,则国家强。将党的二十大精神融入"德法"教学是维护我国意识形态安全、保证我国社会稳定发展的政治要求,有助于青年学生在中华民族伟大复兴的战略全局和世界百年未有之大变局中,抵御错误思潮,坚定正确政治方向。

(二)回应课程教学改革的本质要求

中宣部、教育部在《新时代学校思想政治理论课改革创新实施方案》中对"德法"课程进行了规定:"主要讲授马克思主义的人生观、价值观、道德观、法治观,社会主义核心价值观与社会主义法治建设的关系,帮助学生筑牢理想信念之基,培育和践行社会主义核心价值观,传承中华传统美德,提升思想道德素质和法治素养。"可见,相较于其他三门思政课,"德法"课程植根于时代,更加强调对青年学生健康三观和理想人格的塑造,肩负培养堪当民族复兴大任的时代新人的重要责任。因此,"德法"课程必须始终关注中国特色社会主义的实践发展和党的最新理论创新成果,始终保持自身高度的思想性和政治性。而党的二十

---

① 高举中国特色社会主义伟大旗帜 为全面建设社会主义现代化国家而团结奋斗[N].人民日报,2022-10-17(2).

大精神,既是"德法"课程必须教授的重要内容,又是引导青年学生三观健康发展的重要精神武器。把党的二十大精神融入"德法"教学是回应其课程教学改革的本质要求,有助于实现"德法"课程教学内容和方式的创新发展;是其教学内容不脱节、课程属性不偏航的根本保证,有助于实现"为党育人、为国育才"的价值目标。

(三)助力学生成长成才的时代要求

"德法"课程不仅关注思想教育,而且注重价值引领。党的二十大报告提出"争做有理想、敢担当、能吃苦、肯奋斗的新时代好青年"[①],为新时代青年学生的成长成才提供了明确的前进方向和行动指南。党的二十大报告总结了过去十年党和国家的工作经验和最新伟大成就,对全面建设社会主义现代化国家、全面推进中华民族伟大复兴进行了战略部署,为新时代新征程党和国家事业的发展、实现第二个百年奋斗目标指明了前进方向,具有重大的理论意义、时代意义和实践意义。因此,将党的二十大精神融入"德法"教学,有助于帮助青年学生了解国家发展变革、增强民族自豪感、社会责任感及国家认同感,增强肩负中华民族伟大复兴使命的决心和信心,引领青年学生坚定马克思主义信仰和自身理想信念,努力成为堪当民族复兴大任的时代栋梁。

二、党的二十大精神融入"德法"教学的核心旨归

推动党的二十大精神有机融入"德法"教学、切实提升教学实效性的关键在教师。因而,在"大思政"格局下,高校"德法"教师应在把党的二十大报告学懂弄通的基础上,将党的二十大精神与课堂教学系统融合,以关怀服务青年学生成长为出发点和落脚点,真正把党的二十大精神与"德法"课程讲准讲深、讲透讲活,做好新时代青年学生成长成才的引路人。

(一)前提基础:学懂弄通党的二十大报告

习近平总书记强调要"全面掌握党的二十大精神,避免知其一而不知其二,知其然而不知其所以然"[②]。因此,要全面系统地掌握党的二十大精神,并将其高质量地融入"德法"教学,必须建立在学懂弄通党的二十大报告的前提和基础

---

① 高举中国特色社会主义伟大旗帜 为全面建设社会主义现代化国家而团结奋斗[N].人民日报,2022-10-17(2).
② 习近平在中共中央政治局第一次集体学习时强调全面学习把握落实党的二十大精神奋力夺取全面建设社会主义现代化国家新胜利[N].人民日报,2022-10-27(1).

上。要坚持全面学习与重点学习相结合的方法,既要学习报告原文,也要学习相关的基础理论。既要厘清报告的逻辑框架、思想观点、关键论断、全新提法,也要前后贯通联系相关重要文献和讲话。只有达到对党的二十大报告核心要义、思想精髓和精神实质的真学真懂,才能实现对党的二十大精神的真信真用,在"德法"教学的过程中融入自身的学习心得和思考收获,结合我国发展实际讲好党的二十大精神,从而提高"德法"课程的理论性和实效性。

(二)核心要点:系统融合党的二十大精神

习近平总书记提出:"新时代以来,党的理论创新和实践创新是十分生动的,我们的学习也应该是生动的,不能仅停留在记住一些概念和提法。"[①]"德法"课程的教材是党的创新理论和科学实践成果的系统梳理和总结,集中体现着党和国家的意志,指引着人才培养的方向,是联系教师、课堂与学生的重要中介。在"德法"教学中融入党的二十大精神,要以课程教材的结构、章节和内容为教学基础,以系统融合为核心要点,学会从历史变化的视角来解读文本、总结规律,学会从具体实践的角度来教授理论、厘清意义,学会从国际比较的视野中来理解中国、培养能力,跳出教材中的概念来教授党的二十大精神,实现党的二十大精神与"德法"教学体系的有机融合和系统融入。

(三)基本中心:关怀服务大学生成长

习近平总书记指出:"高校思想政治理论教育关键在于培养富有道德的年轻人,坚持把立德树人作为教学的中心环节,把思想政治教育落实到教学的方方面面,实现随时随地、全方位育人目标。"[②]立德树人是高校思想政治理论教育的根本任务和时代使命。其出发点和落脚点是培育有理想、有本事、有担当的时代新人,这也是当代高校思想政治理论课教学的重要任务指向。就思想政治教育的本质而言,其是一项既依靠人推进,又服务于人发展的实践活动。人既是思想政治教育的依靠力量和服务对象,又是根本目的,是思想政治教育的核心要素。因此,将党的二十大精神融入"德法"教学要以关怀服务青年学生的成长成才为基本中心和目标指向,遵从个体的成长规律和教育规律,运用青年学生喜闻乐见的方式讲活教材、读懂中国,引导青年学生在社会主义现代化国家建设的过程中、在实现中华民族伟大复兴的征程中实现自我价值与社会价值的

---

① 习近平在中共中央政治局第一次集体学习时强调全面学习把握落实党的二十大精神奋力夺取全面建设社会主义现代化国家新胜利[N].人民日报,2022-10-27(1).
② 把思想政治工作贯穿教育教学全过程 开创我国高等教育事业发展新局面[N].人民日报,2016-12-09(1).

统一。

三、党的二十大精神融入"德法"教学的生活路径

我国著名现代教育家陶行知在结合我国国情和教育实践、批判继承中外教育理论的基础上,提出了包含"生活即教育""社会即学校""教学做合一"①等观点在内的生活教育理论。对"德法"教学而言,生活化是其在教学改革创新过程中的一种重要价值取向和教学实践方式。"德法"教学的生活化是指"德法"教师在教学的各个要素和各个环节中,引入社会生活范式,将教材中的抽象化概念和文本与学生的个人实际和生活经验结合起来,拓展"德法"教学场域,并在教师与学生的双向互动中,实现教学过程与生活过程的协调统一,提高"德法"教学实效性的教育理念。将党的二十大精神融入"德法"教学要达到的最终效果,是用党的二十大精神武装头脑、指导实践,在内化于心的基础上,将其外化于行,以此促进青年学生的成长成才。因此,要通过建构生活化的教学内容、教学过程、教学手段及教学模式等,推动党的二十大精神融入生活化的"德法"教学,实现"德法"教学生活化的价值诉求,构建起从思政课的单一教学场域拓展到课程思政和日常思想政治教育等多元教学场域的"大思政"融入路径。

(一)教学内容:以个人实际为生活案例,使课堂教学向成长需求贴近

理论联系实际是思政课教学始终坚持的基本原则。党的二十大精神蕴含着丰富的思想内涵,在融入"德法"教学的过程中,首先要解决好的是党的二十大报告内容与"德法"课程教材融合的适配度和有效性问题。因此,要坚持以"专题教学+案例教学"的教学形式解决好二者教学内容相融合的内在逻辑。通过"专题教学"的方式,合理设计课程体系与教学内容,合理分配教学课时和讲授方法,处理好报告内容与"德法"教材内容相互协调统一、有机融合的关系,提高融入的契合性。并在此基础上将概念化、抽象化和复杂化的理论内容与学生的生活实际紧密联系起来,通过"案例教学"的方式,采用问题导入的形式,用富有生活意义、贴近生活实际的案例去帮助学生读懂学会教学内容,达到活学、活化、活用理论的教学效果,形成以生活体验和生活经验为基础,以党的二十大报告和"德法"教材内容为支撑的生活化思想政治教育内容,使课堂教学向学生个人的成长需求、人的自由全面发展目标贴近,以此提高党的二十大精神和"德法"课程的吸引力、感召力,提升教育教学的实效性。

---

① 陶行知.陶行知全集:第5卷[M].长沙:湖南教育出版社,1984.

(二)教学过程:以生活叙事为教学语言,使课堂教学走向生活场域的营造

在当下教育实践中,将党的二十大精神融入"德法"教学、提升学生认同感与获得感的主要渠道仍然依靠传统的课堂教学活动。通俗易懂的教学语言、融洽和谐的师生关系是提高"德法"课程教育教学活动有效性、提高学生认同感与获得感的直接途径。因此,"德法"教学要将"课堂视作师生共在的'生活空间',将课堂教学互动视作师生之间的'生活交往'"①,构建生活化的教学过程,营造融洽的生活场域,创造充满生活性、创造力与凝聚力的"德法"课堂生态系统。在这个过程中,一要使用生活化的课堂语言,即将党的二十大报告和"德法"课程教材中晦涩难懂的文本概念运用通俗易懂的生活化语言、采用青年学生习惯的话语表达方式、运用青年学生喜闻乐见的话语体系联系生活实际和时事政治变化,进行简洁、生动的表述,提高学生对"德法"课程的接受度。二要构建主体间的师生关系,即构建平等对话、和谐交往的师生关系,要充分尊重青年学生的主体性,改变传统的单向灌输的教学方式,调动青年学生参与教学过程的主观能动性,在平等、和谐、民主的师生关系中,引导学生健全主体人格、丰富精神世界,真真切切做好学生在思想、学习、生活上成长成才的引路人。

(三)教学手段:以数字技术为主要载体,使课堂教学向网络生活延伸

近年来,青年学生在大数据、人工智能等新一代科技革命成果和数字技术的影响下,其思想道德观念和社会交往方式正在经历着巨大转变。伴随数字技术的发展成长起来的青年学生,网络是其生活的第二空间,他们大部分课余时间都处于网络虚拟空间中,更易于接受网络上充满新鲜感和创新性的信息内容。因而,将党的二十大精神融入"德法"教学中,要以数字技术为主要工具推进教学手段的创新,使"德法"教学向青年学生的虚拟生活、网络生活等空间延伸。一要善于利用网络空间中的数字资源,挖掘与党的二十大精神相关的视频、音频资源,通过先进的数字技术加强学生的情感体验和沉浸体验,促进线下课堂教学的生动化和立体化;二要充分利用先进的数字技术创新线上教学手段,通过算法推荐技术进行党的二十大精神与"德法"课程结合的相关内容的信息推送、搭建线上交流学习平台等形式,加强网络思想政治教育,加强网络阵地建设,着力实现全程育人、全方位育人的思想政治教育任务目标,实现对青年学生网络思想和网络行为的正确引导。

---

① 王润稼.美好生活的显扬:提升思想政治理论课获得感的可行向度[J].思想教育研究,2018(6):89-93.

(四)教学场域:以社会实践为思政课堂,使课堂教学向社会生活展开

社会实践是"德法"课程的重要教学环节,也是融通"德法"课程与社会生活的主要途径。党的二十大报告是新时代以来党的理论生活和实践之总结,更是奋进新时代的行动纲领。理论源于实践,又归于实践。要将党的二十大精神更好地融入"德法"教学,真正读懂弄通这一党和人民的智慧结晶,学校的思政"小课堂"和社会的思政"大课堂"必须互相结合起来,必须"扎根社会实践,坚持问题导向,善于从丰富的社会实践中汲取营养"①,推动"德法"课程从课堂生活向社会生活展开。因此,要充分发挥"德法"课实践教学的作用,搭建起校外第二个课堂,将校外的广阔天地作为"德法"课立德树人的教学场所,以多样化的实践形式和生活化的实践内容来提升青年学生的积极性与参与度。同时,还要创新延伸校内的第二课堂,将党的二十大精神与"德法"教学内容融入校园文化建设,开展形式多样、寓教于乐的主题性教育活动与文艺活动,达到"润物细无声"的教育效果。鼓励学生走出课堂、走向校园、走入社会,聆听时代脉搏,感受中国温度,培育家国情怀,在理论教学和实践教育的结合中,实现"德法"教学从理论逻辑向实践逻辑的转变,引导学生把学习目标和人生理想同中华民族伟大复兴的目标结合起来,在新时代新征程中实现自身的人生价值。

---

① 冯秀军.善用"大思政课"的三个维度[J].思想理论教育导刊,2021(8):103-109.

党的二十大精神融入"习近平新时代中国特色社会主义思想概论"课研究

吕宏山

2022 年 10 月 16 日至 22 日，中国共产党第二十次全国代表大会在北京举行。党的二十大是在全党全国各族人民迈上全面建设社会主义现代化国家新征程、向第二个百年奋斗目标进军的关键时刻召开的一次至关重要的大会。党的二十大报告是党团结带领全国各族人民夺取中国特色社会主义新胜利的政治宣言和行动纲领，学习宣传贯彻党的二十大精神是当前和今后一个时期全党全国的首要政治任务。①

"习近平新时代中国特色社会主义思想概论"课程（以下简称"习思想概论"）在高校全面开设以来，已经成为教育宣传党的创新理论、落实立德树人根本任务的一大主阵地，该课程理应成为党的二十大精神融入高校思政课的核心切入点。将党的二十大精神融入"习思想概论"，需要厘清其育人目标、教学宗旨和政治保证等基本要求，剖析其所面临的困难，并回答好"怎么办"的问题，助推实现党的最新理论进教材、进课堂、进学生头脑。

一、加强"习思想概论"党的二十大精神学习的基本要求

（一）高校加强党的二十大精神融入"习思想概论"的基本目标是培养具有正确"四观"的大学生

党的二十大报告中强调："拥有马克思主义科学理论指导是我们党坚定理想信念、把握历史主动的根本所在。"②党的二十大精神融入"习思想概论"，要以用马克思主义祖国观、民族观、宗教观、文化观解决学生之所思所惑、急难愁盼为目标。大学生是高校思政课的教学对象，立德树人是高校思想政治教育的根本任务，只有明确"育何人"，才能相应地回答"为谁育""如何育"等问题。党的

---

① 关于认真学习宣传贯彻党的二十大精神的决定[N].人民日报，2022-10-31(1).
② 习近平.高举中国特色社会主义伟大旗帜 为全面建设社会主义现代化国家而团结奋斗——在中国共产党第二十次全国代表大会上的报告[M].北京：人民出版社，2022.

二十大报告是一篇闪耀着马克思主义真理光芒的纲领性文件,其内容包含新时代党和国家建设的总体战略部署以及经济、科技、政治、文化、社会、生态、外交等方面的具体方针政策,是大学生理解中国化的马克思主义、正确认识社会和人生的最好教材,而马克思主义的立场、观点、方法正是贯穿于其全过程的思想灵魂。因此,应充分发掘党的二十大精神的理论深度,将培养具有正确"四观"的大学生作为党的二十大精神融入"习思想概论"的基本目标,以学生为出发点和落脚点,教会大学生将思想认识转化为实践效能,实现自我价值与社会价值的统一。

(二)高校加强党的二十大精神融入"习思想概论"旨在助力实现中华民族伟大复兴的中国梦

习近平总书记指出,"广大青年要成为实现中华民族伟大复兴的生力军"[①]。实现中华民族伟大复兴是一项长期任务,需要几代人的接续奋斗,因而实现中华民族伟大复兴的中国梦不仅是中国共产党人的初心使命,也应成为激励每一代青年人拼搏成才的人生指引和精神动力。"习思想概论"强调初心使命教育,展现了习近平总书记对于新时代宏伟蓝图的擘画,党的二十大再次强调并明确指出了"以中国式现代化推进中华民族伟大复兴"的中心任务,将其融入"习思想概论",是对理想信念教育的深化,也是对高校理想信念教育的时代化诠释。因此,应在充分认识"习思想概论"课程思政属性的基础上,发挥党的二十大精神的思想领航作用,以理想信念教育为宗旨,助力实现中华民族伟大复兴的中国梦。

(三)高校加强党的二十大精神融入"习思想概论"的政治保证是坚持党的领导

党的领导统领高校思政课高质量建设,为培育时代新人保驾护航。作为落实立德树人根本任务的关键课程,"习思想概论"需要强有力的政治保证和领导系统支持,而其高质量建设亦需要不断融入最新理念,开阔视野、打开格局。党的二十大精神是党的创新理论的集中体现,也是党的政治领导、思想领导和组织领导的集中反映,在"大思政课"高质量建设的背景之下,党的二十大精神融入"习思想概论"的必要性得以彰显。因此,应明确坚持党的领导是高校加强党的二十大精神融入"习思想概论"的政治保证,始终将党的领导作为思政课建设的思想导航,为培养堪当民族复兴重任的时代新人提供强大保障。

---

① 习近平.在北京大学师生座谈会上的讲话[N].人民日报,2018-05-03(2).

二、党的二十大精神融入"习思想概论"面临的机遇和挑战

党的二十大的胜利召开,既为"习思想概论"建设迎来了新的机遇,也对"习思想概论"提出了更高的要求。切实将党的二十大精神融入"习思想概论",既存在机遇,也存在挑战。

(一)党的二十大精神融入"习思想概论"面临的机遇

1.党和国家高度重视党的二十大精神融入高校思政课

党和国家历来高度重视人才培养工作,全方位关注大学生的意识形态领域动态。党的二十大报告指出要坚持马克思主义在意识形态领域指导地位的根本制度,作出了一系列新的、符合新时代要求的战略部署,这是高校意识形态阵地建设的重要理论支撑,也是社会主义意识形态在高校的传播。高校是思想政治教育的主阵地,用马克思主义中国化最新理论成果武装大学生头脑是思想政治教育的重大举措。在高校开展党的二十大精神融入思政课工作,能引导大学生及时了解党的最新理论成果,保证社会主义的人才培养方向。党和国家不断完善党的二十大精神融入高校思政课的顶层设计,充分认识到了意识形态工作的重要性,从而牢牢把握在高校意识形态领域的指导权,这为党的二十大精神融入高校具体思政课提供了政策导向和理论支持。

2.高校党的二十大精神融入思政课已经形成了比较完善的体制和机制

党的二十大召开之后,各高校积极学习贯彻落实党的二十大会议精神,大力推动党的二十大精神在高校"三进"工作的开展和落实,已经形成了完善的发展理念,针对具体的融入思政课工作中遇到的问题也通过不断探索和讨论得到了解决和纠正,形成了比较完备成熟的体制机制,在多次课堂实践中也取得了良好的反馈和回响,为党的二十大精神融入"习思想概论"课铺平了道路。

3.当代大学生对党的最新理论成果认同感越来越强

当代大学生受教育程度比较高,求知欲强,积极关心时事政治和国家形势。随着我国综合国力和经济实力的稳步提升,大学生对党的最新理论成果的关注度和认同感越来越强,他们不再是应试教育下被动的接受者,而是新时代伟大变革中积极的学习者和践行者。在华中科技大学马克思主义学院"习思想概论教研中心"开展的课堂调研问卷中我们发现,98%的学生对党的二十大报告内容感兴趣,并对各自感兴趣的专题进行了积极响应。这对党的二十大精神融入"习思想概论"而言是一个很好的机遇。

(二)党的二十大精神融入"习思想概论"面临的挑战

1.学生对党的二十大精神的深刻内涵和丰富外延理解深度不够

"习思想概论"是对大学生进行系统的习近平新时代中国特色社会主义思想教育的课程,其授课对象主要是大一、大二年级的本科生,他们的价值观念正处于走向成熟的不稳定阶段。互联网的迅速发展,可以让大学生迅速获取最新的社会热点问题和理论政策,但一些不正当的言论也很容易进入大学生的视野,左右他们对党的理论政策的理解。

如果没有正确的引导和讲解,他们对于党的二十大精神仅仅停留在认识现象的表层,从而忽视了对新理论成果的深层次挖掘。而且,在"习思想概论"的课堂教学的过程中,学生大多会把思政课堂当作一堂"放松课",没有摆正学习新思想新理论的态度,迫于课堂形式、考试压力才去了解一下党的二十大精神的目的,这必然会导致对党的二十大精神的深刻内涵和丰富外延的理解不够。对于党的二十大精神的理解绝不能停留在文本背诵、概念内涵的表层,这仅依靠教师的讲授是不够的,只有亲身参与社会实践,体验实际民生,才能实实在在地体会到党的二十大精神的内涵并不是飘浮在云端的大道理,而是从实际生活中挖掘出来的接地气的大学生行动指南。但由于思政课课堂时间有限,即使真正开展社会调查和社会实践,大多也由于时间仓促、资源不足、组织困难等问题而流于形式,未能真正引导大学生走入社会参与实际调研。因此,绝大多数大学生对于我国现阶段的发展成就、当下社会真正的民生状况缺乏现实认识和体验,对于教师所讲解的内容,以及写在党的二十大报告中的文字无法真正理解,这给党的二十大精神走入课堂、走入教材、走入学生的思想带来了极大的困扰。

2.部分教师对党的二十大精神的专业化领悟能力和研究水平欠缺

高校教师作为党的二十大精神融入"习思想概论"的主导者和推动者,承担着党的二十大精神的宣讲等重要任务。要将党的二十大精神融入"习思想概论",一个决定性的前提条件就是该课程的授课教师要对党的二十大精神和马克思主义理论有准确且深刻的掌握和理解,只有这样,教师在讲解党的二十大精神时才能"立得住""站得稳""讲得好"。因此,教师的专业化领悟能力和思想认识不容忽视。

党的二十大精神内涵深刻、立意高远,是党和国家站在一定的政治高度上总结过去、开启新征程的政治宣言和行动纲领,需要政治素养和专业化水平较高的人才能深刻地解读。然而,当前高校教师对党的二十大精神的解读存在参差不齐的现象。一方面,由于没有认识到将党的二十大精神这种重要理论成果融入"习思想概论"课堂是推动高校思政课研究的应有之义,自身也并未在钻研二十大精神上花费太多功夫,这必然会导致对党的二十大精神融入课堂的重视度不高,对党的二十大精神的理解也只停留在照本宣科的层面;另一方面,部分授课教师受限于自身的学习领悟和研究水平。各专业的教师对文本解读能力的高下、知识储备的不同、年龄与经验的差别等,在一定程度上限制着党的二十大精神融入"习思想概论"的效果。此外,"姓马"容易"信马"难,前者是专业,后者是信仰,专业可以是谋生的手段,而信仰则是高于谋生手段的价值层面的追求。"姓马"不"信马"的情况都是存在的,因而"教育者先受教育"十分必要,在党的二十大精神融入"习思想概论"课前,该课程的任课教师应自觉加强理论学习,高校也应开展教师培训、报告、讲座、集体备课等,帮助教师深刻领悟会议精神,真正发挥引路人、解惑者的作用,让学生"亲其师,信其道"。

3.部分教师的授课方法不到位

一方面,部分教师在课堂教学中偏重课程内容而轻视学术阐释,在讲解党的二十大精神时,多以说教的方式讲解,只阐述了政治理论,并没有讲清背后的历史逻辑、理论逻辑和实践逻辑,从而导致部分学生认为党的二十大精神仅仅只是单纯的政治思想,并没有将"习思想概论"从理论层面引导到价值层面。而对于当代大学生来说,他们更希望教师在课堂上讲解理论的来源及其论证过程,更强调逻辑思维能力;因此,教师在讲解党的二十大精神时,既要讲解政治理论,同时也需要将其内在的方法论创新的历史脉络讲解清楚,让学生不仅"知其然",还"知其所以然",帮助学生在头脑中建立起高度凝练的党和国家政治理论的框架。另一方面,部分教师又过于强调党的二十大精神的学理性挖掘,从而导致教学变得"高深莫测",难以发挥党的二十大精神的政治引领、帮助学生树立正确的政治信仰和价值取向的作用。因此,在"习思想概论"课上,思政课教师在讲解党的二十大精神时要正确处理好"讲学术"和"讲政治"的关系,从而提升以学理性支撑政治性的能力,进一步增强学生对党的二十大精神的获得感和认同感。

三、党的二十大精神融入"习思想概论"的对策

(一)加强理论培训,更新话语体系

要想传道,传道者首先要明道。打造一支优秀的思政课教师队伍是党的二十大精神"进课堂"的必然要求和具体体现。教书者先要接受教育。首先,要加强思政课教师对党的二十大精神的理解。思政课教师要认真学习研读党的二十大精神,对党的二十大精神中的思政元素吃透摸清,找准融入的重点、热点、难点。同时要加强对新教材的培训和学习,高校思政课教师通过集中培训和学

习来消化好新教材的内容,提高驾驭新教材的能力,讲好用好新教材。其次,要邀请理论专家对思政课教师进行专题辅导,习近平新时代中国特色社会主义思想博大精深,必须要邀请一些理论专家及时给予辅导,给高校思政课教师提供学习交流的平台,帮助他们更好地把党的二十大精神转化为教学内容,提升教育效果。最后,思政课教师要更新思政课教学话语表达方式。习近平总书记在党的二十大报告中采用了许多"日常化、口语化、通俗化"的表述,如"新时代的伟大成就是党和人民一道拼出来、干出来、奋斗出来的""不变质、不变色、不变味""不信邪、不怕鬼、不怕压""道不变、志不改";教师应该善用"新概念、新表述",如"马克思主义中国化时代化""中国式现代化""自我革命""三个务必"等。"高校思政课教师应学习'习式话语',会讲'新言新语'"[1],创新思政课话语的表达方式,"不断增强思政课的思想性、理论性、亲和力、针对性"。

(二)创新教学体系,开展专题授课

思政课教师要精心设计课堂教学内容,创新教学形式,开展专题思政课程讲授。具体来说,要立足思政课原有内容和教材,同时结合党的二十大报告的内容,从各个章节出发,设计好每个章节要讲授的内容,制定科学的教学方法。其一,做到集体备课。教师在教学中需要充分结合教材,在对党的二十大精神深入学习的基础上对高校思政教学中党的二十大精神的融入重点、热点的方式与途径进行认真的研究;教师需要从教学目标入手,对于教学当中的每一个章节做好具体讲授方案。其二,整合教材内容。需要积极围绕党的二十大的理论成果,对思政课程相应章节的内容进行充实、调整,对教材内容重新整合,在形成专题授课的情况下保证党的理论创新同具体教学内容具有良好的协调性。其三,创新教学改革。高校在具体工作开展中,需要积极围绕立德树人任务,在问题为导向的基础上不断提升教学针对性,不断完善思政课教学环节、载体以及内容,主要做好理论引导,辅助开展实践及教学。在课堂教学活动当中,要对原有的教学方式不断改变,从体验式、互动式以及专题式模式融入工作当中,对研讨、讲授等方式做好应用,通过教师专访、微课制作等方式进一步优化教学方式。

(三)线上线下联动,创新教学载体

互联网的发展实现了当前教学方式的更新,以网络媒体为平台开展思政课

---

[1] 李烨红.新时代高校思想政治理论课教学话语体系构建研究[J].学校党建与思想教育,2021(11):27-29.

教学,可以发挥学生的主体性作用,调动学生的积极性,激发学生学习领会党的二十大精神的内在动力。思政课教师可以运用多媒体网络平台,融合使用传统媒体与现代信息媒体,创新课堂教学方式。以文字、视频、影像、微视频等多种途径将党的二十大精神融入课堂教学,增强课堂教学的吸引力和感染力。

一方面要继续发挥思政课堂的主体作用,借助网络平台做好课堂互动,使思政课教学同信息技术有机融合,加强师生之间的互动。例如利用"超星学习通""雨课堂",以及思政课App等工具,课堂上教师就可以直接布置问题并及时得到学生现场用手机的反馈,提高互动效果,使课堂教学"活"起来;课下,教师也可以利用这些工具直接发送关于党的二十大精神的内容给学生,让学生可以提前学习,学生也可以通过这些工具同教师沟通交流,释疑解惑,加强学生对党的二十大精神的主动了解,以提升教学效果。另一方面要充分运用新媒体新技术宣传党的二十大精神,发挥好新旧媒体的优势组合。将党的二十大精神相关内容进行加工整合,通过学校官方网站、QQ、微信公众号等渠道发布内容,发挥好宣传主阵地的作用,适时推送党的二十大的相关内容,利用新媒体的传播规律,切实融入学生的学习生活,对学生进行隐性的教育,以产生润物无声的效果。同时也要充分利用学校宣传栏、板报、广播、报纸等传统媒体,及时宣传党的二十大的热点问题和学生关注的问题,发挥环境育人效能,达到立德树人的目标。将传统媒体和新媒体融合起来,增强对党的二十大精神的传播效果。

(四)充分利用资源,加强实践教学

党的二十大报告强调,要"继续推进实践基础上的理论创新"。党的二十大精神是马克思主义中国化、时代化的最新理论成果和创新,"马克思主义不是书斋里的学问,而是实践的理论"。首先,要充分利用高校的资源优势,同学校团委、学生处等部门一起开展社会实践活动,将党的二十大精神融入高校的第二课堂,成立大学生研究习近平新时代中国特色社会主义思想中心,利用学生社团等学生组织以学生喜闻乐见的方式开展活动,引导青年学生认真学习党的理论知识,关心国家大事,担当起时代青年的责任,增强融入的效果。其次,结合地方特色,利用不同地区的社会实践资源,积极建立社会实践基地,定期组织师生开展各种主题实践活动,形成长效机制,通过与日常实践教育的完美结合,切实推动高校的实践育人工作。最后,要配合课堂教学,依托高校人才培养的目标,做好"大思政"课程的实践教学安排,打破围墙限制,让思政课走出教室,精心组织与学习党的二十大精神相关的丰富多彩的实践活动,让思政课与实践结合,与社会结合,搭建高校实践育人共同体,建立"思政课+社会实践"模式,使党的二十大精神与现实结合,让当代大学生在社会实践中强化"四个意识"、坚定"四个自信",从而真正把思政课讲活。

参考文献

[1] 习近平.高举中国特色社会主义伟大旗帜为全面建设社会主义现代化国家而团结奋斗——在中国共产党第二十次全国代表大会上的报告(2022年10月16日)[M].北京:人民出版社,2022.

[2] 习近平谈治国理政:第4卷[M].北京:外文出版社,2022.

[3] 习近平.思政课是落实立德树人根本任务的关键课程[M].北京:人民出版社,2020.

[4] 齐卫平,樊士博.党的二十大精神融入高校思政课教学的思考[J].学校党建与思想教育,2022(23):8-12.

[5] 刘有升.思想领航 精神铸魂 文化育人——"党的二十大精神融入高校思政课论坛"综述[J].马克思主义研究,2022(11):149-151.

应用劳动价值论考察生活用品价格变动的实践教学研究

蔡 超

一、劳动价值论教学改革的重要性

(一)劳动价值论是"马克思主义基本原理"政治经济学部分的理论基石

古典政治经济学提出了"什么创造价值""价值如何表现""价值如何分配"等问题。马克思对古典政治经济学进行了批判性的继承,在他的一系列政治经济学研究手稿和著作尤其是《资本论》中对古典政治经济学提出的价值理论进行了深入剖析,并提出了科学的劳动价值论,阐明了价值规律及其表现形式、价值在分配过程中的转化方式及其影响因素等问题。然后在此基础上,他又提出了剩余价值理论、资本积累理论等,构建起马克思主义政治经济学的理论大厦。可以说,只有准确理解劳动价值论,才能领会马克思主义政治经济学的理论精髓,才能进展到对整个资本主义社会运动规律的理解,进而确认实现科学社会主义的必然性。

(二)劳动价值论是"马克思主义基本原理"政治经济学部分的教学重点

在"价值是由什么决定"这一问题上,马克思以及古典经济学派代表人物亚当·斯密、大卫·李嘉图都认为价值是由劳动决定的。这一观点不仅从根本上动摇了资本主义社会存续的根基,还揭示了一切生产资料私有制社会其生产方式的剥削本质。所以,统治阶级为了维护其统治,就必然要豢养一批持相反观点的学者(当然,任何一个学术领域都存在着分歧,这是无法避免的事实。这一阵营中的学者也并非都是资产阶级的辩护士)。这些学者提出了诸如效用价值论、边际效用价值论、供求决定价值论、要素成本价值论等形形色色的价值理论,来反驳马克思的劳动价值论。就这些学者对资本主义社会现实的选择性忽视而言,就他们的思想理论的浅薄而言,可以将他们统称为庸俗经济学家。这些庸俗经济学家的理论具有广泛的传播性和影响力。因此,准确地辨析马克思的劳动价值论与庸俗经济学家提出的各种价值理论的根本区别,甚至能够自觉地批判庸俗的价值理论,则是政治经济学教学部分的重点。

(三)劳动价值论是"马克思主义基本原理"政治经济学部分的理解难点

马克思实际上是从客观存在频繁的商品交换结果中导出"商品价值"这个概念,它是在"社会过程"中的抽象。但马克思在谈到他的写作时曾说:"在形式上,叙述方法必须与研究方法不同。研究必须充分地占有材料,分析它的各种发展形式,探寻这些形式的内在联系。只有这项工作完成以后,现实的运动才能适当地叙述出来。这点一旦做到,材料的生命一旦观念地反映出来,呈现在我们面前的就好像是一个先验的结构了。"正是由于马克思在叙述中"卖弄起黑格尔特有的表达方式",把从交换领域中的商品交换结果研究得出的范畴移植到生产领域中来叙述,就把市场竞争和社会供求等扰动因素给舍掉了。这样的研究范式对准确理解劳动价值论造成了困扰。只从概念出发,从一个概念推演出另一个概念,这样就倒果为因地把在商品交换中导出的"商品价值"概念人为地拖回到生产领域中,作为先验存在着的东西来理解。在频繁的商品交换结果中才出现的"商品价值"概念,就被曲解成只是在生产领域中早就已经形成的静止的先验实体了。

二、现行教学模式存在的不足

(一)教学目的有所缺失

在现有的课堂教学中,往往只是局限于课本知识的讲授,但却忽视了学生对相关知识的理解与接收。这主要表现为教学目的性不强、逻辑性不够,不能有针对性地引导学生意识到政治经济学本身研究的是特定社会形态下的经济现象。例如,在引入"商品"这个概念后,在后面的判断与推理的过程中,确定哪些规定是当前对象的本质规定的时候,就要做到逻辑上的纯洁,不能在讲到商品的物的属性的时候,立刻就把社会的标准引起来,从而把问题弄混乱了。那怎样才能做到逻辑的前后连贯呢?当然是要对我们面前的商品对象在它的单独存在和它的运动关系中找出商品的本质规定。因此,我们就要分别从商品的纯粹的物的自然规定性及其对立统一关系,商品的物的规定与人的规定及其对立统一关系,商品的物与物的社会交换规定性及其对立统一关系来分别进行辩证的考察。如马克思所说,"在商品生产者的社会里,一般的社会生产关系是这样的：生产者把他们的产品当作商品，从而当作价值来对待，而且通过这种物质的形式，把他们的私人劳动当作等同的人类劳动来互相发生关系"。这也就意味着，产生这种现象的根源不在于商品的交换形式，而在于资本主义私有制下的生产关系。

（二）教学内容过于抽象

由于马克思主要是运用"从抽象到具体"的写作方法，因此，一开始的教学内容非常抽象，对抽象思维能力的要求很高。而教师们往往又受限于现有的课本内容结构，只是抽象地谈论一些术语，更是增加学生理解的难度。例如，初始的商品作为物，作为客观对象的直接反映，还只是一个简单概念，不是商品的具体概念。谈论具体的商品概念不仅需要有抽象的、单纯的物的判断能力，还要从商品特有的运动关系中来理解商品的本质规定。也就是说，对所研究对象的客观性加以唯物主义的对待并进行抽象后，就要开始进行判断，确定差别，即从当前对象的各种不同形式的对立运动中规定本质——不同的对立关系展示的辩证法表现的是不同的本质规定。否则，在用各种规定来研究商品时，如果把另外的不属于商品的本质的规定也拉扯了进来，那么会产生另外的对立，从而会遇到不能解决的矛盾。例如，把商品作为物的使用价值当作本质，规定为对人有用，那么，这样一来就把许多不是商品的有用的东西——阳光、空气等也包括进来了，这些东西大家一看便知，虽然对人有用而且必不可少，但是阳光、空气根本不是商品。

（三）教学话语脱离生活

很多教师局限于已有的学术话语，不能将这些学术话语转化为生动的教学话语，使得教学语言脱离日常生活，甚至因为和日常生活语言不一样，会引起话语上的歧义。首先谈到的是商品的使用价值，即物品的有用性。无论物品自身的有用性是用于满足人们的物质需求还是精神需求，它的这种有用性都是天然的、自身所固有的，同人取得它的使用属性所耗费的劳动的多少没有关系。例如，人们可以利用木柴来做绝缘体，但不能使用木头来导电，这是木头自身的属性所决定的，无论耗费多少劳动都无法违背这一事实。与商品的两个因素相对应的是劳动的二重性，其中与使用价值相对应的是具体劳动。所谓具体劳动可以简单地理解为劳动的外在形式。比如，砍柴和捕鱼的劳动方式就截然不同；同样是捕鱼，撒网捕鱼和用鱼竿垂钓的劳动方式也不一样。正是这些用肉眼就可以观察到的不同的具体劳动，使商品有了不同的使用价值。马克思从商品交换中分析出了商品的一个因素——交换价值。"不论财富的社会形式如何，使用价值总是构成财富的物质内容。在我们所要考察的社会形式中，使用价值同时又是交换价值的物质承担者。交换价值首先表现为一种使用价值同另一种使用价值相交换的量的关系或比例。"

(四)教学气氛相对沉闷

一方面,部分学理工科专业的学生,习惯了理工科那种线性推导和逻辑论证的思维方式,缺少社会科学所需的一定的想象力,缺少辩证思维能力,因此对劳动价值论部分的知识体系常感到难以理解,进而对马克思主义政治经济学感到困惑;另一方面,有关劳动价值论部分的教学主要还是靠理论讲授,授课方式以教师板书和口授为主,没能通过生动有趣的案例或者视频带给学生们更多感性直观的认识,缺少必要的趣味性,学生们听得云里雾里,更加产生了畏难情绪。就这样,由于不能很好地调动学生们对这门课的学习积极性,教学方法较为单一,导致教学气氛比较沉闷。这又进一步地影响到教师上课的积极性以及学生听课的主动性,总体教学效果不够理想。

三、融入实践教学的推广方案

(一)参观考察某种生活用品的全生产流程

要求同学们选择身边一种常见的生活用品作为样本,来考察这种商品被生产和销售的整个过程。如今我们已经身处一个多样的商品世界,但人们却只是从橱窗或超市里见到现成的商品,并不知道商品生产的全部流程,也就难以领会到各种具体劳动形式在商品中的凝结,或者说,不断堆积起来的商品到底是如何经过劳动过程被制造出来的。通过考察生产商品的整个过程,能够增强学生们对生产劳动过程的感性认识,并加深对商品特征的理解。

(二)记录汇总不同时期某商品价格变动情况

要求学生们收集一些常见的生活用品在不同年份和月份内的价格变动情况。可以看到,市场中各种商品的价格一直处于变动中,例如与人们日常生活息息相关的猪肉,会经常性地发生价格涨跌。通过收集某些商品的价格波动情况,能够清晰直观地认识到商品价格的波动情况。价值是商品自身所包含的抽象劳动,价值量由该商品中凝结的社会必要劳动时间来决定。而价格则是一种商品的价值在交易过程中,通过与其交换的另一种商品的价值(以货币的形式)来体现。人们在日常生活中的交易虽然五花八门,但都可以用一个等式来表示:$xA = yB$(x 数量的商品 A 交换 y 数量的商品 B)。无论 x、y 的数字是多少,A、B 表示何种物品,一旦等式成立,就必然表示 xA 与 yB 之间在某个方面具有一种等量的共同的东西。考虑到可能存在通货膨胀导致的币值变动问题,这里可以同时选择一种价格相对稳定的商品(比如粮食价格)作为参照系,来考察这种商品价格的变动情况,即将一种商品的价格设定为固定标准价格,然后测算出几种商品的价格变动情况,使学生们对商品世界的相对价格体系有一个直观的认识。

(三)调研分析导致商品价格波动的主要因素

要求学生们去了解商品的市场行情,尤其是讨论分析影响商品价格波动的因素有哪些,从而加深对商品所处的市场机制运作的理解。边际效用价值论者会认为商品的价值取决于人们对商品效用的主观评价,即价值来自主观的心理感受和心理评价。但是,所谓的效用如何能够计量和比较呢?就各种商品能够满足人的生活需要来说,应该是同等重要的,例如,肉类和蔬菜都是人类所需的食物来源,怎么能说肉类的效用就比蔬菜的效用更高呢?因为效用并不具有绝对的可比性,所以西方经济学又提出物品稀缺性影响价格的理论。如果物品数量无限,欲望可以得到完全的满足,欲望强度就会递减到零。但问题是,当谈论稀缺性时,我们总是相对于人的需求来说的,或者说,当我们谈论稀缺性的时候,实质上是在谈论供求关系,然后按照供求关系论来看,商品其实并没有内在的价值,只有由市场供求关系决定的价格。当供大于求时,商品价值就低。当求大于供时,商品价值就高。这种观点显然是没有区分清楚价值和价格两者之间的区别。

(四)课堂展示劳动价值论与商品价格关联的案例

通过具体的案例辩论,学生们认识到课本上说的商品价值属于理论价值,现实的商品则表现为市场价格。理论价值与市场价格常常存在不一致的情况,需要具体分析其原因。比如,某种农产品的供给大于需求时,农民为了减少损失,可能会将农产品以低于成本的价格出售,此时价格就低于价值;当某种农产品的供给小于需求时,价格就会高于价值。现实中的供求关系并非仅受客观因素的影响。由于资源不足而导致某种商品的供给小于需求时(比如新疆和田玉总量的不断减少),也就意味着生产该商品的难度加大,耗费的抽象劳动和劳动时间就会增多,此时,认为供求决定价值显然是把现象当成了本质。由于资源充足时,不仅会出现供大于求的情况,同样也会出现人为原因造成的供小于求的情况,比如突然流行的AJ鞋,即使同一款型,颜色的不同也会造成价格上的差异,同样限量版鞋子(供小于求)的价格也普遍较高。在厂家有能力生产出足够的鞋子来满足消费者需要,却人为造成供小于求的情况下,造型一样的鞋子仅颜色不同,是绝对不会造成价格上的差异的。同样,限量版鞋子所含的抽象劳动也绝不比非限量版多。不过,特定款和限量版的鞋子价格再怎么高,它的上涨幅度也是以普通款鞋子的价值为基础的。但是,特定款和限量版的鞋子价格依然超不过普通汽车的价格,说明价格虽然会高于或低于价值,但始终以价值为中心上下波动。

四、实践教学改革的预期成效

通过引导学生们实际考察身边的生活用品,能够帮助学生们破除"拜物教"的思维,更深刻地体认到多种多样商品背后的劳动付出,并在这种直观感受中认识到劳动是商品价值的源泉,需要在人类劳动体系中来理解商品世界的价值(价格)现象。在很多人看来,物品的价值从它产生的那一刻就存在着。在交换过程中,人们觉得商品之间的交换比例似乎是在社会上自发形成的,大家只需遵循即可,不必研究价值究竟是何物。即使有人模糊地意识到商品中包含着人类劳动,但也只是把人类劳动所创造的价值当配角,就像买东西时商家赠送的包装袋一样无足轻重。所谓"巧妇难为无米之炊",没有面粉和黄油,即使有再多头脑聪明、力气巨大的厨师,也无法做出面包来。这样一看,好像没有具体实物,人类的劳动就一文不值,毕竟人类劳动不能凭空变出面包。似乎面包的价值主要来源于面粉和黄油,而不是厨师的劳动。但是只要对面粉和黄油进行分析,就会发现,面粉和黄油也不是自然产生的,它们也是经过人们的劳动得来的,面粉和黄油之中也凝结着人类的抽象劳动。正因为所有商品都凝结着无差别的人类劳动,所以相互之间才能进行交换。当我们谈论商品价值的时候,其实谈论的是商品的交换价值,只有将商品置于一定的商品交换网络中才能准确地理解其价值量。类似于力学中的"力"概念,离开了物体的相互作用,"力"就不存在了。

案例教学法在"习近平强军思想"专题教学中的运用

肖艳

一、教改的理论依据

案例教学法始于20世纪20年代美国哈佛商学院,90年代引入我国教育界。案例教学法是以案例为基础,通过讨论或争论来进行学习的一种教学方法。通常,案例教学要经过事先周密的设计和准备,要使用特定的案例并指导学生提前阅读,要组织学生开展讨论或争论,形成反复的互动与交流,并且,案例教学一般要结合一定理论,通过各种信息、知识、经验、观点的碰撞来达到启示理论和启迪思维的目的。案例教学法广泛应用于管理学、法学、临床医学等学科的教学中。本文尝试在大学思政课教学中运用案例教学法。

与传统思政课教学方式不同,案例教学法是一种开放式、互动式的新型教学方式。它的特点主要表现在以下四个方面。

(一)学生的主体性

在传统教学中,教师单方面扮演着知识传授者的角色,而学生只是知识的接受者,因而学习的主动性不强。案例教学法则注意发挥学生的主体作用,教师在教学中仅仅扮演着设计者和激励者的角色,鼓励学生深入案例,积极参与讨论,基于自己的逻辑分析推导出合理的结论。这种教学方法能够调动学生学习的主动性,化解思政课灌输式教育带来的逆反心理,让学生在无形中掌握了知识点,增进了对党的理论的情感认同。

(二)过程的互动性

在传统教学中,教师在课堂上是"独唱",而案例教学法,则是教师带领学生的师生"大合唱"。在教学过程中不仅有师生互动,即教师与学生个体、教师与学生群体之间的互动,也有生生互动,即学生个体与学生个体、学生群体与学生群体之间的互动。案例教学法,鼓励大家一起思考问题、讨论问题、解决问题,由于调动集体的智慧和力量,容易开阔思路,收到良好的教学效果。

(三)内容的生动性

传统思政课教学往往给人枯燥乏味的刻板印象。与传统教学不同,案例教学法的最大特点是形象、直观、生动,使抽象的理论知识变得易于学习和理解。

(四)深刻的启发性

案例教学法,目的在于启发学生独立自主地去思考、探索,注重培养学生独立思考能力,启发学生建立一套逻辑自洽的分析、解决问题的思维方式,不断提高学生的综合素质。

本文以"习近平新时代中国特色社会主义思想概论"之"习近平强军思想"为例,来说明案例教学法在教学中的运用。

二、教学研究过程

【案例导入】 习近平提出"强军梦"。

2012年12月10日,习近平主席视察第42集团军,在接见驻穗部队师以上领导干部时,习近平讲了这样一番话:"前不久,我去参观了《复兴之路》展览。我提出了我们实现中华民族伟大复兴,这是中华民族近代以来最伟大的梦想。我想说,我们的中国梦,这个伟大的梦想,就是强国梦。对军队来讲,也是强军梦。我们要实现中华民族伟大复兴,必须坚持富国和强军相统一,努力建设巩固国防和强大军队。"

此刻,他当选党的总书记和中央军委主席只有20多天。从提出中国梦到提出强军梦,仅仅10天。可以说,习近平主席在军队一亮相,就传递出矢志强军的政治担当。强军,成为人民军队的主旋律、最强音。

新时代推进强军事业,必须以习近平强军思想为指导。习近平强军思想的主要内容包括"十一条":第一条,强国必须强军,回答了"为什么要有强军梦"的问题;第二至六条,回答了"要有什么样的强军梦"的问题;第七至十一条,回答了"如何实现强军梦"的问题。习近平强军思想构建了一个理论体系,回答了新时代关于强军的一系列基本问题,为新时代国防和军队建设提供了科学指南和行动纲领。

(一)为什么要建设一支强大的人民军队

1.国际战略形势发生深刻变化

教师提问:最近几年,国际社会发生了哪些大事?

教师总结:保护主义、霸凌行径上升,新冠疫情和乌克兰危机影响交织叠加,全球面临粮食、能源、金融、国土安全危机,国际安全风险加大。

面对复杂多变的国际环境,如何维护国家主权、安全和发展利益?在各种选择中,军事力量始终是保底的手段,打赢能力是维护国家安全的战略能力。

【案例1】 叙利亚大使贾法里 vs 巴黎和会中国代表。

2018年4月13日美英法对叙利亚发动空袭后,叙利亚大使贾法里在联合国痛骂美英法"搅屎棍、伪君子"!演讲完毕,坐在后台,一脸落寞。

对比1919年巴黎和会上中国代表的遭遇。

教师点评:这个案例说明一个道理,落后就要挨打,弱国无外交。有效维护国家主权、安全和发展利益,必须建设一支强大的人民军队。

2.我国处于由大向强发展的关键阶段

教师提问:我国周边面临哪些安全挑战?

教师总结:海上,安全环境更趋复杂。美国推出印太战略,日本调整安全战略,台独分裂势力从未停歇,南海主权纷争不断。

【案例2】 2016年中美海军南海对峙。

2016年7月12日,是南海仲裁案的公布时间点。7月初,美国动用"里根号"和"斯坦尼斯号"两艘航母,护卫舰、导弹驱逐舰10艘左右,各类战机约150架,逼近南海!7月5日至11日,解放军在海南岛以南西沙群岛水域进行军事演练。这次军演,中国海军三大舰队精锐尽出,4位上将直接坐镇一线指挥!号称"航母杀手"的东风-21D引弓待发,一场大战箭在弦上。美军航母最终撤到了菲律宾。这场冷战后迄今为止规模最庞大、双方实力最强悍、情况最凶险的军事对峙,就此结束。

陆上,部分边境地区可能爆发冲突。

【案例3】 2017年"6·18"中印洞朗对峙事件。

2017年6月18日,印度边防人员在中印边界锡金段越过边界线进入中方境内,阻挠中国边防部队在洞朗地区的正常活动,引发局势紧张。2017年8月28日14时30分许,印方将越界人员和设备全部撤回边界印方一侧,中方现场人员对此进行了确认。中国军队继续在洞朗地区巡逻驻守,维护领土主权。持续72天的中印洞朗对峙事件最终和平解决。

【案例4】 2020年"6·15"中印加勒万河谷边境冲突。

2020年6月15日晚,印军打破双方军长级会晤达成的共识,违背承诺,再次跨越实控线非法活动,蓄意发动挑衅攻击,甚至暴力攻击中方前往现场交涉的官兵,进而引发激烈肢体冲突,造成人员伤亡。

教师点评:中国的周边并不太平。可以说,由外部因素引发局部战争和武装冲突的可能性是存在的。在这种情况下,如何确保中国现代化的步伐不被迟滞?如何确保中国梦能如期实现?必须建设一支强大的人民军队!

3.国际军事竞争日趋激烈

当今军事领域的变革以信息化为核心,以军事战略、军事技术、作战思想、作战力量、组织体制和军事管理创新为基本内容,以重塑军事体系为主要目标,其速度之快、范围之广、程度之深、影响之大,是第二次世界大战结束以来罕见的。

教师提问:世界新军事变革正在重塑未来战争态势,未来战争是什么样的?

【案例5】 "纳卡冲突"打开了智能化战争的大门。

2020年,阿塞拜疆与亚美尼亚发生"纳卡冲突",双方大范围使用无人机和反无人机武器作战,相应的军事技术为打击对方提供了高精度的目标位置信息和战斗毁损评估信息。

教师点评:这个案例说明了未来战争的演变特点。武器装备远程精确化、智能化、隐身化、无人化趋势更加明显,战争形态加速向信息化演变,智能化战争初现端倪。

面对这一轮新军事变革潮流,美国采取的是第三次"抵消战略",俄罗斯进行了"新面貌"军事改革。我军要赶上潮流、赶上时代,必须加快推进中国特色军事变革,才能缩小同世界强国在军事实力上的差距,掌握军事竞争战略主动权。

4.我军需要一场革命性变革

经过长期不懈奋斗,我国的国防和军队建设取得了巨大成就,但我军"两个差距很大""两个能力不够"问题仍然比较突出。从领导指挥体制看,战略管理功能不强,领导机关机构庞杂,联合作战指挥体制不健全,没有从根本上解决比例不够合理、作战部队不充实、新型作战力量少等问题。制约军民融合发展的思想观念、体制障碍、利益藩篱依然存在。军队作风建设和反腐败斗争取得明显成效,但部队中特别是领导干部中还存在一些需要解决的突出问题。以上矛盾和问题,归结起来就是体制性障碍、结构性矛盾、政策性问题。从根本上解决问题,必须以改革的办法动"大手术",为实现强军目标提供强大动力和体制机制保障。

(二)建设一支什么样的强大人民军队

2017年10月18日,习近平在党的十九大报告中鲜明指出:党在新时代的强军目标是建设一支听党指挥、能打胜仗、作风优良的人民军队,把人民军队建设成为世界一流军队。

1.听党指挥是灵魂

教师提问:党指挥枪的原则是如何一步步确立起来的?

【案例1】 南昌起义,打响第一枪。

1927年南昌起义前,中国共产党就组织了以周恩来为书记的起义部队中共前敌委员会,中共中央派出张国焘等代表,起义部队组建的国民革命军第二方面军还设立了政治部主任,下属各军各师都设立了党代表。这标志着这支军队一经成立就是中国共产党领导下的军队、是实现党的任务的军队、是为人民服务的军队。

【案例2】 三湾改编,支部建在连上。

秋收起义部队在转移过程中,经过永新县三湾村时,人数已经不足千人,人员思想混乱。毛泽东领导下的中共前委对起义部队进行了整编。其中,部队中建立了党组织,连有支部,营、团有党委,连以上设立党代表。三湾改编为建设新型人民军队奠定了初步基础,使之真正成为中国共产党绝对领导的人民军队。

【案例3】 古田会议,确立建军原则。

1929年12月28日在福建省龙岩市上杭县古田镇召开了红四军第九次党的代表大会,史称"古田会议"。会议认真总结了南昌起义以来建军建党的经验,确立了人民军队建设的基本原则,核心内容是党指挥枪,不是枪指挥党,重申了党对红军实行绝对领导,规定了红军的性质、宗旨和任务等事关党的事业兴衰成败的根本性问题。

习近平在建军90周年大会上的讲话中指出:党对军队绝对领导的根本原则和制度,发端于南昌起义,奠基于三湾改编,定型于古田会议,是人民军队完全区别于一切旧军队的政治特质和根本优势。

【案例4】 1935年,长征路上,副连长李玉胜主动将失散的28名伤病员收拢起来成立"草地党支部",形成了"铁心跟党走、一步不掉队"传统精神。

教师提问:长征为什么能取得胜利?

教师总结:1935年12月,红军到达陕北后,毛泽东在瓦窑堡党的活动分子会议上指出:谁使长征胜利的呢?是共产党。没有共产党,这样的长征是不可能设想的。

【案例5】 1950年12月24日,长津湖之战结束,战友们从冻死在阵地上的上海籍战士宋阿毛的口袋里发现了一张纸条:"我爱亲人和祖国,更爱我的荣誉。我是一名光荣的志愿军战士,冰雪啊!我绝不屈服于你!哪怕是冻死,我也要高傲地耸立在我的阵地上!"

【案例6】 2020年6月,在加勒万河谷冲突中,福建籍战士陈祥榕为营救战友壮烈牺牲,他留在日记中的战斗口号是:"清澈的爱,只为中国!"

教师提问:从长津湖到加勒万河谷,是什么让中国军人毫无躲闪地迎着死亡冲去?

教师点评:最根本的一点就在于听党指挥,以党的意志为意志,以党的旗帜为旗帜,这样才能在党和人民需要的时候冲锋陷阵。

2.能打胜仗是核心

军队是干什么的?军队就是用来打仗的。军队强不强,关键看打仗;战场打不赢,一切等于零。能打仗、打胜仗是党和人民对军队的根本要求,是军队使命职责之所在,军队存在的根本价值之所在。

教师提问:我军过去打仗怎么样?你知道哪些著名战役?

教师总结:从平型关大捷到抗美援朝战争各项战役,中国共产党领导下的军队过去能征善战。但过去能打仗不等于现在能打仗。中华人民共和国成立后,我军长期处在和平时期,长年的和平岁月,也让一部分人滋生了"和平积弊",从而精神懈怠、战斗力有所下降。

【案例7】 朱日和沙场演习,蓝军部队"吊打"代表解放军各大军区的参演部队。

教师总结:朱日和沙场演习,暴露了我军的短板。俗话说得好,养兵千日,用兵一时。将来一旦有战争,我军能不能做到召之即来、来之能战、战之必胜?所以,全军必须"扭住能打仗、打胜仗这个强军之要",牢固树立战斗力这个唯一的根本的标准。确保战事发生的时候,我军拉得出、上得去、打得赢。

3.作风优良是保证

作风优良,关系军队的性质、宗旨、本色。作风优良才能塑造英雄部队,作风松散可以搞垮常胜之师。

【案例8】 毛泽东多次提到"锦州那个地方出苹果"的故事:"锦州那个地方出苹果,辽西战役的时候,正是秋天,老百姓家里很多苹果,我们战士一个都不去拿。我看了那个消息很感动。在这个问题上,战士们自觉地认为:不吃是很高尚的,而吃了是很卑鄙的,因为这是人民的苹果。我们的纪律就建筑在这个自觉性上边。这是我们党的领导和教育的结果。人是要有一点精神的,无产阶级的革命精神就是由这里头出来的。"

教师提问:这个故事里面讲的纪律是什么?

教师总结:就是三大纪律八项注意。秋收起义时,参加起义的一部分人员来自国民党军队,还有一部分是农民。这些人的旧军队作风突出,军阀思想、流氓习气等都很浓重。为了解决这些问题,毛泽东制定了三大纪律八项注意。1947年10月10日,毛泽东起草了《中国人民解放军总部关于重新颁布三大纪律八项注意的训令》,从而使"三大纪律八项注意"以训令的形式固定下来,成为全军统一的纪律,保证了人民军队从胜利走向胜利。

【案例9】 1949年5月27日,中国人民解放军在解放上海战役中,严格遵守城市政策,不住民房,露宿街头。

教师点评:进入新时代,能否保持我党我军的光荣传统和优良作风,关系军队生死存亡,关系社会主义红色江山会不会改变颜色,关系党和国家事业兴衰成败。所以,必须正风肃纪,加强作风建设。

4.同国家现代化进程相一致

党的十九届六中全会,对全面推进国防和军队现代化作出了新的战略安排。

第一步:到2027年,实现建军一百年奋斗目标。

第二步:力争到2035年基本实现国防和军队现代化。

第三步:到21世纪中叶全面建成世界一流军队。

(三)怎样建设巩固国防和强大人民军队

1.贯彻政治建军方略

【案例1】 郭伯雄、徐才厚等少数贪腐分子扭曲了政治生态,毒化了军营风气。

习近平主席讲,解决部队中存在的严重问题,必须从坚持党对军队的绝对领导抓起。

教师提问:党的十八大后,如何坚持和完善党对军队的绝对领导,军队有哪些重要举措?

教师总结:在古田召开全军政治工作会议,确立新时代政治建军方略。全面深入贯彻军委主席负责制,加强新时代军队党的建设,用习近平强军思想武装官兵。

2.深化国防和军队改革

教师提问:历史上有哪些著名的军改案例?

教师总结:在中国,赵武灵王推行"胡服骑射",秦"商鞅变法"、奖励军功,为国家强盛提供了有力支撑;在欧洲,普鲁士推进"速成兵"制,开近代预备役制度先河,为德意志的崛起奠定了基础;在北美,深受马汉"海权论"影响的美国历届政府,积极推行"大海军"改革,奠定了其海上霸主地位。所以,以军事变革推动强军强国是亘古不变的道理。

进入新时代,深化国防和军队改革,就是打好"三大战役"。第一大战役,领导指挥体制改革,重在解决体制性障碍;第二大战役,推进规模结构和力量编成改革,重在解决结构性矛盾;第三大战役,深化政策制度改革,重在解决政策性问题。

国防和军队现代化改革,打破了长期实行的总部体制、大军区体制、大陆军体制,形成了军委管总、战区主战、军种主建的新格局,改变了长期以来陆战型、国土防御型的力量结构和兵力布势,实现了我军组织架构和力量体系的整体性、革命性重塑。

3. 聚焦能打胜仗和强化练兵备战

【案例2】 吃鸡蛋与投手榴弹的辩证法。

党的十八大召开后不久,一位退下来的领导同志给军委领导同志写信,反映部队吃鸡蛋与投手榴弹的事:有的部队着重抓生活标准,却没有将练兵备战的战斗力标准放到第一的位置,一年投一次实弹都落实不了,这怎么叫准备打仗啊!为此,军委领导同志深刻指出,保证士兵吃鸡蛋的目的是什么?是为了保证士兵更好地投手榴弹。如果鸡蛋天天吃,一旦发生战争手榴弹投不出去,那吃鸡蛋的初衷不就落空了吗?战场上手榴弹投得好,天天吃鸡蛋才发挥了作用。这就叫吃鸡蛋和投手榴弹的辩证法。

这件事反映了一个大道理,就是军事、政治、后勤、装备各方面的工作,最终都要有利于提高战斗力。军队是要打仗的,要牢固树立战斗力这个唯一的根本的标准,坚持把战斗力标准贯彻到全军各项建设和工作之中。为此,要重点做好两方面工作。

一方面,加快构建新型军事训练体系。

教师提问:你听说过哪些军事训练手段?

【案例3】 中国第一蓝军旅立起了实战的"风向标"。

中国第一蓝军旅是中国人民解放军陆军部队编制序列中参照"对手"编制组建的唯一一支专业化模拟蓝军,成立于2011年。在"跨越—2014·朱日和"实兵对抗系列演习中,这个旅先后鏖战全军7支劲旅,取得"6胜1负"战绩,打破了过去"红军当猛虎,蓝军当豆腐"的演习定式,引发全军震动。

【案例4】 空军航空兵"自由空战"训练,磨砺空战之鹰。

2014年秋季,来自空军的14个航空兵团,成建制飞临西北,开始了人民空军空战训练的一场革命——自由空战。自由空战就是对抗双方在不设定条件下自由攻防,依据双方在空中的态势,采取的战法和攻击效果等情况,打分评定输赢。金头盔——空军战斗机飞行员最高荣誉,就诞生于自由空战的擂台。

【案例5】 2022年5月6日至8日,中国人民解放军东部战区组织海、空、常导等兵力,在台岛以东和西南海空域进行实兵演练,进一步检验提升多军兵种联合作战能力。

另一方面,更好更快地进行武器装备现代化建设。

教师提问:中华人民共和国成立70年间(1949—2019年),我军武器装备经历了什么样的变化历程?

【案例6】 1949年参加开国大典的阅兵部队的武器装备都是"万国牌"的,95%是从战场上缴获。开国大典阅兵,当时只有17架飞机,而且还是东拼西凑组装起来的。于是有人想出一个主意,让速度较快的9架战斗机飞过之后,绕个圈再接到飞行编队末尾,第二次通过天安门上空。这样一来,人们看到的受阅飞机不是17架,而是26架。2019年国庆阅兵受阅装备全部自主研发,40%为首次亮相。

教师总结:中华人民共和国成立70年里,我军的武器装备发展经历了从无到有、由初级技术水平到世界一流、由作战性能不高到作战性能备受世界瞩目这样的发展历程。

设计武器装备就是设计未来战争。在未来战争中,我军想要克敌制胜,就必须把发展高技术武器装备摆在战略位置,抓紧攻坚具有前瞻性、战略性意义的"杀手锏"装备,加强前瞻性、先导性、探索性、颠覆性技术研究,加快军事智能化发展。

教师提问:我军有哪些"杀手锏"装备?

教师总结:空军,歼-20;海军,辽宁舰、山东舰、福建舰;火箭军,东风41等。

课后思考:自己的专业和我军武器装备现代化之间有什么关系?

结束语:强军号角已经吹响,建设巩固国防和强大人民军队,需要全社会共同努力。需要大学生要把小我融入大我,立志作出我们这一代人的历史贡献。把爱国之心化为报国之行,把热血挥洒在实现中国梦、强军梦的伟大实践之中,书写绚烂无悔的青春篇章。

三、研究成效

一是可以激发学生的学习兴趣,这是提升思政课教学效果的前提条件。

二是可以让学生从抽象、枯燥的理论学习中获得具体、感性的知识。这是思政课教学的第一层目的,也即获取知识。

三是可以让学生在案例的阅读、思考、分析、讨论中,建立起一套适合自己的完整而又严密的逻辑思维方法和思考问题的方式,从而提高学生认识问题、分析问题、解决问题的能力。这是思政课教学的第二层目的,即提高能力。

四是通过案例教学得到的知识是内化了的知识,只有内化了的知识才能转化为对党的路线方针政策在价值观和情感上的双重认同,从而增强"四个意识",坚定"四个自信",做到"两个维护",真正做到习近平新时代中国特色社会主义思想进教材、进课堂、进头脑。这是思政课教学的第三层目的,也是思政课教学的终极意义,也即要起到课程思政的作用。

四、推广方案

案例教学法的运用分三个步骤:

第一步,教师凝练教学内容,做好课程设计,针对教学内容中的难点、重点,可以精选教学案例,并提前把案例和相关材料发给学生阅读。

第二步,教师提出问题,组织学生课堂讨论、发言、辩论、解析,以及提出解决问题的方案。

第三步,教师点评,引导学生得出正确的结论,同时印证书本上的知识点,帮助学生系统掌握理论知识。

案例教学法的关键是精选案例。在选择、设计案例时要注意以下四个问题。

(1)相关性。案例是为教学目标服务的,因此所选案例要紧扣教学内容,与所对应的理论知识有直接的联系。案例分析的目的是使学生加深对所学理论知识的理解和运用理论知识解决实际问题的能力。因此,所选案例必须是针对课程内容的。

(2)典型性。即案例内容具有一定的代表性和普遍性,具有举一反三、触类旁通的作用。

(3)生动性。案例不能只是一堆事例、数据的罗列,应该具有一定的生动性。当然这里所说的生动性,是建立在客观真实基础之上的,旨在激发学生学习的兴趣。

(4)多样性。案例的表现形式不仅仅是文字,也可能是图片、视频或录音。形式的丰富多样,可以不断刺激学生的感官,使大脑始终保持在活跃状态,从而使思政课教学起到事半功倍的效果。

集体主义的"图示比较法"教学思路试析

赵志坚

作为社会主义道德之原则的集体主义,不仅在大学生"思想道德与法治"课教材的道德教育部分有具体而直接的体现,而且也贯穿了整个教材体系,是"思想道德与法治"课乃至整个大学生思想政治教育的重要内容。但是,也有部分教师和学生反映这部分内容相对难以理解和把握,由此导致集体主义的教学实践容易滑向空洞的说教,难以让学生产生理性和情感上的认同。在我们看来,这与集体主义作为道德"原则"所具有的抽象性有关。为了让学生能够更好地理解和把握这部分内容,一种可能的教学方法是"图示比较法"。这种方法通过"图示"来直观地呈现道德原则的"光谱",并在这个"光谱"中通过比较来确定集体主义原则相对于个体主义原则与整体主义原则的定位,以及集体主义内部诸层次的定位,从而让学生能够对集体主义及其层次获得更加直观的理解以及理性和情感上的认同。

一、集体主义在道德原则"光谱"中的定位

为了运用"图示比较法"让学生获得对集体主义更加直观的理解与把握,一方面,需要明确集体主义所从属的范畴。正如"思想道德与法治"课教材所指出的,集体主义本身是一种道德原则,而且是一种用来处理道德中最重要的关系之一——个体利益与(国家的、社会的)整体利益之关系——的道德原则。另一方面,从人类道德思想史上来看,用来处理个体利益与整体利益之关系的道德原则有许多种,集体主义只是其中一种。除了集体主义之外,最有代表性的还有个体主义与整体主义。在明确了这两点之后,我们就可以通过"图示"(见图1)来画出道德原则的"光谱",并通过"比较"来确定集体主义在这个"光谱"上的定位。

在教学过程中,我们可以通过图1的动态展示过程,来引导学生一步步地理解和把握集体主义在该"光谱"上的定位,从而更深入地认识和理解集体主义的内涵。具体来说,可以分解为如下步骤。

第一步,画出图1上的横轴,并在该轴的左端标示"个体利益",右端标示

图 1　道德原则的"光谱"

"整体利益",并向学生解释如下:①道德本身就是一套用来协调人际关系的行为规范,而在这些人际关系中,有待道德协调的最重要人际关系之一就是个体与整体的关系,而其中最重要的是个体利益与整体利益的关系。②在这个横轴的不同点上,给予个体利益与整体利益的权重是不同的。越往左,给予个体利益的权重越大,而给予整体利益的权重越小。相反,越往右,给予整体利益的权重越大,而给予个体利益的权重越小。

第二步,引导学生思考和讨论如下问题:该图最左端和最右端的点分别给予了个体利益和整体利益怎样的权重?它们分别代表着哪种道德原则?然后在图 1 横轴的最左端标示"极端个体主义",最右端标示"极端整体主义",并向学生解释如下:①最左端的点代表着"极端个体主义",它给予了个体利益 100%的权重,而给予了整体利益 0%的权重。这意味着极端个体主义赋予了个体利益相对于整体利益的绝对优先性,要求在任何情况下都不能牺牲或让渡任何个体利益来成全整体利益。其在历史上的典型代表就是杨朱所谓"拔一毛而利天下不为也"。②最右端的点代表着"极端整体主义",它给予了整体利益 100%的权重,而给予了个体利益 0%的权重。这意味着极端整体主义赋予了整体利益相对于个体利益的绝对优先性,在任何情况下都可以无条件地牺牲个体利益(无论这种个体利益正当与否)来成全整体利益。③虽然极端个体主义与极端整体主义在个体利益与整体利益的优先性上持有截然相反的立场,但是作为两种同样"极端"的立场,它们在"个体利益与整体利益是否可能或应当实现辩证统一"的问题上的立场却是一致的,亦即它们都否定了二者辩证统一的可能性与正当性。④与这两个极端相比,位于它们之间的所有的"点",都代表着一种更加温和的立场,也就是都承认个体利益与整体利益辩证统一的可能性或正当性。但是它们在个体利益与整体利益的优先性问题上的立场却并不一致。

第三步,在图 1 横轴的中点上画出竖线,向学生说明这个点代表着给予个体利益与整体利益各 50%的权重,并请学生思考与讨论:集体主义位于这个横轴的哪个点上,是最左端、最右端、正中间,还是中间偏左、中间偏右?随后给出回答:集体主义位于这条横轴的中间偏右。同时在图 1 中标出"集体主义"。

第四步，在向学生完整地展示了图1之后，就可以结合图1向学生解释教材中所说明的集体主义的完整立场。① ①"集体主义强调国家利益、社会整体利益和个人利益的辩证统一。"根据图1，这意味着集体主义既不位于最左侧的点，也不位于最右侧的点。也就是说，它是一种相对温和的立场，没有赋予个体利益或整体利益100%的权重，没有把二者绝对地割裂与对立起来，而是指出二者既可以也应当统一起来。②"集体主义强调国家利益、社会整体利益高于个人利益。"根据图1，这意味着集体主义位于中间偏右。也就是说，在不将个体利益与整体利益绝对对立起来的前提下，它将更大的权重赋予了整体利益，或者说，整体利益的权重大于50%且小于100%。③"集体主义重视和保障个人的正当利益。"根据图1，这意味着集体主义虽然将更大的优先性或权重赋予了整体利益，但它并没有因此滑向极端整体主义，而是承认个体正当利益的合理性与保障的必要性。也就是说，在集体主义这里，虽然整体利益的权重高于个体利益，但是整体利益的权重依然小于100%，而个体利益的权重依然大于0%。

补充说明："集体主义重视和保障个人的正当利益"这一部分在教学过程中尤其应当予以强调。因为根据不少"思想道德与法治"课教师的教学经验，学生之所以产生"集体主义就是空洞的说教"的感受，除了源于前述这部分内容相对抽象的原因之外，还有一个重要原因，就是一些学生错误地将集体主义与极端整体主义等同起来。例如，有的学生会产生如下想法："集体主义不就是要我们无条件地自我牺牲吗？""集体主义就是只讲整体，把个体当成空气！"这与当前广大青年大学生重视个性之张扬与个人正当合法的权益之保障的价值取向不符，因而很容易使之产生抵触情绪。但这实际上源于对集体主义原则的误解与歪曲。因为这相当于把集体主义与极端整体主义等同起来，认为集体主义赋予个体利益的权重为0%。换言之，这种观点只强调上述第四步中所表述的集体主义原则中的准则，即"优先性准则"，而忽视了第四步中的"统一性准则"（或"非极端性准则"）与对个体正当利益的强调。在教学过程中，教师可以通过图1来明确指出这种等同的错误性，并引用马克思"代替那阶级和阶级对立的资产阶级旧社会的，将是这样一个联合体，在那里，每个人的自由发展是一切人的自由发展的条件"等话语来说明集体主义对于统一性准则和个体正当利益的重视。

二、集体主义诸层次在道德原则"光谱"中的定位

从教学经验来看，一些青年大学生之所以对集体主义产生抵触情绪，除了

---

① 思想道德与法治[M].北京:高等教育出版社,2021.

上述将集体主义与极端整体主义错误地等同起来,并且因此将集体主义视为一种要求行为者无条件地牺牲自身正当利益以成全整体利益的"空洞说教"之外,还有一个重要原因,即认为集体主义即使不等同于极端整体主义,但它毕竟赋予了整体利益以更大的权重,因而向行为者提出了非常高的要求,而这种要求只有一部分人(如共产党员、先进分子)才有可能遵守,"我"作为一个普通大学生并无遵守集体主义的要求。这种观点同样源于对集体主义的误解,这种误解包含两个方面:一是认为集体主义本身就是"铁板一块",其道德要求是单一的;二是认为这种单一的集体主义的道德要求有且只有一部分人能够做到。而从逻辑上来看,后一种误解又以前一种误解,即误以为集体主义内部不存在"层次"之别为前提。因此要想推翻这种观点,就必须首先破除前一种误解,向青年大学生阐明集体主义的"层次性",然后才能破除后一种误解,向青年大学生表明集体主义对不同人群提出了不同要求,而且这些要求处于相应人群的能力范围之内,并非那么遥不可及。这些误解的破除,同样可以通过"图示比较法"来做到,如图2所示。

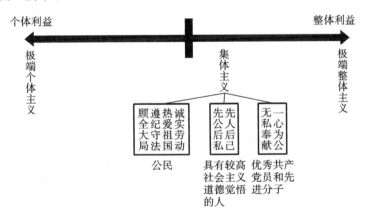

图2 "光谱"图示比较法

图2在图1的基础上,增加了集体主义内部的不同层次和所约束的不同人群,并根据这些层次为个体利益与整体利益所赋予的权重之差异而将它们置于不同的位置。在教学过程中,我们可以通过增加这部分内容的动态展示过程,来引导学生一步步地理解和把握集体主义诸层次在该"光谱"上的定位,从而更深入地认识和理解集体主义的不同层次及其所约束的不同人群,进而破除上述误解。具体来说,可以分解为如下步骤。

第一步,引入上述"集体主义提出了很高的道德要求,这些道德要求只有一部分人能做到"的误解,向学生阐明这种误解所蕴含的"集体主义是单一的,内部不存在层次之别"这一假设,并请学生结合图1来思考和讨论下述问题:这种假设和误解能否成立？然后向学生解释如下：①根据图1，集体主义占据了横轴中点和最右端之间的整个"波段"，这意味着它赋予了整体利益以大于50%且小于100%的权重。②在50%与100%之间存在着无数个点，这意味着集体主义本身就存在着无数个具体层次，这些不同的具体层次赋予了整体利益以不同的权重，越往左权重越小（但始终大于50%），越往右权重越大（但始终小于100%），但它们都还属于集体主义。

第二步，结合教材中对集体主义诸层次的划分，向学生说明，我们可以根据这些不同层次赋予个体利益与整体利益的不同权重，将它们"简化"为高、中、低三个最有代表性的层次。然后从右向左逐层展示图2方框中的三个层次，并结合教材来向学生解释如下：①集体主义的最高层次是"无私奉献、一心为公"。这意味着这个层次赋予整体利益的权重无限接近于100%，也就是无限接近于极端整体主义的要求。②集体主义的中间层次是"先公后私、先人后己"。这意味着这个层次赋予整体利益的权重一方面要高于下一个层次，因为它要求将公共利益、他人利益置于私人利益、自身利益之前，另一方面又要低于上一个层次，因为它允许行为者在保证了公共利益、他人利益优先性的前提下致力于正当的个体利益、自身利益的保障。③集体主义的较低层次是"顾全大局、遵纪守法、热爱祖国、诚实劳动"。这意味着这个层次赋予整体利益的权重一方面与前两个层次一样大于50%，但另一方面又比前两个层次更接近于50%。更具体地说，如果说前两个层次要求行为者"积极"地"促进"整体利益，甚至近乎无条件地（第一个层次）或有条件地（第二个层次）牺牲个体利益来促进整体利益，那么这个层次则侧重于要求行为者"消极"地"不伤害"整体利益，在不伤害整体利益的前提下来合理合法地追求自身的正当利益。

第三步，请学生思考并讨论如下问题：如果说近乎无条件地或有条件地牺牲个体利益来"积极"地"促进"整体利益，超出了一些人的能力范围，那么"消极"地"不伤害"整体利益，是不是大多数人都有能力做到的，是不是所有人都有责任做到的？然后从右到左逐层展示图2方框下方的三类人群，并结合教材内容向学生解释如下：①集体主义的最高层次是"优秀共产党员和先进分子应达到的道德目标"。这个群体既有能力也有责任追求这一最高层次的道德目标。此处可以结合中国共产党的宗旨及大学生入党的"初心"来向学生解释这一点。②集体主义的中间层次是"具有较高社会主义道德觉悟的人能够达到的要求，具有广泛的社会基础"。此处可以结合中华传统美德（如"先天下之忧而忧，后天下之乐而乐"等）与中国革命道德来向学生说明这一道德要求在中国传统文化和中国当代社会中的广泛群众基础，说明它符合许多当代中国人的"道德直觉"。③集体主义的较低层次是"对公民最基本的道德要求"。此处可以结合"底线道德"中的"不伤害"原则和人的"社会性"来向学生说明，人是一种"社会性动物",人类个体的"社会性"决定了人类个体必须在群体中过一种合作性的生活,社会的存在与整体利益的维系是个体存在的必要条件,因此不伤害整体利益是任何公民都应当履行的最基本的道德要求,也是任何一个成功社会化了的人类个体都能够做到的。

第四步,在完成图2的展示和解释之后,可以正面回应上述两个误解:一是根据图2,集体主义内部是存在着不同层次的,并不是单一的或"铁板一块"的;二是集体主义的最低层次是任何公民都有能力做到的,也是其有责任做到的。

补充说明:从教学经验来看,在教学过程中有两个问题需要注意。①部分学生可能会提出疑问,集体主义的最高层次要求"时时处处为集体利益着想,并甘愿为集体牺牲一切",这与极端整体主义有无区别、有何区别?对此可以回应如下:集体主义的最高层次赋予了整体利益以无限接近于100%的权重,就此而言,它确实无限地接近于极端整体主义,但是其中也存在着重要的、不可忽视的差异。一是传统的极端整体主义一般是对于所有人的道德要求,它要求任何人在任何条件下都要赋予整体利益以100%的权重。与之相反,社会主义的集体主义的最高层次只是对优秀共产党员和先进分子的要求,而非对所有人的要求。二是即使对于它所约束的群体来说,它也赋予了他们以自由选择的空间,而非像传统极端整体主义那样通过国家强制力的奖惩来强迫人们践行。②部分学生对于集体主义的第三层次是"对公民最基本的道德要求"这一点存在着困惑,主要集中于"大多数公民真的能做到集体主义吗"?对此除了像本部分的第二步和第三步那样区分对整体利益的"积极促进"和"消极不伤害"并论证后者并未超出所有成功社会化的个体的能力范围之外,还可以进一步结合教材关于"为人民服务"的"广泛性"的论述来向学生说明,"遵纪守法、诚实劳动并获取正当的个人利益同样也是为人民服务",也是在践行集体主义原则,而这些行为实际上是大多数人都能够做到的。

从上述说明中可以看出,这种"图示比较法",实质上是把一种相对抽象、思辨的道德原则以"图示"的方式加以较为具象、直观的呈现,并在这种图示的基础上对集体主义道德原则与其他道德原则,以及集体主义道德原则内部不同层次加以比较,以此来加深大学生对集体主义的理解和认同。它兼顾了集体主义原则的抽象性特点与大学生在知识接受中的具象性倾向,并且在实践中被证明是一种较为行之有效的教学方法。当然,这种方法本身还存在着一些缺陷和不足,有待在未来的理论探索和教学实践中进一步加以完善。

放宽课外教学的视界

——红色资源在思政课实践教学中的运用

文红玉

思政课是落实立德树人根本任务的关键课程。思政课教师肩负着特殊使命与责任,除了传授专业知识和技能外,还承载着给学生心灵埋下真善美的种子,引导学生"系好人生的第一颗纽扣"的重任。思政课教师在授课时既要有理论高度也要有情感温度,既要有思想深度也要有现实维度,切实提升思政课的亲和力和感召力,增强学生的体验感和收获感。实践教学是思政课的重要教学环节。高校思政课教师组织大学生开展课内外实践教学,大学生在参与实践活动中得到思想启迪和情感熏陶,有助于提升思政课的感召力、吸引力和实效性。党的十八大以来,实践教学成为思政课教学改革的重要内容。2015年,中央宣传部、教育部印发《普通高校思想政治理论课建设体系创新计划》,提出要"注重发挥实践环节的育人功能,创新推动学生实践教学和教师实践研修"。2017年,中共中央、国务院印发《关于加强和改进新形势下高校思想政治工作的意见》,提出要"提高实践教学比重,组织师生参加社会实践活动"。2022年,教育部等十部门印发《全面推进"大思政课"建设的工作方案》,提出要"组织开展多样化的实践教学"。由此可见,积极探索有效可行的思政课实践教学模式是当前高校和思政课教师面临的紧迫任务。

红色资源是我们党艰辛而辉煌奋斗历程的见证,生动记录了党的百年发展历程,是高校进行思想政治教育最好的教科书。习近平总书记在多个场合中反复强调:"要用好红色资源,加强革命传统教育、爱国主义教育、青少年思想道德教育,引导全社会更好知史爱党、知史爱国。"红色资源具有内容丰富、生动直观、感染力强的特点,蕴含真善美的精神特质,将其运用到思政课实践教学中有助于提升思政课的感召力和实效性,是提高思政课教学质量的必由之路。

一、红色资源运用到思政课实践教学的重要性

理论教学和实践教学是思政课教学的两大基本方式。部分思政课教师理论教学极其认真,在课堂上滔滔不绝地讲,但教学效果依然不佳,大学生对教学

内容提不起兴趣。为提升思政课的感召力和吸引力,思政课教师在理论教学时可以采取以下方法:其一,采用通俗易懂的方式阐释理论,通过举例子来进行讲解,选取素材应与大学生紧密相关或为大学生所理解,避免素材完全脱离大学生实际生活。其二,在必要的情况下通过转换语气语调表达情感,激发大学生的情感共鸣。除理论教学外,实践教学因能让大学生获得最直观的真实感受,从而也能增强思政课的感召力和吸引力。思政课实践教学形式多样,既有主题演讲、主题辩论、角色扮演等课堂实践教学,也有劳动教育、社会调研、志愿活动、参观红色教育基地等课外实践教学。红色资源是我们最宝贵的精神财富,是大学生教育中不可或缺、不可替代的一种极其珍贵的教育资源,具有铸魂育人和凝聚共识的功能。因此,将红色资源运用到思政课实践教学中具有重大意义。

(一)红色资源运用到思政课实践教学,能增强思政课的说服力、感染力和吸引力

思政课是鲜活的、有生命力的,不是干巴巴的书本,不是枯燥乏味的纯理论。部分思政课教师只会照本宣科,生硬地讲授书本知识,像一个"教材复读机"。在此背景下,大学生极易认为思政课是"假大空"的说教,是一门工具性课程,主要目的就是宣传党的价值主张,甚至有些大学生对其中的内容都产生怀疑。红色资源因其直观生动、感染力强的特点,所以远比教师的语言和书本的文字更具说服力和冲击力,是思政课实践教学最生动、最感人的"活教材"。大学生在参观革命纪念馆、党史馆、烈士陵园、重要会议场所等红色教育基地过程中会自觉地把自己代入当时的情景,深刻明白书本里的内容都是真实的,当时现实生活中的场景甚至比书本描述得更残酷。同时红色资源自带"流量",具有独特的吸引力。大学生在重温峥嵘岁月时往往对革命先烈的红色故事、红色文物表现出极大的兴趣,不知不觉地沉浸在其中,达到"润物细无声"的教学效果。

(二)红色资源运用到思政课实践教学,能帮助大学生树立正确党史观,旗帜鲜明地反对历史虚无主义

大学生正处在人生"拔节孕穗期",极易受历史虚无主义思潮的影响,最需要精心引导和栽培。近些年,历史虚无主义披着还原历史真相的外衣,以所谓重新评价历史为名,企图歪曲和否定党的历史。网上别有用心者通过抹黑诋毁革命先烈达到不可告人的目的。大学生由于缺乏警惕性和斗争意识,极易受到历史虚无主义的侵蚀,对党的历史产生怀疑,对英雄产生怀疑。一个没有英雄的民族是可悲的民族,而一个拥有英雄却不知道爱戴他、拥护他的民族则更加可悲。红色资源能够帮助大学生了解大量真实、鲜活的革命人物、英烈事迹,将

自己的亲眼所见、亲耳所闻、亲身所感等整合成对事物的判断,充分意识到中国共产党人为今天的幸福生活作出的巨大牺牲,历史虚无主义的谣言便会不攻自破。

(三)红色资源运用到思政课实践教学,能厚植大学生爱国主义情怀,坚定科学崇高理想信念

红色资源承载着中国共产党人的精神谱系,充分反映了理想信念的巨大精神力量。无数革命先烈以"革命理想高于天"的信念践行对祖国、民族、人民无私的爱,真正做到鞠躬尽瘁、死而后已。大学生在思政课实践教学中接受红色文化洗礼,受到红色精神熏陶,自觉向革命先烈看齐,锤炼个人高尚品格,明确个人前进方向,在心中播下为实现中华民族伟大复兴拼搏奋斗的种子,练就"越是艰险越向前"的勇气和"不破楼兰终不还"的韧劲,接下时代的接力棒。当代大学生虽然和革命先烈所处时代不同,所肩负的时代任务和使命不同,但爱国主义是流淌在每位中华儿女血液中的。大学生在缅怀革命先烈的过程中传承红色基因,坚定崇高理想,勇攀时代高峰,为实现第二个百年奋斗目标和全面建成社会主义现代化强国而不懈努力。

二、红色资源如何运用到思政课实践教学中

我国红色资源极其丰富,种类非常齐全。截至2023年3月4日,中华人民共和国文化和旅游部官网显示全国(除港澳台外)红色旅游经典景区共300处,红色旅游景点更是数不胜数,各省份均有红色资源分布,加上日益完善的国家综合立体交通网,为红色资源运用到思政课实践教学提供了可能。高校和思政课教师应充分利用所在区域条件和优势,把红色资源运用到思政课实践教学中并落到实处。

(一)高校与红色资源所在地共建合作基地

在政府主导下,高校与相关单位建立长期稳定的合作关系,为开展思政课实践教学创造有利条件。高校在发展中逐渐意识到红色教育基地是开展思想政治教育工作的重要资源。2018年,辽宁科技学院与东北抗联史实陈列馆合作共建红色教育基地;2021年,韩山师范学院与黄金塘革命历史纪念馆共建合作基地;2022年,山东大学等35所高校、山东博物馆等26家革命场馆、山东省艺术研究院等3家省直文化和旅游单位成立山东革命场馆与高校融合发展联盟;2022年,湛江科技学院马克思主义学院与湛江市麻章区甘霖村合作的"思想政治理论课实践教学基地"在甘霖村祠堂暨甘霖夜校旧址正式揭牌,校地双方签

署基地共建协议,等等。华中科技大学近些年也在积极尝试与红色资源共建基地,其中 2014 年土木工程与力学学院大学生红色教育基地和大学生公益服务站在施洋烈士陵园挂牌。高校和红色资源所在地共建合作基地,为红色资源运用到思政课实践教学提供了便利。

(二)推进"高校+党校"合作新模式

为促进当地经济发展,不少党校形成"党建+旅游+服务"红色旅游产业链。以华中科技大学红色理论学讲团在中共红安县委党校开展"传承红色基因,赓续精神血脉,砥砺奋进新征程"主题教育实践活动为例。中共红安县委党校设施齐全,宾馆、餐厅一一具备,司机负责车接车送,全程有导游陪同。学员周六上午 8:30 在华中科技大学主校区集合,乘坐大巴车出发前往湖北红安干部学院大别山分院;10 点到达李先念故居纪念园,参观李先念图书馆和李先念故居纪念馆;中午入住宾馆并进行午餐和午休;14:30 前往七里坪镇观音阁村瞻仰烈士纪念碑,听当地妇联主任讲述红色故事;然后重温红色家书汲取信仰力量,观看秦光远将军家书短片,听将军后代讲家书故事,撰写一封家书;18:30 红安县档案馆馆长作"追寻红安历史 感悟红安精神"党史专题课。周日上午 8:30 参观黄麻起义和鄂豫皖苏区纪念园,举行广场仪式敬献花篮、重温入党誓词;10 点参观历史馆、烈士馆,午餐后返回武汉。学员全程不需要操心行程。由此可见,"高校+党校"合作模式为红色资源运用到思政课实践教学提供了便利。

(三)深度挖掘利用高校红色资源

我国不少高校蕴含红色基因,承载着悠久的红色记忆,流淌着红色血脉。北京大学是中国介绍、研究、传播马克思主义的发祥地和中国共产党最早的活动基地之一,具有深厚革命传统、红色基因。复旦大学原党委书记焦扬认为"老校长陈望道翻译《共产党宣言》首个中文全译本,为奠定建党基础作出重要贡献,也植下了复旦赓续百年的红色基因"。华中科技大学在新中国的朝阳中诞生,在共和国的旗帜下成长,始终与党同心,与国家发展同频,被誉为"新中国高等教育发展的缩影"。华中科技大学原党委书记李元元认为"华中科技大学急国家之所急,面向国家之所需,是贯穿在华中科技大学师生血脉中的红色基因"。在学校发展历程中,涌现出了一大批为中国高等教育事业、为祖国现代化建设作出巨大贡献的先进典型,形成科学家精神。科学家精神是红色资源的组成部分,为把红色科学家精神运用到思政课实践教学中,截至 2022 年,华中科技大学马克思主义学院分别和机械科学与工程学院、材料科学与工程学院、电气与电子工程学院、物理学院、武汉光电国家研究中心共建思政课程与课程思政教学实践基地。这都充分表明高校红色资源值得深入挖掘并运用到思政课实践教学之中。

三、红色资源运用到思政课实践教学的作用

红色资源运用到思政课实践教学是当前思政课教学改革的积极探索，其作用和影响也已经凸显。其作用和影响主要体现在三个方面：于大学生而言，有利于学习革命先烈的斗争精神和英雄气概；于高校而言，有助于深化思政课教学改革，将思政课打造成为一门"金课"；于社会而言，有益于掀起党史学习教育热潮，营造校园党史学习教育新风尚。以下是三个方面的具体内容。

（一）有助于引导大学生学习革命先烈"为有牺牲多壮志，敢教日月换新天"的斗争精神和英雄气概

习近平总书记指出："一切向前走，都不能忘记走过的路；走得再远、走到再辉煌的未来，也不能忘记走过的过去，不能记忆为什么出发。"近代以来，国家蒙辱、民族蒙难、文明蒙尘，中国人民生活在水深火热之中。中国共产党诞生后，带领人民推翻帝国主义、封建主义、官僚资本主义三座大山，建立人民当家作主的中华人民共和国。新民主主义革命时期，无数革命英雄抛头颅、洒热血，为实现民族独立和人民解放奋斗至生命的最后一刻。在敌人的武器面前，他们没有屈服；在个人生死和国家大义面前，他们义无反顾选择了后者。生长在和平年代的大学生无法感同身受他们在革命战争年代经历的残酷，更不能真正体会到他们的伟大。红色资源运用到思政课实践教学中能够让大学生汲取红色资源的精神滋养，学习革命先烈的斗争精神和英雄气概，并自觉转化为个人前进的动力，为实现中华民族伟大复兴贡献自己的一份力量，成长为堪当民族复兴大任的时代新人。

（二）有利于深化高校思政课教学改革，让思政课真正成为一门受大学生喜欢的"金课"

长期以来，我国思政课教学重理论轻实践，重灌输轻启发，思政课成为枯燥乏味的代名词，是大学生心中"可有可无，可学可不学"的"水课"。思政课总学分高，课时多，但没有得到应有的重视。思政课课堂上形成"教室里坐满了人，但绝大多数大学生都在低头玩手机或者做其他与课堂无关的事，反正就是不听课"的怪象。他们好像来上课了但又好像没有来上课。因此高校必须深化思政课教学改革，将思政课打造成为一门受学生欢迎的精品课程。大学生通过红色资源的一手稿、音像资源、实物资源等亲身感受到思政课的魅力，便会真真正正地爱上思政课。同时红色资源运用到思政课教学过程中形成的有益经验也

将为思政课教学改革提供借鉴,助力思政课成为一门受大学生喜爱的"金课"。

(三)有益于掀起党史学习教育热潮,让党史学习教育成为高校校园的新风尚

当前高校开展大学生党史学习教育方式较单一,或是通过党史知识竞赛、演讲比赛、征文比赛等竞赛性质活动,或是通过专题党课、党日活动、团日活动等主题活动,大学生总体上学习热情不高、学习效果不佳。红色资源与党史紧密相连,大学生参观红色资源的过程也是学习党史的过程,对于其中的疑惑和感兴趣点他们也会课下查找资料。大学生由对红色资源的喜爱进一步升华为对党史的热爱,学习党史成为高校校园的一道亮丽风景线。红色资源运用到思政课实践教学,能够让大学生爱上党史学习教育,营造浓厚的党史学习教育校园氛围。

挖掘利用好校本资源 增强思政课教学效果
——以"毛泽东思想和中国特色社会主义理论体系概论"课程为例

韦革

合理开发和利用课程资源是课程改革顺利达到预期目标,促进学生全面发展,有效提高教育教学质量的重要保障。课程建设的水平,一方面取决于课程资源的丰富程度(丰度),另一方面更取决于课程资源的开发和利用的水平,也就是课程资源利用的深度。正如美国课程理论专家泰勒所言,课程资源开发的关键在于三个环节,即要最大限度地利用学校资源,要加大校外课程开发力度,要帮助学生与学校以外的环境打交道。[①] 可见,因地制宜地开发和利用校本资源,找准校本资源和教材的结合点,是推进当前高校思想政治课改革的关键。本文以"毛泽东思想和中国特色社会主义理论体系概论"(以下简称"概论")课程为例,探索如何开发和利用校本资源、增强高校思政课教学效果的举措。

一、教改的理论和现实逻辑

开发和利用校本资源来提升高校思想政治课教学效果有着深厚的理论逻辑和现实逻辑。

(一)教改的理论逻辑

1.认知主义学习理论

认知主义学习理论代表人物布鲁纳认为,学习的实质是主动地形成认知结构。该理论的要点是:其一,学习是在原有认知结构的基础上产生的,学生认知过程是把新学得的信息和以前学习所形成的心理框架联系起来,积极地构建他的知识体系的过程。其二,学生心智的发展虽然有些受环境的影响,但主要是独自遵循自己特有的认知结构,换言之,人是知识的积极主动选择者,而不是一

---

① [美]拉尔夫·泰勒.课程与教学的基本原理[M].罗康,张阅,译.北京:中国轻工业出版社,2008.

个被动的接受者。其三,发现学习是一种有效的学习方法。既然学习是在学生原有认知结构的基础上产生的,教师应该创造条件让学生用自己的头脑亲自获得知识。因此,利用校园红色资源,让学生获得直接的鲜活的经验,有利于学生用自己的头脑亲自获得知识。

2. 文化历史发展理论

苏联心理学家维果茨基的"文化历史发展理论"强调人类历史文化发展是个体心理发展的根源与决定因素。文化作为一种人造的刺激物,使人摆脱对来自客观世界的客体刺激物的依赖,不像动物一样是以身体的直接方式来适应自然,社会文化知识经验可以使人类获得与动物不同的高级的心理机能。因此,利用校本资源,让学生在一定的历史、社会文化背景下进行学习和实践,对学生学习发展会产生重要的作用。

3. 人本主义学习理论

人本主义强调爱、创造性、自我表现、自主性、责任心等心理品质和人格特征的培育,对教育产生了深刻的影响。其关键的观念是促进有意义学习和自由学习,强调学习要做到知情统一,建立人与知识之间的联系。教师要以学生为中心,秉承"非指导教学"原则,在教学上为学生构建真实的问题情景,利用社区给学生安排适宜的学习活动与材料,让学生在做中学,等等。① 利用校本资源,让学生在真实的问题情景下进行学习和实践,对学生学习发展将会起到重要的作用。

综上所述,挖掘校本资源的理论逻辑是利用校本资源,让学生在鲜活和真实的问题情景下主动地把新旧知识联系起来,接受历史、社会文化熏陶,在做中学,进而形成认知结构来增强课程的教育教学效果。

(二)教改的现实逻辑

当前,高校思想政治课程实践教学改革与创新存在的突出矛盾体现为对于校本资源的开发与利用滞后于教学改革的实际需要。在课程资源的认识上,不少教师将课程资源简单地理解为教科书、参考书,忽视了校本资源,因而在课程资源开发的内容方面偏重于教科书、参考书的开发,忽视了鲜活校本资源的开发,在课程资源实施空间上局限于班级课堂范围,缺失了相应的理论联系实际的必要空间,使得高校思想政治课的教学远离了学生的生活经验,不能真正调动学生的积极性。校本资源的合理开发和有效利用,是回归实事求是的马克思主义精髓、回归学生的生活世界、增强课程的教学效果的最基本条件。

---

① [美]卡尔·罗杰斯,杰罗姆·弗赖伯格.自由学习[M].3版.王烨晖,译.北京:人民邮电出版社,2015.

二、教学研究过程

（一）找准校本红色资源和教材的结合点

什么是校本资源？学术界对于校本资源的界定有两种：一是指教师基于自己的教学需要和在学校教学环境下自主开发的课程资源,相对于统编教材的教学资源而言,校本资源具有特殊性、地方性等特点；二是指一所学校在其发展历程中积淀形成的办学理念、办学特色等,在人才培养、科学研究、社会服务和文化传承中所做的贡献和学校的社会形象。简而言之,校本资源主要由学校精神、学校成就和学校形象三部分构成,它集中体现了一所学校的文化底蕴和办学特色。本文采取第二种概念。

什么是"概论"课程的教学目的？开设"概论"课程,是为了使大学生对马克思主义中国化进程中形成的理论成果有更加准确的把握,对中国共产党领导人民进行的革命、建设、改革的历史进程、历史变革、历史成就有更加深刻的认识,对中国共产党在新时代坚持的基本理论、基本路线、基本方略有更加透彻的理解,对运用马克思主义立场、观点和方法认识问题、分析问题和解决问题能力的提升有更加切实的帮助。这就要求学生能够掌握基本理论,增强"四个自信"；坚持理论联系实际,树立历史观点、世界视野、国情意识和问题意识,增强分析问题、解决问题的能力；提高理论思维能力,科学把握中国的国情、中国社会的状况和自己的生活环境。

党的二十大报告提出,"全党要把青年工作作为战略性工作来抓,用党的科学理论武装青年,用党的初心使命感召青年,做青年朋友的知心人、青年工作的热心人、青年群众的引路人"[①]。真实生动、丰富多彩的校本资源,可以充当情感共鸣、理论共鸣和思想共鸣的桥梁。通过梳理校史中的学校发展故事、校友故事等内容与高校思政课内容的契合点,特别是学校在其发展历程中与国家的发展同呼吸共命运的感人故事,可以拉近课程内容与学生的距离,使学生产生情感共鸣,进一步激发学生学习的积极性；在课程理论讲解的过程中,嵌入的相关校史案例可以起到画龙点睛、醍醐灌顶的功效,使学生们产生理论共鸣；梳理校友中选择到祖国需要的地方工作的职业发展案例,可以更好地引发学生们对于服务国家和人民的思想共鸣。

---

① 习近平.高举中国特色社会主义伟大旗帜 为全面建设社会主义现代化强国而团结奋斗[M].北京:人民出版社,2022.

(二)深入挖掘校本资源

华中科技大学(以下简称华中大)为什么能够成为新中国创办的最好的大学之一？从华中大发展历程看,可以深入挖掘出三种相互关联的资源。一是红色资源,20世纪50年代初,华中大为适应国民经济发展需要应运而生,70年来,华中大书写"与国同心、与时偕行"的担当史。无论是抗击1954年特大洪涝灾害中的挺身而出还是抗击疫情中的不计生死,无论是脱贫攻坚中的华中大方案还是推动中国光谷走向世界的华中大力量,与祖国和人民同呼吸、共命运,始终是华中大发展的主脉。二是绿色资源,从喻家山下"一片荒地"到建成"森林大学",一代代华中大人发扬"敢于竞争、善于转化"的优良传统,走出了一条特色鲜明的发展之路。三是创新资源,从"学在华工"到"学在华中大、学医在同济",一代代华中大人牢记"明德厚学,求是创新"的校训,走出了一条创新发展之路,武汉光电国家研究中心、国家脉冲强磁场科学中心、精密重力测量国家重大科技基础设施、国家数字化设计与制造创新中心"四颗明珠"熠熠生辉,测得世界最精准万有引力常数G值、创造脉冲平顶磁场强度世界纪录、自主研发临床全数字PET等高水平科技成果不断涌现,为国家现代化建设提供源源不断的智力支撑,引领社会进步。

(三)利用好校本资源

如何针对华中大的红色资源、绿色资源和创新资源增强思政课的教育教学效果,需要从课中、课后、延伸三个环节入手。

1.课中环节:从精心选择案例入手

如何在抓好课堂教学的基础上积极引入校本资源,是一个利用好校本资源的基础性环节。具体的做法是:结合课堂教学内容与教材体系要求,在课堂讲授过程中引入相关的案例。这些案例或反映学校的革命历史和社会主义建设实践,让学生对中国共产党领导人民进行的革命、建设、改革的历史进程、历史变革有更加深刻的认识;或反映学校精神和学校形象,让学生对党的基本理论的本质和精髓有更加透彻的理解,对中国共产党运用马克思主义立场、观点和方法认识问题、分析问题和解决问题方法有更加深入的理解。比如,将华中大"明德厚学,求是创新"校训的内涵、华中大师生践行校训的案例和"概论"中的毛泽东思想的独立自主、实事求是、群众路线的灵魂以及习近平新时代中国特色社会主义思想中的创新、协调、绿色、开放、共享的新发展理念联系起来,进行理论和实际的对话,对于学生而言有着更大的吸引力。

2.课后环节:从一事一品、一班一品入手,精心布置课后作业

在课堂讲授过程中引入学校相关历史案例,进行理论和实际的对话,只能

从外部吸引学生学习相关的理论。如果要从内部激发学生学习相关的理论的积极性，还需要精心布置课后作业，让学生深入了解学校历史的来龙去脉。具体的做法是：一事一品，一班一品。

所谓一事一品，就是按照红色基因、绿色基因和创新基因三大主题，让学生围绕三大主题进行调研，并编写文本，制成视频。课程围绕红色、绿色、创新主题，录制了20多个视频，充分体现了华中大"明德厚学，求是创新"的校训。

因为在共和国的旗帜下成长，学校有些与毛主席相关的红色物件，如由毛体"集字"而成的校名、南一楼广场的毛主席塑像记载着红色校史轨迹；西十二教学楼的《沁园春·雪》激励青年学子勇担历史责任；长眠于青年园的舍己救人英雄胡吉伟，是毛主席倡导的雷锋精神之传承典范。课程安排学生小班组队，以"校园红色文化知多少"和"校园红色文化何处来"为题展开调研，并编写文本，制成视频，作为珍贵的红色教学案例。在武汉新冠疫情防控阻击战中，华中大是投入力量最多、作出贡献最大的高校。习近平总书记点赞的抗疫精神是思政课最生动的教材。课程安排学生以"金文闻老师以饼为媒，演绎别样的抗疫故事"等为题，挖掘华中大人如何用知识凝聚抗疫力量，传承和发扬红色文化。

华中大有绿色基因的底色。校园森林覆盖率居全国高校前列，被誉为"森林大学"。2017年11月2日，全国环卫系统"最美蓝天守护人——寻找最美环卫者"颁奖典礼在贵州省贵阳市举行，华中大环境科学与工程学院陈海滨教授因在垃圾分类上贡献突出而榜上有名。课程安排环境科学与工程学院建环1901班完成《最美环卫者不忘初心 致力环保事业》作业，展示陈教授致力于绿色发展的风采。华中大主校区几十万株树木就是一个巨大无比的氧气制造厂，保护着师生的身体健康。《光明日报》记者说：树多好乘凉，华中大地处"大火炉"武汉，夏天校内比校外凉快多了，人们这样口口相传；如今，爱树护树成了华中大人的共识，让学生明白争创世界一流必须懂得十年树木、百年树人的道理。课程安排环境科学与工程学院建环1901班学生完成《朱九思：森林的缔造者》作业。

华中大主动对接国家重大发展战略，加强党的领导，发挥学校优势，加强人才培养平台建设和成果转化工作，以有力的创新、创业、创造服务国家和区域经济社会发展。华中大李宝仁教授获得了"2019工匠中国年度十大人物"荣誉称号。课程安排机械1909班以"工匠中国人物李宝仁说工匠精神"为题，挖掘李宝仁教授坚持基础研究与实际应用相结合的科研理念和"能吃苦、会吃苦、善吃苦"的科研精神。华中大武汉光电国家研究中心聚集了420多名光电一流人才，践行创新发展理念，被称为参与全球竞争的"国家队"。课程安排光电1907班以"华中大兰教授勇做玩光的'魔术师'"为题，记录了兰鹏飞教授沿着前人的脚步产生更短的激光，并用它来操控电子的历程和心路。课程安排光电1908

班采访光谷海归创业标志性人物、华中大国家光电研究中心的闫大鹏教授。记录他如何率领团队攻坚克难,成功打破国外的技术壁垒,研制出我国首台 25 W 脉冲光纤激光器和 100 W 连续光纤激光器。

所谓一班一品,就是按照班级的专业特色和自身的特点安排课后作业,充分发挥学生的特长。比如安排光电学生采访光电创新故事,环境科学与工程学院学生说绿色故事,生命学院学生说抗疫故事,"胡吉伟班"学生说胡吉伟精神。具体安排如表 1 所示。

表 1　一班一品安排表

任务	班级
1.华中工学院由哪位领袖指示组建	生技 1901 班
2.华中科技大学校名是谁的字体	生药 1901 班
3.华中科技大学的毛主席塑像有什么意义	生物基 1901 班
4.华中大西十二楼屏风上的毛主席词作《沁园春·雪》知识知多少	生物基 1902 班
5.你知道东九楼门楣上"求是"的意思吗	生科强基登峰 1901 班
6."疫"见抗疫精神(1)	中德 1901 班
7.你了解华中大青年园的胡吉伟塑像吗	机制校交 1901 班
8."胡吉伟班"如何传承无私奉献精神	机械 1907 班
9.华中大学雷锋志愿者组织知多少	机械 1908 班
10.采访 2019 工匠中国年度人物——华中科技大学李宝仁	机械 1909 班
11.采访任一学雷锋志愿者组织	光电 1916 班
12.采访光电领域优秀团队	光电 1917 班
13.采访光电领域优秀个人	光电 1918 班
14.你了解华中大"森林大学"是如何炼成的吗	环工 1901 班
15.如何传承绿色文化	给排水 1901 班
16."学在华工"的名称是如何诞生的	环工 1902 班
17.解读东九楼的"明德厚学,求是创新"校训	给排水 1901 班
18.绿水青山是如何炼成的？——采访陈海滨教授	建环 1901 班
19.绿水青山是如何炼成的？——采访苏彬教授	给排水 1902 班
20."疫"见抗疫精神(2)	建环 1902 班

3.延伸环节:从引导学生学习、推广红色资源入手

引导学生学习红色资源的主要途径是校园故事研学和研习。校园故事研

学的主要手段是为学生提供回忆华中大红色资源的书籍和公众号，如李柱教授的《回忆建校初期我在华中工学院机械系工作的经历》、王炯华教授在2011年出版的《朱九思评传》、华中大档案馆回忆华中大红色资源的公众号等。除此之外，还有建议学生参观校史馆、参与相关庆典活动、给毛主席塑像献花、给胡吉伟塑像献花等。

推广红色资源的主要途径是课堂展示。由于不同班级相互不了解红色资源作业情况，教师可以利用课间休息时间，播放优秀的视频作业，起到相互学习和推广红色资源的作用。

三、研究成效

理论学习是一个寓理于事、查漏补缺、不断同化内化的过程。校本红色资源的挖掘和利用强化了思政课理论的同化内化效果。

思政课理论学习要联系学生的思想实际，增强学生学习内生动力。如果学生从一开始就对党的理论不认同、不信服，学习起来总是被动应付，又怎能往深里走、往心里走、往实里走？校本红色资源的挖掘和利用，以故事发生地和身边的榜样为中介，把理论学习与国家、民族、个人的命运紧密联系起来，在学生内心深处产生了政治认同、思想认同、情感认同。从"要我学"变成"我要学"，学习的效果自然大不相同。

思政课理论学习要联系实际，找准方法路径。学习理论就是要活学活用，用理论来指导实践，用理论来破解难题。校本红色资源的挖掘和利用，提高了学生的战略思维、历史思维、辩证思维、创新思维能力，有利于学生充分发挥聪明才智，学好自己的专业。比如"胡吉伟班"班长说胡吉伟精神，有利于传承胡吉伟精神，有助于学生的健康成长。

思政课理论学习要联系改进作风的实际，推进学生自我革命。校本红色资源的挖掘和利用，让学生对标前辈和朋辈的行为，以史为鉴，不断强化学习、生活和工作方面的自我约束，把严的要求转化为实际行动。

理论学习要联系落实责任担当的实际。理论的生命在于实践的行动。历史和现实都在证明：青年一代有理想、有担当，国家就有前途，民族就有希望。青年应当将个人发展同国家需要紧密联系起来，在波澜壮阔的时代浪潮中，正确选择自身的发展方向与前进道路。思政课引入华中大红色、绿色和创新主题案例，让华中大红色、绿色和创新基因代代相传，有利于学生坚持高扬理想、脚踏实地、甘于奉献，在服务他人、奉献社会中收获成长和进步，找到青春方向和人生目标。

四、推广方案

上述挖掘和利用校本红色资源增强思政课的教育教学效果的做法只是初步和粗略的,为了更好地挖掘和利用校本红色资源,本文提出下一步改进的举措。

(一)教师要熟悉和善于利用好校本红色资源

无论是在思政课引入校本资源、指导学生挖掘校本资源,还是推广校本资源,思政课教师都处于主导地位,起着引领者的作用。

教师要熟悉校本红色资源。尤其是青年教师,对学校发展史比较陌生,需要通过参观校史馆、浏览校史网、拜访相关人士等途径熟悉校本红色资源。

教师要善于选取与运用校本资源。校本资源选取与运用以服务思政课教学目标为标准,要引导学生从中感受敢作敢为的担当精神、艰苦奋斗的优良作风、求真务实的创造精神、坚定的理想信念和大公无私的奉献精神,实现校本资源融入思政课教学的育人意义。

(二)鼓励学生全员全方位参与校本红色资源挖掘和利用

"耳闻之不如目见之,目见之不如足践之。"课外的"实践课堂"是理论教学和实践教学得以贯通的关键所在。思政课教师要引导学生走出教室,开展更广泛的社会实践。

鼓励学生全员参与校本红色资源的挖掘和利用。出于人多力量大的考虑,本课题以班为单位进行社会实践和考核,不可避免会有一些同学游离于社会实践之外。下一步可以考虑以小组和个人为单位进行社会实践和考核,并要求以小组为单位的所有成员都写一份个人心得体会。

鼓励学生全方位参与校本红色资源挖掘和利用。让学生通过参观校史馆、拜访名师名校友、参与"口述历史"采访等,无法将大事和小事、老故事和新故事、大人物故事和小人物故事贯通起来,下一步可以考虑让学生对小事、新故事、小人物故事给予更多的关注,进一步加强校本故事的时代性。

(三)注重校本红色资源全方位的推广

本课题以笔者所教的班级为单位、校本红色资源作品课间播放为方式来推广校本红色资源,故校本红色资源的作用发挥空间十分有限。下一步可以考虑创建公众号进行推广,或与学校宣传部、学生工作处联手,选取优秀作品推广到主流媒体,进一步扩大校本红色资源发挥作用的空间。

沉浸式主题实践教学模式创新研究

——以"习近平新时代中国特色社会主义思想概论"课为例

王 锐

思政课实践教学,是指高等学校在完成思想政治理论课教学的过程中或者过程后,通过亲身体验,深化学生对理论的认识和思考,从而达到认知认同和情感升华的一种教学方式。首先需要明确的是课堂教学不完全等同于理论教学,课堂也有实践教学的成分,例如,小组研学、情景展示、课题研讨、课堂辩论等是组织课堂实践的重要方式。从实践角度看,社会实践教学可以在社会生活中进行,也可以在校园内、课堂中进行。高校思政课实践教学是指含有实践因素的高校思政课教学活动,其现有范式包括课堂实践教学、校园实践教学、社会实践教学以及网络实践教学。[①] 沉浸式主题实践教学是指围绕某一主题内容,强调通过氛围营造、环境定制等方式让受教育对象个体全身心地参与、感受主题活动的一种体验或状态,进而在体验中增强对主题内容的感悟力、理解力和认同度。2022年秋季学期,"习近平新时代中国特色社会主义思想概论"(以下简称"习概课")在各高校全面铺开,习近平新时代中国特色社会主义思想是马克思主义中国化的最新理论成果,具有很强的时代感和鲜活度,需要创新教学模式,充分利用时代场景和社会现实讲好理论故事,彰显真理力量。所以,全面沉浸式主题实践教学在创新教学理念、扩展教学场域和形式、增强教学实效方面具有独特优势,加强其在"习概课"中的理论和实践应用研究具有重要性和必要性。

一、沉浸式主题实践教学模式创新的理论依据

思政课理论教学和实践教学是加强大学生思想政治教育的两大阵地,其中,实践教学是理论教学的重要补充和实践育人的有效载体,有助于加深对马克思主义理论的理解,深化对党和国家方针路线政策的认识,坚定在党领导下

---

① 陶利江.论高校思政课实践教学深度体验的层次结构、制约因素及破解路径[J].河南社会科学,2020(11):91-97.

走中国特色社会主义道路、实现中华民族伟大复兴的理想信念,增强历史使命感和社会责任感。

(一)加强思政课实践教学是高校思政课改革的关键环节和重要内容

实践教学是学校实现培养人才目标的重要环节,它对提高学生的综合素质,培养具有创新意识和创新能力的复合型人才都具有特殊作用。《高等教育法》明确规定,"高等教育的任务是培养具有创新精神和实践能力的高级专门人才","本科教育应当使学生比较系统地掌握本学科、本专业必需的基础理论、基本知识,掌握本专业必要的基本技能、方法和相关知识,具有从事本专业实际工作和研究工作的初步能力"。而学生的相关能力必须要靠实践教学予以锤炼和保障。长期以来,相对于理论教学而言,思政课实践教学一直是高校人才培养中的薄弱环节。在中央相关文件精神指导下,2005年,教育部下发的教社政9号文件从政策层面指明实践环节是高校思想政治理论课一个独立的环节,强调"高等学校思想政治理论课所有课程都要加强实践环节,要建立和完善实践教学保障机制,探索实践育人的长效机制"。2008年,中宣部、教育部在《关于进一步加强高等学校思想政治理论课教师队伍建设的意见》中提出:"逐步完善实践教学制度,要从本科思想政治理论课现有学分中划出2个学分、从专科思想政治理论课现有学分中划出1个学分,以此来开展本专科思想政治理论课实践教学。"从教学体系、学分制度上为实践育人提供了制度和机制保障。2011年1月,教育部制定的《高等学校思想政治理论课建设标准》特别要求,"实践教学纳入教学计划,落实学分、教学内容、指导教师和专项经费;建立相对稳定的校外实践教学基地;实践教学覆盖大多数学生"。自此,思政课实践教学取得了一定进展。2019年3月,习近平总书记在学校思想政治理论课教师座谈会上再次强调,思政课改革创新要坚持"理论性和实践性相统一"。2022年7月,教育部等十部门印发《全面推进"大思政课"建设的工作方案》,特别强调了"改革创新主渠道教学、善用社会大课堂,积极组织开展多样化的实践教学、建好用好实践教学基地"。可见,强化思政课中的实践教学构成,发挥思政课实践教学的育人作用,已然成为高校思政课改革的重要内容。

(二)沉浸式主题实践教学是重塑课堂教学、提升育人成效的重要模式

2021年3月6日,习近平总书记在看望参加全国政协十三届四次会议的医药卫生界、教育界委员时指出:"'大思政课'我们要善用之,一定要跟现实结合起来。"这一重要论述,深刻阐述了思政课的本质特点与新要求,为高校思政课改革创新提供了根本遵循。当前,大学教育对象基本都是"00后"学生,他们对网络世界和科学技术充满兴趣,而对现实世界具有很强的疏离感。列宁曾说:

"培养共产主义青年，决不是向他们灌输关于道德的各种美丽动听的言词和准则。我们要培养的并不是这些。……训练、培养和教育要是只限于学校以内，而与沸腾的实际生活脱离，那我们是不会信赖的。"要让思想政治教育入脑入心，重塑课堂教学、搭建新叙述场域，让学生在社会现实中提升对问题的感知力、共情力，是增强理论理解力、说服力和认同度的重要方式方法。一方面，这要求在课堂教学中加强实践教学，比如通过课堂辩论、虚拟现实、增强现实等新颖方式让学生近距离感受思辨的魅力和社会的脉动。微软在 ISTE 2019 大会上发布了一份名为 Immersive Experiences in Education（《沉浸式教育体验》）的白皮书，通过交叉对比教育理论与案例分析等一系列调查，探索了 AR 应用在课堂中的优势和理论。实践证明，技术的引入和教学场景的多元化在激发学生学习兴趣方面具有积极作用。另一方面，以实地参观调研、深度感知体验等方式的社会实践大课堂，利于学生充分感知现实生活的底色，从而有助于搭建师生理论研讨的共同场域。总之，沉浸式主题实践教育旨在缩短与现实社会的距离感，增强体验感和公民感，提升学习教育的主动性、积极性和感知性。

二、沉浸式主题实践教学模式创新的基本框架

沉浸式主题教育与传统教育的理论说教、单向输入不同，教学模式创新是全方位的，主要在教学理念、教学体系和教学场域等方面存在显著区别。

（一）倡导以促进学生身心健康发展为导向的教学理念

沉浸式主题实践教学旨在塑造一种学习环境与学习目标统一的格局，让人情不自禁地融入某情境或陷入某物之中，使其与情境自然地融为一体，打破学生学习空间与感受空间相背离的困境，也就是我们经常讲的避免出现学生坐在教室而"身在曹营心在汉"、入眼却不入心入脑的尴尬情形。在教学主题设置上，围绕专题以学生互动、关注重大现实问题、实践体验参与为导向，在教学场景上旨在搭建与主题内容密切相关的现实场景、场域，引起教育主体的视觉、听觉、触觉等多方位的感知和共情，致力于由灌输式教学向启发式教学、接受性学习向探究性学习、塑造型育人向成长型育人转型[1]，缩短理论与现实、教师与学生之间的距离感，实现教学良性互动。

（二）建构以"专题研讨＋轮转走班"为方式的教学体系

"习概课"内容涉及"四个全面""五位一体"，以及国防、军队、外交等各方面

---

[1] 张乐，张云霞."翻转课堂"教学模式在高校思政课中的应用研究[J].中国高等教育，2018(1)：36-38.

的内容,涉及面很广,具有很强的系统性、专业性和时代感,如若让某一位教师在短时间内全方位掌握教学内容,则难度较大。华中科技大学马克思主义学院习近平新时代中国特色社会主义思想概论教研中心在近两年的实践教学中,探索出了"专题研讨＋轮转走班"的模式,具体是"1＋N"的教学运行模式。"1"是指由一位教师全过程全方位负责课堂管理,包括作业发布与批改、线上互动、期末阅卷、成绩录入等。同时"1"也是指主讲教师,负责学期初和学期末的专题导入和专题结尾,包括教材框架、专题设置、教学方法、学习要求,保证教学环节的连续性和教学质量的稳定性。"N"是根据实际情况由3～4位教师组成的子专题教学团队,他们承担学期中的多个专题实践授课。

这种模式改变了传统的按教材章节目进行授课的方式,把教材内容难点、重点与教师专业研究的重点相结合,把每个专题知识结构的系统性和严谨性与教师的研究特长相结合,使其相得益彰。[①] 实践证明,这种专题研讨的教学模式既有助于教师结合专长增强教学科研相长的能力,也能让学生获得更具有深度和广度的知识增量。当然也有部分学生反馈专题轮换太频繁而缺乏整体感,为解决此问题需要适当增强专题之间的连贯性讲解以及课程责任教师与学生的日常联系和答疑工作。在各个专题的沉浸式实践教学方法上也有区别,大致可以分为三种类型,如表1所示。

表1 "习概课"专题类型及教学方式

主题类型	教学主题	沉浸式主题教学方式
强理论性专题	马克思主义中国化新的飞跃	课堂叙事式教学(案例深度分析、亲身经历分享) 网络延展式教学
	坚持党的全面领导	
	全面从严治党	
强认知性专题	发展全过程人民民主	平台情境式教学 网络延展式教学
	全面深化改革	
	建设巩固国防和强大人民军队	
	坚持"一国两制"和推进祖国统一	
	推动构建人类命运共同体	
	在新征程中勇当开路先锋、争当事业闯将	

---

① 俞海洛.高校思政课专题轮转协同教学模式探索与实践——教学范式结构化变革的视角[J].江苏高教,2020(6):115-119.

续表

主题类型	教学主题	沉浸式主题教学方式
强实践性专题	坚持以人民为中心	基地体验式教学 网络延展式教学
	以新发展理念引领高质量发展	
	建设社会主义生态文明	
	全面依法治国	
	全面贯彻落实总体国家安全观	

注：以2022年教育部发布的统一课件为基础，根据专题内容的理论和抽象程度，将其大致分为强理论性、强认知性和强实践性等类型，当然这种分类并不是绝对的，每个专题都包含多种特征，只是强调其某一特征的突出性而做此分类。

根据专题特征，应该匹配与之对应的沉浸式实践教育模式。①强理论类专题主张以课堂叙事式教学为主，包括深度案例和故事分析以及个人经历分享等，强化课堂实践教学叙述的现实感和感染力。从学生期末心得反馈中得知，大部分学生对某位教师的深刻印象往往是因为分享了特别生动的故事或者是个人的亲身经历。例如，教研中心某位教师分享了其留学经历中的安全体验，大大增强了学生对理论的感知力和可信度。②对于认知性强的课程，则可以通过网络延展式教学方式，主要是充分利用丰富的网络资源和虚拟仿真、新媒体、人机交互、大数据等技术，让学生在图形、动画、三维场景构造的虚拟环境中感受和掌握教材内容。例如，人民军队专题，通过虚拟仿真的各类武器增强学生对国防建设的自信心和情感认同。③强实践性专题主张以社会实践、现场体验等方式开展，比如生态专题可以在校园内的草地、湖边或武汉湿地公园内进行，让学生拥有更多的视觉冲击和触感，进而上升到理论认同。

（三）塑造以身临其境和智能技术为载体的教学场景

沉浸式主题实践教学场景的形态可分为以案例和故事叙事构造的半沉浸式场景、以技术为主导的虚拟性场景和社会实景实体性场景，类型也可以划分为课堂场景、校园场景、场馆场景、社会实地真实场景等多种类型。目前实践教学大多还是以课堂叙事场景为主，应用也比较成熟，现在应该大力拓展后两种形式，也就是增强现实层面的沉浸感和科技层面的沉浸感。①

1. 积极建设社会实践体验基地，推动以社会实践、社会参与体验为主的实体性沉浸式实践教学常态化、制度化、规范化发展

---

① 许瑞芳，张宜萱.沉浸式"大思政课"的价值意蕴及建构理路[J].思想理论教育导刊，2021(11):83-88.

应该加强校内优质资源和辖区属地的资源共享,落实实地沉浸式体验式教学。例如,武汉湿地公园、华中科技大学网安学院以及长飞光纤光缆股份有限公司等可以为实践性特别强的生态文明、总体国家安全观和高质量发展等相应专题教学提供更好的实践场地,让学生可以通过现场参观和交流领略相关理论的内涵和意义。

2. 大力构建以智能技术为载体的虚拟性沉浸式教学基地

虚拟性沉浸式实践教学旨在利用人工智能、大数据、扩展现实(XR)等新技术的优势,为学习者打造"虚""实"融合、生动直观的学习环境,支持学习者通过视、听、触等多种通道的感知体验,促使其在学习过程中身心与环境产生自然交互,使学习者产生一种完全置身于虚拟环境中的身心体验,增强学习的体验感和身心沉浸感。[①] 场馆学习(museum learning)理论强调相对课堂授课,场馆学习资源丰富、环境轻松、时间灵活、学习随意,给学生提供轻松自由、自主自导的非结构化学习方式。随着新技术的发展,科技馆或学校中虚实融合的学习环境的科技感日益增加,特定场馆或教室学习的真实情景性、体验性,在促进学习者对知识的理解、发挥学习者主动性、提高学习效率、培养批判性高阶思维能力和理性能力等方面有积极影响。[②]

华中科技大学在部分教学楼建设了智慧教室,但是这些教室只是以可活动的桌椅、多个显示屏为主,打造的仍然是二维空间,缺少空间整体投影、可视化、实时交互的深度体验感[③],显得"智慧教室"并不"智慧"。因此,建议学校应该大力应用体感技术、扩展现实技术、人工智能技术和学习分析技术(见表2)等,打造真正的"智慧教室",让教师根据特定的主题,可以自由设置智慧教室的颜色、声音、布局,打造与主题密切相关的教学场景,增强沉浸式实践教学的实时性、可控性、多感官、包裹性、体验感。例如,在智慧教室课堂内,打造三面整墙面的投影设备、与主题场景变化同步变换的舞台灯光,让教室摇身一变成为270度的沉浸剧场,学生踏入教室,即可感受到主题实践和案例故事还原效果的震撼。

---

① 艾兴,李苇.基于具身认知的沉浸式教学:理论架构、本质特征与应用探索[J].远程教育杂志,2021(5):55-65.
② 高义栋,闫秀敏,李欣.沉浸式虚拟现实场馆的设计与实现——以高校思想政治理论课实践教学中红色VR展馆开发为例[J].电化教育研究,2017(12):73-78,85.
③ 按照虚拟现实系统的沉浸感和实时交互程度的差异,虚拟现实系统可分为非沉浸式VR系统(non-immersive VR system)、半沉浸式VR系统(semi immersive VR system)和沉浸式VR系统(immersive VR system)三类。非沉浸式VR系统通常由电脑屏幕呈现虚拟环境,又叫桌面VR(desktop-VR),用户通过平面显示设备观看虚拟环境,并通过键盘、鼠标等外设进行交互,虽然可以看到立体图像,但整体感觉是"置身事外";半沉浸式VR系统是桌面VR的加强版,虽然提供一些头部追踪等技术来提高用户的沉浸感,但仍使用二维显示器来显示图像;沉浸式VR系统通常需要头盔显示器和位置追踪等设备,让用户产生较强的浸入感和更自然的交互。

表 2　沉浸式教学技术支持

应用技术	主要功能及目的
体感技术	识别、解析师生动作，及时作出相应的反馈，加强人机互动，使学习过程可视化
扩展现实技术	营造虚拟教学环境，打造多感官的沉浸式交互场景和体验
人工智能技术	改善学习环境与学习过程，进行问题诊断与反馈，提供智能化和个性化辅导，减轻师生负担
学习分析技术	为学习评价提供依据，增强学习评价的科学性与针对性

三、沉浸式主题实践教学模式创新的预期成效

（一）增强学生的具象化认知，降低认知负担，提升思政课学习兴趣和内驱力

沉浸式主题实践教学是虚拟现实或实地参观体验等各种应用场景，营造完全沉浸性的教育环境，实现情境式教学模块化、专题化、情境化，将宏观、微观、抽象的概念具体化，有难度的知识点可视化，通过模拟体验来缩小理论和实践的差距，让书本的知识真正"活"起来。形象化的场景让学生更容易理解可视化的内容，这样便能在短时间内吸收更多关键信息，从而让学生如临其境，真正做到真听、真看、真感受，在轻松愉快的氛围中准确地掌握知识。

（二）增强思政课教师的专题科研教学能力和场景操作能力

沉浸式场景设计里，所有的设计都是为主题服务的，主题才是那个核心，是构建场景的根基。所以高质量的沉浸式主题实践教学需要思政课教师具有较强的主题知识背景、叙事能力和一定的技术操作能力，一旦培养和具备这类能力，有助于推进教师的专业化发展，塑造新时代思政课教师新形象。沉浸式主题实践教学目前更多处于理论探讨层面，但是如何增强师生对场景的掌控度以及与主题关切度，避免技术和主题"两张皮"的问题，仍然是思政课教师需要认真思考的一个问题。

（三）更加支持个性化和自主性的教学，切实提升思政课育人实效

沉浸式主题实践教学主张平等的师生关系，将教师和学生都看作教学的主体，都是沉浸式场域中主题教学活动的共同创造者，通过平等对话、情感共鸣、

思维碰撞等方式增强思想政治理论认同。沉浸式主题实践教学可为学生提供协作式学习环境、设计个性化场景,提高学生对于思政课学习的积极性和兴趣,有助于提高学习者的主体性、主动性、创造性、存在感和参与感。这种模式可以有效避免被动学习和灌输知识的弊端,一定程度上也消解了教师权威,让学生在特定社会场景中增强对理论的理解力,逐步推进思想政治理论入脑、入心、入行。

四、沉浸式主题实践教学模式创新的推广路径

(一)加强顶层设计,加强实践制度保障

加强对沉浸式主题实践教学模式的考察学习,树立沉浸式教学的创新理念,对沉浸式主题实践教学计划、技能培训、实践教学基地建设、教学过程组织管理等方面制定切实可行的方案,给予可靠的资金、场地、政策和制度保障,形成上下联动、部门配合、职责明确、制度清晰、规范统一的思政课社会实践教学体系。

(二)整合各类资源,发挥协同育人效应

沉浸式主题实践教育涉及经济、政治、社会、文化、生态、外交、国防等各方面的实践主题和资源,需要学校和属地政府、社会、企业各方面的大力支持和协同合作,构建起大思政课的实践育人网络。例如,华中科技大学应在充分整合校内优势资源的基础上,打通校外资源,建立各个专题的校外实践基地,深化校企、校社、校地合作,实现课上课下、校内校外、网上网下多方资源共享、协同育人效应。

(三)总结教学经验,推动教学成果转化

在推动沉浸式主题实践教学模式落地过程中,从实践场地选择、设计到实践教学开展和育人效果等各个环节都应加强经验总结,不仅可以将优秀案例转化为课堂理论教学资源,同时也可以将其整理出版,形成专题类沉浸式实践教学创新案例集,推动实践教学规范化、常态化发展。

红色家书实践教学培育大学生理想信念研究

万晶晶 王 曦

理想信念教育是思想政治教育的核心,培育大学生的理想信念不仅是高校的重要任务,更是党和国家工作的重中之重。长期以来,高校的理想信念教育主要依托于思想政治理论课,而在教学工作上,理论教学是其重点内容,相对弱化了实践教学。2018年4月,教育部印发的《新时代高校思想政治理论课教学工作基本要求》明确指出:"要制定实践教学大纲,整合实践教学资源,拓展实践教学形式,注重实践教学效果。"这足以说明思政课实践教学的重要性,也为培育大学生理想信念指明了实践教学这一方向。另外,习近平总书记强调:"要讲好党的故事、革命的故事、根据地的故事、英雄和烈士的故事,加强革命传统教育、爱国主义教育、青少年思想道德教育,把红色基因传承好,确保红色江山永不变色。"[①]红色家书是革命先烈及共产党员等人博大的家国情怀和坚定的理想信念的重要载体,在大学生理想信念培育中具有独特的功能,红色家书具有真实性、情感性、教育性等特点,蕴含着丰富的理想信念教育内容。为此,运用红色家书并结合多种途径开展实践教学,对于培育大学生理想信念具有重要的借鉴价值。

一、红色家书实践教学培育大学生理想信念的必要性

红色家书主要是指革命时期的中国共产党党员及追求爱国进步的人士写给亲朋好友等人的书信,蕴含着无数革命家和共产党员的崇高理想和坚定信念,是不可再生的红色文化资源。虽然如今已进入和平年代,但红色家书的价值却历久弥新、永不过时,红色家书与实践教学相结合培育大学生理想信念,是抵制历史虚无主义和传承红色革命道德的需要,也是提高理想信念教育效果和丰富教学资源的需求。

(一)抵制历史虚无主义思潮影响的形势需要

21世纪以来,西方的思想和文化逐渐涌入我国,在各种思潮的相互交织和

---

① 讲好党的故事传承红色基因(庆祝中国共产党成立100周年专论)[N].人民日报,2021-06-10(13).

碰撞下,我国主流意识形态遭受冲击,其中一些消极腐朽的思想文化更是侵蚀着我国的价值观念,带来负面的社会影响。特别是随着互联网这一传播载体的不断发展,西方的文化思潮、历史虚无主义思想等得到广泛传播,网络的出现增强了传播的隐蔽性,渗透性也更强,历史虚无主义借助多元交互的网络场域向大学生进行传输,通过一定的手段诱导大学生相信虚无历史,颠覆了大学生的历史观念和认知,对民族团结和国家发展具有极强的危害性。在此背景下,虚无历史极易动摇理想信念的来源与根基,容易使大学生对理想信念产生怀疑和不确定感,这也大大增加了理想信念教育的难度。因此,理性信念教育需要依托一定的载体、资源来回望和证实历史,而红色家书往往是家事连着国事的告知性书信,是从亲历者的第一视角来叙述党和国家的历史发展路程,既包含着革命者及共产党员的私人情感,也从侧面见证了中国共产党的百年历史。总之,通过研读红色家书的一系列体验和实践探索,能增加大学生的切身感受,渐渐明晰对理想信念的认知,增强说服力,进而自觉抵制历史虚无主义思潮的影响。

(二)传承和培育大学生红色革命道德的需求

在中国共产党一百多年的发展历程中,红色家书是一种独特的红色印记,展现着中国共产党领导中国人民进行了长期伟大的革命斗争,从字里行间透露着革命精神和理想,蕴含着丰富的革命道德。自中国共产党成立以来,坚定的共产主义信仰、浓烈的爱国主义情怀、为人民服务的信念成为革命道德永恒的红色基因。[①] 大学生作为国家的未来和民族的希望,承担着实现中华民族伟大复兴的历史重任。所以,在新时期,大学生更应当传承和弘扬中国革命道德,增强向第二个百年奋斗目标迈进的动力。红色家书呈现着革命先辈等人的家国情怀、对党和人民的忠诚、对共产主义的信仰等内容,这恰与红色革命道德相契合,运用红色家书开展实践教学能加强对大学生的熏陶和感染,提升他们自身的道德情操,推动其树立正确的理想信念。但当下大学生对红色家书的认知较低,所以需要将其融入教育,通过实践教学等方式来提高大学生的认知,并培养其坚定的理想信念,进一步增强对革命道德的认同和传承。

(三)提高大学生理想信念培育效果的需要

作为思想政治教育的核心内容,大学生理想信念教育一直是党和国家高度重视的教育课题。近些年来,大学生理想信念教育在社会各界的共同努力下也取得了一定的成果,例如,大多数学生都具有坚定且健康的理想信念,这种理想信念不断指导、推动着自身的外在行为。但与此同时,随着时代的发展进步,在

---

① 傅小英,郑景云.传承革命道德的红色基因[N].中国社会科学报,2022-12-15(7).

理想信念教育层面也相应出现了一些问题,大学生对理想信念教育提出了更高的要求和期许。其中,最主要的问题集中在教育资源和教学方法上。一方面,在理想信念教育中运用的资源多为重复单一、枯燥乏味的,不够鲜活生动,较少联系生活实际,较为空洞,且难以引起互动与共鸣;另一方面,当下理想信念教育的教学形式单一,多是理论教学,即理论说教过多,降低了大学生的兴趣和注意力,致使大学生对理论的吸收较差,教育效果有待提高,所以,需要进一步丰富教学形式。作为有待开发的理想信念教育资源,红色家书承载着一代人的红色记忆,真实的情感更能烘托出革命先辈们崇高的理想信念,深情的内容往往更能打动人,是理想信念教育的生动素材,通过实践教学的方式能让红色家书真正走近学生,让学生亲自体悟,是增强理想信念教育效果的现实需要。

二、红色家书实践教学在大学生理想信念培育中的可行性

红色家书写于一定的历史时期,是对现实生活及所处环境的反映,也体现着对美好生活的向往与追求,从中折射着革命者及共产党员坚定的理想信念,蕴含着丰富的理想信念教育内容。在大学生理想信念培育中,借助红色家书进行实践教学的方式,能使红色家书充分走进大学生的视野,加强对红色家书的传承与弘扬,同时还能提高大学生理想信念教育的实效性。

(一)增强历史体验感,使理想信念培育"接地气"

在党史学习教育动员大会上,习近平总书记指出:"要抓好青少年学习教育,着力讲好党的故事、革命的故事、英雄的故事,厚植爱党、爱国、爱社会主义的情感,让红色基因、革命薪火代代传承。"[①]对于如何讲好这些故事,红色家书为我们提供了独特的视角。红色家书是由革命者等人亲自写给亲人朋友的,具有真实性且饱含深情,带有长辈亲人的谆谆教诲和儿女口吻的告别,呈现给大众的革命英雄人物也不再仅有英雄形象的一面,还有朴实生活的一面,使革命英雄人物形象变得可感知,更能让我们从独特真实的视角感悟历史、体验历史。

当下,大学生群体多为"00后",他们的思想具有开放、多元的特点,传统单向的"灌输式"教学方式已不能满足大学生的需求,难以调动他们的积极性和主动性。这就要求大学生的理想信念培育不应只是理论教学,教师可以结合红色家书资源,带领大学生进行自主探索和实际体验。以学生为主,借助红色家书的实践教学能增强学生的自身体验感,比如,在红色历史遗迹、家书博物馆等地让学生们亲自体验,品读红色家书,了解老一辈革命家以"情"系家国的故事,认

---

① 习近平.在党史学习教育动员大会上的讲话[M].北京:人民出版社,2021.

可历史的真实性，体悟理想信念，使理想信念培育不再高高在上、浮于表面，而是让师生双向互动和参与，使理性信念教育"接地气"。同时，运用红色家书进行理想信念实践教学，能促使大学生在历史再现中感悟理想信念的力量，使理想信念培育不再局限于教师单方面的理论讲授，做到理论与实践相结合，将知识传授、能力培养、素质教育相融合，在情感熏陶和实践学习中加强自身感悟，打破单方面的教学模式，鼓励教学向学生自主做"分析"和"揭示"的模式转变，通过"寻找'活着'的历史"的体验式教学模式，可让学生真正深入实际、走进历史，通过亲身体验坚定理想信念，在一定程度上能让枯燥的理论在红色家书的教化下"活"起来、"动"起来，使理想信念培育更加"接地气"。

（二）提高情感渲染力，使理想信念培育"有灵魂"

思想政治教育实践教学重在以大学生为主体，从提高大学生的兴趣和注意力出发，激发其思想政治学习的自主性，深化理想信念的培育。在社会快速发展和网络通信为主的今天，红色家书中真挚朴实的情感和一笔一画的文字难能可贵，能吸引学生驻足细品，以此回望我们来时的"路"。由此，红色家书为理想信念实践教学提供了丰富、优质的资源。

红色家书本就以"情"为主，从亲情出发，汇聚了众多革命英雄人物的血脉亲情和伟大事迹。其中，有对亲人的不舍与思念，如夏明翰在给母亲的家书中提到"亲爱的妈妈，别难过，别呜咽，别让子规啼血蒙了眼，别用泪水送儿别人间。儿女不见妈妈两鬓白，但相信你会看到我们举过的红旗飘扬在祖国的蓝天"；有对人民的奉献与大爱，如黄继光在给母亲的家书中提到"男，现在为了祖国人民需要站在光荣战斗最前线，为了全祖国家中人的幸福日子，男有决心在战斗中为人民服务，不立功不下战场"；有对国家的热爱与忠诚，如史砚芬提到"我的死是为着社会、国家和人类，是光荣的，是必要的。我死后有我千万同志，他们能踏着我的血迹奋斗前进，我们的革命事业必底于成，故我虽死犹荣"。正是这些红色家书深厚的情感才烘托出革命先辈等人崇高且坚定的理想信念，这些内容和情感易于大学生理解，能引发他们情感上的共鸣，帮助他们完成理想信念由"知"到"行"的转化。同时，红色家书中的一些革命英雄人物的故事是大学生所熟知的，而红色家书便提供了近距离了解他们的机会，革命前辈榜样的力量也更具情感感染力。总之，学生的情感感知在生动的红色家书中被充分调动，实现"情与理"的充分融合，为进一步树立理想信念奠定情感基础。基于此，理想信念的培育不再是单一枯燥的、停留于表面的教学形式，而是能给予大学生丰富的情感体验，使其在生动的叙事情境中汲取养分，使理想信念的培育有情感支撑，以情感人，从内心深处激发大学生对理想信念的认同感，推动其自觉内化于心。

(三)加强实践指导性,使理想信念培育"具象化"

红色家书还展现着革命先辈等人的实践经历、成果与期望,革命先辈们的实践对大学生具有激励作用,他们通过自身的实际行动使理想信念具象化,明确理想信念是一种精神力量。简而言之,抽象的理论知识通过红色家书以具体化的方式呈现,有助于大学生厘清理想信念的内涵、特点及作用,是很好的教学素材。

一方面,理想信念是一种精神力量,在红色家书的字里行间都传递着理想信念的力量,是革命先辈们通过实践确证了的力量。红色家书的写作者都是具有坚定理想信念的榜样人物,坚定的理想信念能产生巨大的精神动力,激励他们不畏艰险,朝着目标迈进。并且,从家书的嘱托、遗言中透露着他们为夺取革命胜利而付出的努力与牺牲,还有对未来的期许、向往与渴望,这些都离不开理想信念这一精神力量的支撑,如革命者李卡在家书中写道:"我们这一代就是施肥的一代,用自己的血灌溉快将实现的乐园,让后代享受人类应有的一切幸福,这就是我们一代的任务,是光荣不过的事业,死就是为了这,而生者亦是生的努力方向。"这些鲜活而又有力的内容印证了理想信念是一种精神力量,有助于加深大学生的理解与认知。另一方面,红色家书中的革命先辈用自身行动和嘱托教诲指导着实践,"空谈误国、实干兴邦",这些能激发大学生的使命感和责任感,并引导和激励大学生以积极乐观的态度面对人生,自觉将个人的理想信念与国家的前途命运联系起来,将个人利益与集体利益紧紧联系在一起,将"小我"融入祖国的"大我"。正确的理想信念是个体追求人生价值的行动指南,而理想信念的确立是一个长期、反复的过程,通过引导大学生参与和红色家书有关的实践活动,可以帮助大学生在"润物细无声"中树立正确的理想信念,在自主学习实践中体会并践行理想信念,在社会实践中不断体验和反思,深化对理想信念的理解,在红色家书的濡染下更好地外化于行。

三、红色家书实践教学培育大学生理想信念的方法与路径

2017年,中共中央办公厅、国务院办公厅印发了《关于实施中华优秀传统文化传承发展工程的意见》,其中明确提出:"挖掘和整理家训、家书文化,用优良的家风家教培育青少年。"红色家书为理想信念实践教学提供了鲜活的教育素材,丰富了理想信念实践教学的资源。在具体思想政治教育工作中,可以依托红色家书开展课堂实践教学、校园实践教学、虚拟实践教学、社会实践教学的"四位一体"教学模式,动员教师与大学生积极地挖掘红色家书,丰富已有的教育内容,拓展培育的场域。

（一）将红色家书融入课堂实践教学，丰富理想信念教育的内容

课堂实践是指非理论的或理论与实践相结合的教学活动，旨在打破课堂是"灌输"理论的观念。如何运用翻转课堂，将教师与学生的角色置换，课堂由学生主导，把课堂变为教育、引导学生的"启源地"，激发学生学习的主动性及兴趣，建立师生互动、生生互动的课堂多元互动模式，实现趣味学习。习近平总书记在中国人民大学考察时指出："思政课的本质是讲道理，要注重方式方法，把道理讲深、讲透、讲活，老师要用心教，学生要用心悟，达到沟通心灵、启智润心、激扬斗志。"①

理想信念教育主要依托于思想政治理论课，而红色家书是课堂实践的"会说话"的"活"素材，将红色家书融入思想政治理论课的课堂实践教学，能充分激发学生的主动性，创造条件使学生与革命先辈等人进行心灵上的对话，真正用心去体悟红色家书中所蕴含的理想信念。一是可以根据时间段将红色家书融入对应的历史时期教学中，比如，在抗美援朝时期，牺牲于上甘岭战役中的黄继光致母亲的家书提到"不立功不下战场"，在抗战胜利时，邓发在写给堂弟的家书中提到"国家未来的伟大前途寄托在你们青年一辈的身上"。因而，可以根据教学需要将具有鲜明特色的红色家书融入课堂实践教学中，强化学生对理想信念的认识。二是可以编写红色家书实践教材。为更好地服务教学，可以根据一些红色革命遗址、博物馆、纪念馆等编写红色家书实践教材，鼓励学生深入挖掘和体悟红色家书，也使红色家书融入课堂实践教学有迹可循、有章可依。三是可以采取研讨式教学，以学生为主的自主探索、学习方式，结合体现理想信念的部分红色家书，围绕理想信念的特点、内涵、作用等方面，组织大学生分组探讨。例如在"思想道德与法治"课程的理想信念教育专章中可通过翻转课堂，使学生深入具体地开展红色家书研讨活动，以巩固大学生树立正确理想、坚定崇高信念的知情意行。四是可以观看与红色家书相关的影视片段、节目，创设情景，让学生用心体会，与写作者来一场"跨越时空的对话"或写一封回信，以情感人，增强学生的学习体验，深化理想信念教育效果。

另外，红色家书的写作者还涉及各个专业和领域，不仅有革命战士，还有军人、医生、护士等人，他们在自己所属的领域都有所建树和贡献，所以，还可以将红色家书融入其他专业课堂，选取与本专业有关的红色家书推动课程思政，或开设特色课程，感受革命先辈及共产党员的家国情怀，充分展现家书中坚定的理想信念，引导大学生增强自身本领，并将个人发展融入国家复兴大业。

---

① 习近平在中国人民大学考察时强调 坚持党的领导传承红色基因扎根中国大地 走出一条建设中国特色世界一流大学新路[N].人民日报,2022-04-26.

(二)将红色家书融入校园实践教学,营造理想信念培育的氛围

在大学生理想信念培育中,校园文化活动一直是大学生熟悉的有效载体,其主要在潜移默化中对学生的价值观塑造、精神境界提升、行为规范方面产生影响和熏陶,是一种隐性的、浸润式的教育。高校是大学生学习、生活的主要场域,良好的校园文化氛围能在无形中助推理想信念的培育,为此,可以依托红色家书这一资源,创建良好的校园文化环境,并结合形式多样的校园文化活动将其融入校园实践教学。

首先,在校园环境的创建上,学校要充分发挥校园媒体的作用,借助校园广播、报刊等媒体进行大力宣传,播报和展示红色家书的内容,并对写作者及其背后的故事进行介绍,从中彰显理想信念的伟大精神力量,促使大学生对相应的红色家书有全面的了解。同时,线下还应利用红色家书的相关元素充实校园环境的创建,比如,走廊张贴、图书馆布展,线上发挥网络优势,利用院校的公众号、微博、短视频等进行展示和宣传,并鼓励学生通过网络了解红色家书。其次,在校园文化活动的开展上,可以依托学生社团组织实践教学,通过举办一些与红色家书有关的比赛活动,激发大学生群体的参与兴趣和积极性。学生社团是组织校园文化活动的重要载体,要充分利用社团的组织形式,结合红色家书开展学术性的探讨活动及朗读、征文、话剧等比赛活动,实现寓教于乐,在历史和现实的比照中培育理想信念。最后,还可以依靠学校及马克思主义学院的力量,结合学科优势,打造特色的校园实践活动。比如,在一些人物或事件的纪念日选取与之相关的红色家书带动学生一起品读,并拍摄视频,鼓励学生自制红色家书微电影、短片,并在线上线下进行展示,从历史维度出发打造红色家书展馆,着重演绎红色家书中共产党人的奋斗历程及支撑他们为之奋斗的理想信念,丰富理想信念的校园实践教学,促使大学生全方位感受红色家书的魅力,提升大学生对红色家书的认知及对理想信念的认识。

(三)将红色家书融入虚拟实践教学,拓展理想信念培育的载体

目前,在"互联网+"的背景下,网络也成为理想信念培育的重要阵地。将红色家书融入虚拟实践教学,是指依靠互联网和虚拟仿真技术来传播红色家书。在将红色家书融入虚拟实践教学培育大学生理想信念的过程中,对教育者提出了更高的要求,需要教育者兼顾内容与形式,将实践教学与网络进行深度融合,做到与时俱进。这不但需要教育者不断提高利用网络的自觉意识,并掌握虚拟仿真技术,而且需要教育者充分发挥学生在虚拟空间的能动性,创造学生学习的自由空间,把学习的主动权转交给学生,教学侧重点从知识的单向传递变为学生主动探索、思考能力的培养。另外,组织具体的红色家书虚拟实践

教学,可以从多个途径出发。一是高校可以搭建网络平台,引导大学生进行网络讨论。为了方便师生通过网络平台进行讨论学习,高校需要提高责任意识,主动承担起红色家书网络平台搭建的责任,联系教师、技术人员等共同探讨平台的设计与构建,将相应的家书内容、背景等以思考题的形式呈现,借助红色家书在虚拟空间共同探索理想信念的内涵和特征,促进师生互动。二是开展虚拟体验。"将虚拟场景和实体场景叠加在同一时空范围内,全面焕发感知者的多种知觉,达到'沉浸感'和'临场感'并实现实时互动"[1],这可以摆脱到现场体验的局限,在虚拟仿真技术构建的三维立体空间中感受真实场景。因此,可以建立红色家书网上博物馆、网上纪念馆等,让学生带着相关的实践任务,选定虚拟场域,进行参观和体验,并提交形式多样的体验成果、作品。三是鼓励学生进行虚拟建构。要求学生运用网络技术,结合红色家书围绕理想信念培育的相关知识内容制作专题网站或网页,引导学生收集红色家书及对应的人物故事,与一些革命时期的图片相融合建立相应的红色网站,将这些内容供同学们交流、学习。总之,红色家书融入虚拟实践教学,是将实践教学引入了一个线上与线下的实践、现实与虚拟的实践交互影响、良性互动的新境界。

(四)将红色家书融入社会实践教学,增强理想信念培育的效果

当代大学生理想信念的培育也离不开社会这一大舞台,所学知识内容最终都要服务和适应社会的发展,也须经过社会检验,所以,需要借助社会开展实践教学,引导大学生积极投身于社会以增强实践锻炼。大学生社会实践是高校培养人才的重要手段和环节,将红色家书融入社会实践教学,能促使大学生主动挖掘和体验红色家书中的理想信念并积极践行。首先,高校要因地制宜建立社会实践教育基地。专设的红色家书博物馆目前仍比较稀少,因而可以与当地具有代表性的红色场馆合作。例如,武汉市拥有丰富的红色资源——八七会议会址纪念馆、江夏革命烈士纪念馆、中共五大会址纪念馆等,可以在这些基地中展示与当时相关的革命者及共产党人的家书,提高可信度和体验感。在组织大学生参观、学习的同时,还可以鼓励大学生以志愿者身份参与社会实践教育基地的建设,可担任实践育人基地的讲解宣传员,以此深化自身对红色家书的认识,提高自身的实践能力。其次,结合相应的红色场馆开展现场教学。高校可以结合相关的红色场馆、基地开展实践教学。比如,2021年出版的《红岩家书》[2]一书记录了解放战争时期在重庆的革命先烈的家书,许多家书写于渣滓洞集中营

---

[1] 郑静玉,郭小燕."微时代"福建红色文化融入高校思政课教学的探索[J].湖北师范大学学报(哲学社会科学版),2021(5):122-125.
[2] 厉华,郑劲松,郑小林.红岩家书[M].重庆:重庆出版社,2021.

和白公馆监狱,条件极其艰苦,可以结合他们写信的场所进行红色家书现场教育,讲解狱中写信的不易及当时的严峻形势,传递革命者身上坚定且崇高的理想信念,增强教学的体验感和感染力。再次,发挥学生的主动性和创造性,组织大学生走访调研。为了充分锻炼大学生的实践能力,教师可以制定相应的调研实践主题,引导大学生深入社会、主动探索。可以动员大学生在全国各地进行调查走访,寻访身边的党员家庭,探索和收集红色家书,并与之进行深入交流,了解家书背后的故事。对学生来说,这一个个的调研实践便是一堂堂鲜活的思政课,在贴近生活的同时还能近距离触摸历史,这种开放体验式的实践教学模式,对于深入挖掘红色家书资源和提高其育人效果有积极作用,有助于增强理想信念培育的实效性。

"烽火连三月,家书抵万金",在那个战火纷飞的年代,无数仁人志士为了民族复兴,踏上革命大道,用自己的信仰铸就精神力量,把对未来的憧憬与亲人的思念付诸笔墨,他们坚守的理想信念也在一字一句中映入脑海,变得具象化。这一封封红色家书呈现着革命先辈们的铁骨柔情,是留给我们的宝贵精神财富。因此,高校要充分发挥红色家书的育人功能,与理想信念实践教学相结合,将红色家书融入与学生息息相关的生活、活动场域中,引导学生传承红色基因、树立理想信念,以此增强红色家书在理想信念培育中的实际成效。

活与变:"形势与政策"课的核心和灵魂
——以乌克兰危机的演变和影响为例

童文胜 潘振宇

"形势与政策"是一门时效性非常强的课,须具备极强的教学针对性和内容时效性,其主要教学目的是帮助大学生正确认识当今世界国内外政治、经济、文化等宏观领域的最新形势,深刻领会建党100多年、建国70多年,特别是党的十八大以来,在以习近平同志为核心的党中央的领导下,党和国家事业所取得的历史性成就、发生的历史性变革、面临的历史性机遇和挑战。[①] 今日之世界经历百年未有之大变局,国际形势风云突变之复杂程度已远超二战结束后的许多重大历史事件,尤其是2022年2月24日爆发的乌克兰危机,将战区军事形势和世界大国间、大区域间的地缘政治、经济发展等形势紧密联系在一起,使得这门课既对学生充满吸引力,又给教授这门课的教师以巨大挑战。笔者拟以讲授"乌克兰危机的演变和影响"这节课为例,与同行们交流分享一下笔者对教授"形势与政策"课的感受和理解。笔者的基本感受就是,"活"与"变"是这门课的核心和灵魂。

一、"变"与"不变"

生活在我们这个"大变局"时代,国内外局势的动荡变化已成为常态,何时才能走向稳态应该不是5年或10年就有改观的事。因而,"形势与政策"课的授课内容必然也是伴随着国内外政经形势的走势与时俱进,此为其"变"。但"不变"的是,作为此课程的授课教师必须一方面密切关注国内外大事的发生发展,另一方面坚守政治正确底线,以育人为本、思想引导的价值理念,用马克思主义的辩证法和辩论唯物主义历史观,向学生们准确传递我们党和政府关于形势与政策的声音。

(一)形势常变

形势常变是形势与政策教学的重要特征。"形势与政策"课程教学应该紧

---

① 习近平.思政课是落实立德树人根本任务的关键课程[J].新长征(党建版),2021(3):4-13.

贴当前形势的变化，及时更新课程内容，使其始终保持生命力和活力。当前，世界各国面临着许多严峻的形势挑战，国际形势变化日新月异、复杂多变，如教师备课充分，教学得当，可以帮助学生了解和把握当前国内外的形势与政策变化，掌握应对复杂形势的政策分析能力。以乌克兰危机为例，一段时间以来，乌克兰局势急剧变化，这场被称为社交媒体时代首次进行"全网直播"的重大国际冲突，牵动着方方面面关切的目光。中国作为当今的世界大国，该如何向世界表达中国政府的态度，该如何应对战局形势转变，该如何看待以美国为首的西方世界在俄乌战事双方之间"拱火""拉偏架"的政治、军事策略？这些问题都值得我们思考。

毫无疑问，"乌克兰危机的演变和影响"这节课主要就是力图分析和解决这些问题。乌克兰危机是当前国际关系中的一个重要事件，其演变和影响的复杂性与多样性，为学生提供一个典型的案例，能够帮助学生了解和把握国际形势的复杂性和多变性。在课程中，我们通过对乌克兰危机的历史背景、发展历程、国际因素等方面展开深入的探讨和分析，让学生更加深入地了解了乌克兰危机产生的原因和发展的趋势，帮助他们更好地理解了国际形势的变化和演变。相应地，教师也需要时刻关注新闻媒体和政策文件，及时将新闻和政策的变化引入课堂，增强课程的实时性和针对性。例如，可以通过多种方式收集相关资料和新闻报道，向学生介绍相关国家的立场和行为，加深学生对国际局势的了解，提高他们的思考和分析能力。

（二）政策随变

政策随变是"形势与政策"这门课程教学中另一个突出特点。在百年未有之大变局时代，形势瞬息万变，世界各国的应对策略也须因形而化、因势而变，及时调整本国的对内对外政策。本门课程的核心和魅力也在于让学生了解政策的变化和政策在变中的实际执行效果，帮助学生正确地理解和把握政策的变化，为国家发展出谋划策。乌克兰危机不仅对国际关系产生了重大的影响，而且对相关的国家政策和决策也产生了重要的影响，俄罗斯和西方国家之间的政治冲突影响了国际关系和经济发展。学生可以通过学习乌克兰危机的背景和发展历程，了解国际政治的变化及其对全球经济的影响。同时，学生也可以了解到政策对于国际关系的影响以及如何应对不同政策带来的挑战和机遇。此外"形势与政策"课程可以通过对涉及乌克兰危机的各国政策和决策的分析，帮助学生了解国际地缘政治格局在新时代正经历的艰难调整和变化。通过重点介绍俄罗斯、乌克兰、中国、美国和欧盟的政策和对策，让学生了解国际主要国家和地区的核心政策和变化趋势，帮助他们更好地理解国际政治的运作机制。同时，注重通过分析各国的政策改变，引导学生形成自己的理性判断和决策思维,提高他们独立思考和应对复杂形势的能力。

(三)"变"为常态

人类进入21世纪第一个十年以后,世界范围内自二战以来长时间的和平和发展一定程度上使得国际秩序的平衡发生了一些微妙的变化,长期掌握世界霸权、话语权的老牌帝国主义国家对战后快速发展起来的新兴市场、地区性大国或国际组织逐步由合作为主走向竞争甚至对抗。到了21世纪20年代,国际局势的变化和地缘政治形态的裂变已愈演愈烈,国际形势和政策的调整与变化已经成为常态。"形势与政策"课程通过对乌克兰危机事件的分析和研究,帮助学生适应变化的常态。在这种常态变化中,学生将学会调整自己的思想和认知,不断提高自己的适应能力,从而更好地应对复杂多变的形势挑战。在课堂教学中引导学生关注时事热点,让学生通过阅读新闻、分析评论、研究报告等方式了解形势和政策的最新动态,提高对形势和政策变化的敏感度。同时,教师讲授相关的理论知识和分析方法,如政策分析、战略分析等,可以帮助学生更好地理解、分析和应对变化。除了课堂教学,还可以组织学生参加相关的学术活动和社会实践,如参加学术研讨会、国际交流项目、志愿服务等,让学生亲身体验、感受国际形势和政策变化对社会和个人的影响,增强适应变化的能力。

二、"活"起来

(一)教学内容"活"起来

1.科学设计课程教材

当前"形势与政策"课的教学要点均来自教育部社政司每半年印发的《高校"形势与政策"课教学要点》[①],各个高校围绕这个"教学要点",结合时事政治开展课程设计。因此在课程教材设计时,一方面要坚定社会主义核心价值观,强调教育部的"教学要点"的权威性,组建课题组对教材进行统一审核把关;另一方面,教材设计要强调系统性,同一学期的教材内容需要覆盖多个层面的时事政策。此外还要关注教材的时效性,定期对授课课件进行更新,向同学传达最新的时事政策和政治理念。例如,我们通过收集乌克兰危机的相关报道、研究报告和国际组织的观点,制作课件和讲义,让学生比较深入全面地了解乌克兰问题,认清乌克兰危机由何而来、向何处去;引导学生了解乌克兰危机的背景、

---

① 贾云飞."八个相统一"视域下高校"形势与政策"课的改革与探索[J].湖北开放职业学院学报,2023(2):157-159.

成因、发展及对国际关系的影响;帮助学生树立正确的历史观、大局观、角色观,把握历史前进大势,把握本质和全局,冷静分析各种国际现象,避免在林林总总、纷纭多变的国际乱象中迷失方向、舍本逐末,从我国同世界各国的互动关系中看问题,弄清楚在世界格局演变中我国的地位和作用。

2.创新理论授课内容

国际局势的日新月异,也给"形势与政策"课程的授课内容带来了巨大挑战。一旦发生国际国内重大时事,"形势与政策"课程的授课内容就需要快速响应,实时更新,体现现实针对性。"形势与政策"课程的授课内容不仅要体现我国的大政策大方针,也要增强对国际政策的解读和对国际时事的思考,从而快速消解学生对重大事件的疑惑和焦虑,并能引导学生对时事新闻开展理性思考。乌克兰危机作为国际上备受关注的热点事件,不仅影响着乌克兰,也影响到国际关系和世界秩序等方面,因此在"形势与政策"教学中也必须加以重视。在教学中,教师应及时介绍国内外最新的政策法规,引导学生深入了解政策的背景、目的、实施过程以及影响,以提高学生的政策意识和实际应用能力。① 例如,教师可以通过展示政策法规的实施过程和效果,帮助学生了解政策的落地情况和实际效果,并引导学生探讨政策的优缺点和改进措施等方面的问题,以促进学生的思考和学习。

3.在思政课程中融入专业特色

新时代国内高校的思政课不仅要体现政治理论性,还要体现专业特色性。在教育系统内我们现在强调得比较多的是在专业课堂如何增加思政教育的效果,实则在诸如"形势与政策"课程的教学过程中,我们同样应该结合学生专业设置,重视思政性与专业性的结合。② 例如面对俄乌危机,除了可以讲解冲突爆发和危机演变,在新闻学、国际政治等专业的课堂上,可以侧重分析国际政治局势、新闻传播效果对危机的影响等,这将有助于学生将所学专业运用到实际案例的分析中去。此外,教师还应注重教学内容的针对性和实用性,将课程内容与学生的实际需求和就业岗位紧密结合起来。通过课堂讲解和案例分析,帮助学生掌握分析和应对国际形势和政策的方法和技能,提高他们的应变能力和竞争力,为将来的职业发展打下坚实的基础。

---

① 张维.高校"形势与政策"课内涵式发展的生成逻辑与实践维度[J].广西民族师范学院学报,2022(6):110-115.
② 佟海涛,金婷.关于高职院校形势与政策课的几点思考[J].辽宁高职学报,2022(12):51-54,71.

(二)教学形式"活"起来

1.小组讨论集智慧

创新教学形式是活跃课堂气氛、提高学生学习兴趣的有效途径。教学形式是课程"活"起来的重要手段,它可以使课程更加生动有趣,激发学生的学习热情和积极性。在"形势与政策"课程中,我们可以采用多样化的教学形式,如讲解、讨论、分组研究、实践操作等,使课程更加生动有趣。教师事先将一些相关的资料分发给学生,让学生在小组内自由讨论,归纳出自己的观点,通过这种方式,学生不仅能够积极参与讨论,还能够学会倾听和尊重他人意见,从而增强自己的思考能力和表达能力。

2.案例教学促思考

思政课教师在授课时为了避免课程的枯燥和理论化,需要注重案例教学的应用。[1] 案例教学是将现实生活中的事件、事例和问题纳入课堂教学,通过分析、讨论和解决案例中的问题来促进学生的思考和理解。在乌克兰危机这个大主题下,可以选取一些具体的案例,如乌克兰的"颜色革命"、俄乌关系恶化、乌克兰分离主义、国际社会对乌克兰危机的应对等,通过教师讲解、学生研讨、小组展示等形式,引导学生从多个角度理解、分析和解决问题,培养学生的综合能力。

3.游戏教学激兴趣

传统的思政课一直以严肃性、理论性著称,时常出现到课率低、抬头率低等现象,因此为了激发学生的学习兴趣,可以引入游戏教学的模式。游戏教学是将游戏的元素和规则融入教学过程中,通过互动、竞争和协作等方式激发学生的学习兴趣和积极性,提高教学效果。围绕当前时事局势,可以设计一些形势与政策相关的游戏,如"谁是政策达人""乌克兰危机角色扮演"等,通过游戏的方式让学生更好地掌握和运用所学知识,提高学习效果。此外还要注重多媒体课件的应用,将新闻报道、数据分析、图表解读等多种形式的信息融入教学过程中,使学生可以通过视觉和听觉同时感受到形势政策的变化和影响,更好地理解课程内容。

(三)课堂氛围"活"起来

1.强化师生课堂互动性

教师在课堂上不仅仅是传授知识,更是要与学生进行互动、交流和合作,了解学生的思想、需求和反馈,及时调整教学策略和方法,促进学生的学习和成

---

[1] 徐秦法,蒙丽娜."形势与政策"课专题式教学创新研究[J].学校党建与思想教育,2022(20):29-31.

长。可以通过提问、讨论、辩论、互动游戏等方式增强课堂教学互动性。[①] 在教学过程中,教师的讲解是至关重要的,但是如果只有教师的讲解,课堂很容易显得单调乏味,学生也难以保持高度的参与度。因此,在教学中可以采用问答的形式,以增强课堂的活跃氛围。在课堂上鼓励学生提出问题,让课堂变得更加互动。学生提出的问题有时也会引发其他学生的思考和探讨,进一步增强课堂氛围和学习效果。在问答环节中,教师要及时给予鼓励和肯定,帮助学生树立自信心,增强他们的学习兴趣和动力。同时,教师也要根据学生的回答情况,及时进行补充和纠正,确保学生答案的准确性和全面性。

2.激发学生主观能动性

为了让学生更好地参与课堂学习,教师应该采用多种形式,如辩论赛、小组讨论、角色扮演等,引导学生积极参与,同时鼓励学生就课程内容提出自己的看法和疑问。可以在每个章节的结尾设计一些问题,向学生提出,鼓励他们积极思考并表达自己的看法。这些问题既有对基础知识的考查,也涉及对于当前形势与政策的理解和分析,这样能够激发学生的思考和探究欲望,促进学生的思维能力和创造力的提高。此外,在分析乌克兰危机时,还可以采用模拟联合国会议的形式,让学生扮演乌克兰、俄罗斯、欧盟等不同代表,就该事件的起因、发展和解决方案进行辩论和协商,深入理解危机的背景和各方利益冲突。这种形式不仅能够激发学生的学习热情,也可以锻炼学生的表达和辩论能力,还能够提高他们的沟通协调能力和国际视野。

形势在变,政策在变,在学校和社会各方面都在迅速变化的时代,"形势与政策"课程显得更加重要和必要。只有不断更新教学内容、创新教学形式、营造活跃的课堂氛围,才能让学生更好地了解和适应变化的形势和政策,从而培养出具有全球视野和国际竞争力的优秀人才,为推动国家和全球的繁荣发展作出贡献。

---

① 胡辉平.新形势下高职院校"形势与政策"课的改革创新[J].贵阳学院学报(社会科学版),2022(6):96-99.

利用地方红色文化资源推进思政课实践教学研究

白 萍 孙 阳

党的十八大以来,习近平总书记多次前往革命老区考察调研,强调要用好红色资源,传承好红色基因。同时,他也多次强调培根铸魂,培养能担当民族复兴大任的时代新人,必须打造更多高水平的思政"金课",必须把课堂教学和实践教学结合起来,"大思政课"我们要善用之。对此,2022年7月,教育部等十部门联合印发了《全面推进"大思政课"建设的工作方案》(以下简称《方案》),《方案》指出,各地各校要围绕新时代的伟大实践,充分挖掘地方红色文化、校史资源,将伟大建党精神和抗疫精神、科学家精神、载人航天精神等伟大精神,生动鲜活的实践成就,以及英雄模范的先进事迹等引入课堂,推动党的创新理论和历史融入各学段各门思政课。针对《方案》指出的当前第二课堂存在"重活动、轻引领"的倾向,本研究以武汉地区红色文化为例,研究如何充分利用地方红色文化资源加强思政课的实践教学与引导,以进一步推进思政课红色文化教育的实效性。

一、相关概念界定

近年来,学界对红色文化的研究持续升温,但对于红色文化内涵与外延的界定并未完全达成共识。一般认为,红色文化产生于世界社会主义和共产主义运动,只是在国外和中国革命的早期,并未使用"红色文化"这一概念。① 21世纪初,"红色文化资源""红色文化""红色经典""红色旅游"等概念开始在国内学界出现,但对于红色文化的定义多从不同角度展开,有革命文化、先进文化、特色文化、等不同侧重角度。依据中央文件相关精神,目前国内学界对"红色文化"概念的界定多认为"红色文化的内涵是中国共产党领导全国人民在革命、建设和改革开放时期实现民族独立和国家富强过程中凝聚的、以中国化马克思主义

---

① 邓显超,邓海霞.十年来国内红色文化概念研究述评[J].井冈山大学学报(社会科学版),2016(1):29-39.

为核心的红色遗存和红色精神"①②。

但对于红色文化概念的外延,学界则仍有不同理解,有学者认为红色文化在外延上有广义和狭义之分,广义上它是指世界社会主义和共产主义运动整体历史过程中形成的人类进步文明的总和,而狭义上则是指中国共产党领导人民群众在不同历史时期创造出来的文明的总和。③ 也有学者认为,对红色文化外延的讨论,应从历史纵深和世界一体化的角度展开,它是近代中国开放以来历代仁人志士自强不息、救国拯民、反对内外强权压迫过程中形成的革命解放基因和中华民族复兴的伟大精神。④ 本文也认同从历史纵深的角度来界定红色文化的外延,它源于中华民族近代以来追求民族独立与解放的现代化探寻之旅,是在世界一体化的进程中发展起来的以红色为底色与内涵的文化。

红色文化可分为物质和非物质两个方面。物质形态的红色文化主要指的是以物质形态保存下来的革命遗址遗迹、纪念馆、故居、革命文物、文献、报刊、塑像、音乐、戏剧等,以及革命理论、革命精神、革命传统等精神遗产的物质载体;非物质形态的红色文化主要指的是革命过程中形成的知识、信仰、价值、精神、制度和规范等精神形态。随着时代变迁,其外延与内涵得以不断丰富,蕴含着中国共产党人的信念和信仰。

地方红色文化作为红色文化的重要组成部分,是在某特定区域内的红色遗存和红色精神。不同区域的红色文化在思想价值上具有红色文化的共同内涵,具有统一性。但由于不同地区的历史人文诞生了具有不同特点的红色文化,各区域的红色文化也有着一定的差异。红色文化遗址遗迹、红色文化纪念馆和博物馆、红色文化艺术作品、红色文化教育基地等区域物质红色文化较容易被当地民众熟悉,而相关革命先辈的英雄事迹和红色故事,也能通过一代代当地民众口耳相传,从而使红色精神在当地获得更广泛的传播与认可。

武汉是一座英雄的城市,红色底蕴深厚,红色文化丰富,无数革命志士在此传播革命思想、从事革命工作时,留下了宝贵的红色文化,因此,武汉地区具有丰富的红色文化资源,具有区域的代表性。本文以武汉地区为研究对象,所指区域红色文化主要指武汉红色文化。从时间上来看,武汉地区红色文化出现于辛亥首义之时,延续至今;从空间上来讲,包括武汉三镇及远城区在内的整个武汉地区的红色文化;从内容上来讲,包括武汉的物质性红色文化和非物质性红

---

① 沈成飞,连文妹.论红色文化的内涵、特征及其当代价值[J].教学与研究,2018(1):97-104.
② 李慧琳.理解、认同与传承:发掘红色文化时代价值的三个环节[J].思想教育研究,2019(2):106-109.
③ 沈成飞,连文妹.论红色文化的内涵、特征及其当代价值[J].教学与研究,2018(1):97-104.
④ 中共中央马克思恩格斯列宁斯大林著作编译局.马克思恩格斯选集:第1卷[M].北京:人民出版社,1995.

色文化。

具体而言,可将武汉区域红色文化分为红色场馆、红色人物和红色精神三类。其中,红色场馆包括辛亥革命博物馆、武汉市中山舰博物馆、中共五大会址纪念馆、武昌农民运动讲习所旧址纪念馆、八七会议会址纪念馆、上甘岭特功八连纪念馆、毛泽东故居、武汉大学周恩来故居等;红色人物包括毛泽东、周恩来、董必武、恽代英、项英、夏明翰、陈潭秋、林祥谦、施洋和向警予等;红色精神则包括首义精神、抗战精神、抗洪精神和抗疫精神等。

二、研究的理论基础

(一)马克思主义人学相关理论

1.马克思主义人学理论

马克思主义人学理论概括出了人的最现实、最本质的特征,也为思想政治教育指明了教育目的,即思想政治教育应当以人的现实的实践活动为出发点,追求人的才能与社会关系的高度丰富与全面发展,在人的关系性、生成性的过程中,最终实现人的自由全面发展。研究地方红色文化融入高校思想政治理论课教学也离不开马克思主义人学理论的指导,思政课的根本任务是落实立德树人,红色文化教育最终也是对人的教育,地方红色文化融入高校思政课教学也必须有助于促进人的自由全面发展。

2.马克思主义关于人与环境相互关系的论述

在马克思看来,环境是客体,人是主体,人的实践活动是连接主客体间发生关系的中介。而环境与教育对人的发展具有不可忽视的影响,"环境正是由人来改变的,而教育者本人一定是受教育的"[1]。环境的改变与人的改变是辩证统一的,而统一的重要中介就是实践,即人类在改造客观环境的同时,又改造自我。据此,思想政治教育就应该充分利用地域环境优势,积极主动优化环境,促进教育主体在不断的实践活动中追求人的全面发展。

(二)思想政治教育相关理论

1.思想政治教育资源论

人类一切社会实践活动的开展都需要一定的资源,所谓思想政治教育资源,是指在思想政治教育活动中,能够被教育者开发利用的、有利于实现思想政

---

[1] 陈华洲.思想政治教育资源论[D].武汉:华中师范大学,2007.

治教育目的的各种因素的总和。① 而论及红色文化资源时,学界多认为其有物质和非物质两大类型,将物质文化和精神文化转化为思想政治教育资源,并充分利用之以实现思想政治教育目的,则必须遵循马克思主义认识论所强调的"从生动的直观到抽象的思维,并从抽象的思维到实践"②的认识过程,将地方红色文化融入高校思想政治理论课程教学,也是一个从直观到抽象,并从抽象到实践的辩证认识过程,它遵循了主体认识的基本规律。地方红色文化资源具有可感、可触的特征,因而能在高校思想政治理论课程教学过程中更好地帮助学生主体完成从感性直观到抽象思维,再到实践的认识飞跃。

2.思想政治教育载体论

在思想政治教育过程中,教育者需要选择一定的教育形式如参观、社会实践、文化建设等开展活动,并通过这些教育形式与教育对象进行互动,这些形式就是思想政治教育载体。③ 据此,思想政治教育载体应能承载思想政治教育的目的、任务、原则、内容等信息,应能为教育者所运用,同时,它应能促使教育者与被教育者之间发生互动。思想政治教育方法的运用必须借助一定的载体,而且在一定程度上制约载体的选择,如实践锻炼法就必然以活动为载体。利用地方红色文化资源促进高校思想政治理论课程的实践教学,能够通过各种可行的方式拓展思想政治教育的载体,继而加深大学生对于历史国情与社会的理解,引导他们树立科学的世界观和方法论,提升政治高度、政治定力和道德修养水平,从而提升大学生思想政治教育的实效性。

(三)班杜拉社会学习理论

1.观察学习理论

班杜拉认为,在社会情境中,人的大多数行为都是通过示范过程而观察学会的,观察学习由动机过程、注意过程、保持过程及生成过程构成。在大量实验的基础上,班杜拉指出,在注意过程中,选择性注意是观察学习中重要的一个功能,观察者的认知技能和被示范活动本身的特性都会影响观察者,被示范活动内部任何吸引注意力的东西也会有助于观察。首先,这提示高校思政课在向大学生传播红色文化时,所选取的素材如果是离大学生距离更近的榜样人物与故事,可以更好地吸引其注意力,同时讲述、示范过程中的生动性也很重要。其次,保持过程提示,观察学习的运用必须依据不同教育对象的心理特征和认知

---

① 中共中央马克思恩格斯列宁斯大林著作编译局.列宁全集:第55卷[M].北京:人民出版社,2017.
② 陈万柏,张耀灿.思想政治教育学原理[M].北京:高等教育出版社,2007.
③ [美]阿尔伯特·班杜拉.思想和行动的社会基础——社会认知论[M].林颖,王小明,胡谊,等译.上海:华东师范大学出版社,2001.

特征有差异、有针对性地展开。再次，生成过程提示，要依据学习者的自身特点和习惯选择和组织行为要素，使学习者在自我学习、自我反馈和自我矫正中准确掌握并不断精练示范行为，实现知行合一。最后，动机过程认为推动人行动的内驱力包括替代性强化、直接强化和自我强化，它提示高校思想政治理论课在进行红色教育的过程中要善用外部强化，同时也要激发学生的自我强化来推动其学习。

2. 三元交互决定论

班杜拉认为人整体的表现是环境、行为、人三方面因素交互作用的结果，但三元交互作用的过程需要分别阐释。这一理论包含着对人性的一种理解方式，即人一方面是自己命运的主人，另一方面也要受到环境条件的制约而不是无限自由的。同时，行为要素在班杜拉的理论中"是一个相互作用的决定因素，而不是在交互作用过程中不起作用的独立的副产品"[①]。这提示高校思想政治理论课教学可以积极利用区域环境与人及其行为的交互作用，在发挥人的主体性的基础上，立足社会交往的行为实践来促进学生认知、情感、意志和行为的协调发展，促进红色文化的认知与认同。总之，班杜拉的社会学习理论为促进个体的社会学习及认知层面的认同提供了有益借鉴，也为利用地方红色文化推进高校思政课实践教学提供了一定的理论支撑。

三、利用地方红色文化深入开展思政课实践教学的可能建议

习近平总书记多次强调，要"把思政小课堂与社会大课堂结合起来"，"'大思政课'我们要善用之，一定要跟现实结合起来。上思政课不能拿着文件宣读，没有生命、干巴巴的"。目前高校红色文化的第二课堂已获得了充分发展，大学生的社会实践活动也以各种丰富多彩的形式得以蓬勃开展，然而，如《方案》中所言，依然存在第二课堂"重活动、轻引领"的倾向，大学生的思想未能在实践中得以更有效的升华。据此，本文认为，要善用身边的鲜活红色资源，将事实与道理相结合，因地制宜、因时制宜、因材施教，在现有思政课较为丰富的教学方法的基础上，继续深入拓展思想政治教育的载体，深化思政课的实践教学，以思政课的思想性和理论性引导学生在体验中反思，在实践中成长，从而深化目前的红色教育。

1. 专题研讨式教学，以地方红色文化强化学生的认知习得

专题式教学，可由教师专题教学小组根据思政课统一教材和本区域丰富的

---

① 田丽,赵婀娜,黄超,等.大思政课,总书记心中的一件大事[N].人民日报,2022-05-22(1).

红色文化去提炼和确立教学专题进行讲授,同时可组织学生以小组为单位,在图书馆、博物馆、档案馆和社会大课堂中收集、整理相关资料,在学生对相关专题已有的探究学习的基础上,再由各方面有经验的教师对某一专题轮流教学。比如对首义精神、抗战精神、抗疫精神的相关讲授,可让学生小组讲授,在师生互动和生生互动的同时,教师再进行深入引导;也可在学生对这一专题有了一定认知的基础上,由这一领域的专家或亲历者来进行专题讲授,以进一步深化学生的认知与认同。

例如华中科技大学的"深度中国"课程以专题方式讲授了"武汉:一座英雄城市的百年瞬间"和"涅槃重生:从'暂停键'到'播放键'——疫后武汉经济社会发展观察"等专题,并请本校医学院的抗疫亲历者来讲授"我的抗疫日记"与"抗疫故事"等专题。这种研讨式的专题教学既能发挥教师专业特长,使学生受到不同学术背景和思维方式的训练和熏陶,也在系统传授马克思主义理论与思想政治理论的同时,通过研讨式学习提高了学生对红色文化与红色精神的深入理解。

2.实践体验式教学,以地方红色文化生成学生的行动体验

一方面,高校思政课可组织大学生前往区域红色文化场馆开展现场教学,这既可以提高其学习红色文化的兴趣,改变抽象的理论教学所带来的乏味感,使其更好地认同思政课,更重要的是可以让大学生以强烈的历史代入感去深入了解党史、国史,体悟革命先烈在面临各种考验时表现出来的高尚情操和英雄气概。现场思政课教学既能够让红色文化成为实实在在可以"触摸"的对象,增强红色文化的现实感,同时也能够通过教师的深入讲解,以及与学生的互动,在答疑解惑的过程中让大学生深刻认识到中国共产党为什么能、中国特色社会主义为什么好、马克思主义为什么行。

另一方面,高校思政课可运用各种教学形式,如让大学生通过角色扮演的方式来沉浸式地理解地方红色文化所蕴含的红色精神。武汉大学马克思主义学院联合武昌区团委创作的话剧《澄心》通过设置当代青年周仰行和革命先辈陈潭秋两条线索,以周仰行受革命先辈陈潭秋的感召成为抗疫志愿者为背景,通过周仰行的思想汇报,再现了陈潭秋与包惠僧等人商议建立武昌社会主义青年团的英勇壮举及其走过的思想历程。观演学子在被优秀的榜样英雄事迹感动的同时也会潜移默化向他们学习。"中国近现代史纲要"课程可布置历史剧短视频拍摄的作业,"思想道德与法治""毛泽东思想和中国特色社会主义理论体系概论"等课程则可以布置相关的采访作业,让学生在亲身体验中与红色历史对话、与红色人物对话,从而更深入地去触摸历史与真实的人生成长。实践活动结束后,在教师的即时总结与引导中,学生的思想可以得到进一步升华。

此外,要进一步引导学生对红色文化真学、真信,还需要教师与学生在课堂

教学过程中有更多互动,人与行为的有效互动有助于激发学生学习的兴趣,促进学生对相关问题的深入思考。教是为了不需要教,只有学生真正开始自觉对红色文化背后所蕴含的精神力量与理论思维进行相关探索,红色教育才可能真正渐入佳境,促成学生道德行为的践履。因此,在努力提升思政课课堂的吸引力、感召力的同时,思政课也应通过多种实践教学方式促使学生在朋辈群体的交流中形成新认识并促使其践行红色精神。同时,思政课教师应多关注学生,鼓励学生课后提问,耐心地解答学生的疑惑,并在学生的各类作业,如暑期社会实践活动所提交的调查报告中,去发现学生思想中依然存在的问题,继而通过答疑解惑和系统的思政课教学给予其更有效的引导。

华中科技大学校史资源融入"中国近现代史纲要"课程的价值意蕴与实践路径探索

陈泽宇　夏增民

作为全国高等院校本科生必修的思想政治理论课,"中国近现代史纲要"(以下简称"纲要")的主要目的就是认识近现代中国社会发展和革命、建设、改革的历史进程及其内在规律性,深刻领会"四个选择"和"三个为什么",引导学生更加坚定地在中国共产党的坚强领导下为实现中华民族伟大复兴而不懈奋斗。对承担高等教育使命的各高校而言,现代意义上的中国高等教育,诞生自近代以来西方教育模式的引入,在中国走向现代化的过程中发挥了重要作用,而高校的师生群体,又在近现代中国扮演着推动历史发展的重要角色,从这个意义上说,近现代以来中国高校的校史,就自然成为中国近现代史的一部分,它的内容及蕴含其中的精神内核是青年学生厚植理想信念的珍贵养分。因此,将校史资源融入"纲要"课程,可以在更大程度上活化思政课教学资源,使高校学生在了解基本校史校情、国史国情的基础上,借助校史这一贴近自身感受与实践经验的历史内容,在历史的育人功能中夯实信念之基。

华中科技大学,在新中国的朝阳中诞生,在共和国的旗帜下成长,在改革开放中腾飞,在新时代迈向世界一流。华中科技大学的校史承载着红色基因,凝聚着红色力量。习近平总书记强调:"红色资源是我们党艰辛而辉煌奋斗历程的见证,是最宝贵的精神财富。"[①]为使华中科技大学校史更加充分地发挥育人功能,本文拟在梳理华中科技大学校史同"纲要"课程内容联系的基础上,探索将华中科技大学校史持续融入"纲要"课程的价值意蕴和实践路径。

一、华中科技大学校史与"纲要"课程内容的适契

华中科技大学是由原华中理工大学与同济医科大学、武汉城市建设学院合并组建。溯源而上,三所院校的兴办与建设均与近现代中华民族的历史脉络紧

---

① 习近平.用好红色资源 赓续红色血脉 努力创造无愧于历史和人民的新业绩[J].求是,2021(19):4-9.

密相连,都蕴含着丰富的精神内涵与历史价值。

(一)筚路蓝缕：三校历史反映了中国近现代史的主流和本质

"中国近现代史,就其主流和本质来说,是中国人民为救亡图存和实现中华民族伟大复兴而英勇奋斗、艰辛探索并不断取得伟大成就的历史。"①同济医科大学肇始于1907年埃里希·宝隆在上海主持创办的同济德文医学堂,它是中国最早开展现代医学教育的教学机构之一,在内忧外患的年代,培养出大批医学人才,时有"北协和,南同济"一说。随着抗日战争的全面爆发,同济大学中断了在上海开展教育事业的历程,开始走上内迁的道路,先后辗转浙江金华,江西吉安、赣州,广西八步,云南昆明等五地,最终于1940年迁至四川宜宾李庄坚持办学,1946年才迁回上海。为适应抗战的需要,"一些大学、中学、专科学校迁往西南西北一些地方,广大师生克服巨大困难为民族独立和复兴坚持教学科研"②。同济大学"六次迁校,跨越九省",展现了同济学子与国家民族共命运、心怀爱国之情和报国之志、为祖国科教事业不懈奋斗的精神。中华人民共和国成立后,根据高等学校院系调整的统一部署,1952年,同济大学医学院内迁武汉,定名为中南同济医学院,1955年更名为武汉医学院,1985年恢复同济校名,改名为同济医科大学。

1952年,中南地区的郑州高工、武昌高工、长沙楚怡高工等学校的土建专业合并,成立了中南建筑工程学校,后逐步升格为大专、本科教育,1960年初定名为武汉城市建设学院,是当时全国唯一的一所城市建设专业的高等学校。几经更名,1981年8月,为适应改革开放后大规模城市建设的需要,国务院批准恢复和重建武汉城市建设学院。

中华人民共和国成立以后,为了大规模社会主义建设的开展,党和政府确定了"教育必须为生产建设服务,为工农服务,学校向工农开门"的教育方针。③在加强科学教育、技术教育、优化高校分布格局和调整工业布局的大背景下,1952年,华中工学院(1988年更名为华中理工大学)在喻家山脚下应运而生。

2000年5月26日,华中理工大学、同济医科大学、武汉城市建设学院合并,武汉科技职工大学(科技部管理学院)并入,组建华中科技大学。合校前三所学校都是中华人民共和国成立之初为适应新中国社会主义建设事业发展对人才

---

① 《中国近现代史纲要(2023年版)》编写组.中国近现代史纲要(2023年版)[M].9版.北京:高等教育出版社,2023.
② 《中国近现代史纲要(2023年版)》编写组.中国近现代史纲要(2023年版)[M].9版.北京:高等教育出版社,2023.
③ 《中国近现代史纲要(2023年版)》编写组.中国近现代史纲要(2023年版)[M].9版.北京:高等教育出版社,2023.

（二）同频共振：华中科技大学始终服务国家发展大局

在建设社会主义现代化强国、实现中华民族伟大复兴的征程中，华中科技大学始终立足于高校根本任务，积极践行社会责任，服务国家战略需求，取得了许多卓越成就，涌现出大量楷模人物。

早在华中工学院时期，为响应国家发展核科学技术的战略，1958年11月24日，学院创办工程物理系，设立核物理和火箭技术相关专业，①为新中国在核技术、人造卫星、运载火箭等尖端科学技术领域取得的一系列成就作出了贡献。20世纪50年代，中国海军的基础还极为薄弱，尤其是在军舰建造技术方面与世界水平相差甚远，无法有力维护国家领海主权，1959年，受罗舜初中将委托，华中工学院设立造船系，时任院长的朱九思亲自担任首任系主任。在刘颖、程天柱、郑际嘉等知名学者的带领下，造船系师生为国防安全建设作出了突出贡献。②进入21世纪，光电领域成为世界科技的前沿阵地，华中科技大学以先见之明较早地步入了相关领域研究，作为核心力量参与"中国光谷"的建设，推动华为等中国本土高新技术企业的发展，对中国实现5G技术的全球领先发挥了重要作用。2022年6月，习近平总书记到访武汉，专程视察由华中科技大学科技成果转化而生的高科技公司武汉华工激光工程有限责任公司，表明了党中央对华中科技大学在光电科研领域成果的肯定。正如习近平总书记所说："科技自立自强是国家强盛之基、安全之要。我们必须完整、准确、全面贯彻新发展理念，深入实施创新驱动发展战略，把科技的命脉牢牢掌握在自己手中。"③此外，在脱贫攻坚战中，华中科技大学定点帮扶云南省临沧市临翔区，派出多批扶贫干部、研究生支教团，捐赠大量资金，"结合地方需求，发挥科技优势支撑特色产业发展"④，2021年2月25日，党中央、国务院隆重举行全国脱贫攻坚总结表彰

---

① 华中科技大学档案馆.70周年校庆·校史上的今天(11月24日)[EB/OL].[2023-03-18].http://news.hust.edu.cn/info/1012/46861.htm；华中科技大学核工程与核技术系.核工程与核技术系介绍[EB/OL].[2023-05-03].http://nuclear.energy.hust.edu.cn/yxgk/bxjj.htm.
② 华中科技大学船舶与海洋工程学院.学院简介[EB/OL].[2023-05-03].http://ch.hust.edu.cn/xygk/xyjj.htm.
③ 把科技的命脉牢牢掌握在自己手中 不断提升我国发展独立性自主性安全性[N].人民日报，2022-07-04(4).
④ 教育部规划司.华中科技大学定点帮扶十年成果[EB/OL].[2023-05-22].http://www.moe.gov.cn/jyb_xwfb/xw_zt/moe_357/jjyzt_2022/2022_zt04/dongtai/dingdian/202209/t20220901_657161.html.

大会,华中科技大学扶贫办被评为"全国脱贫攻坚先进集体"。

(三)同向而行:华中科技大学不断丰富中国共产党精神谱系的内涵

百年来,中国共产党人在革命、建设、改革的历史进程中勇毅前行,形成了以伟大建党精神为源头的中国共产党人精神谱系。70多年栉风沐雨,华中科技大学在参与国家发展和建设的过程中,为新中国教育、科研事业作出了许多独创性贡献,丰富了党的精神谱系的内涵。

中华人民共和国成立之初,血吸虫病肆虐,这种由寄生虫引发的疾病广泛存在于中国南方地区,且无根治先例,正如1958年6月江西医学院程崇圯教授对《人民日报》记者所言:"我从事医务工作十六年,从来没有听说过,更没有看见过哪里曾经根除了血吸虫病,在资本主义国家的文献里,根本找不到血吸虫病可以消灭这一条。"①为了守护人民群众的生命健康,根据毛泽东同志的指示精神,同济师生投入防治血吸虫病的斗争中。在临床与科研、教学相结合的艰苦条件下,同济医学院团队"首创'酒石酸锑钾三日疗法',在全国得以推广应用,为500万血吸虫病人解除了病痛,是当年血防重大科技成果"②。在全面建设社会主义的火热浪潮中,面对困扰中华民族已久的"瘟神",华中科技大学师生不畏艰难,心怀人民,勇担医者使命,从零开始,积极进行了一系列首创性科学研究,这是对伟大建党精神的薪火传承与生动再现。

在华中科技大学的校史记忆中,科研工作者将创新精神代代传承,作为支撑学校不断迈向一流的核心动力。20世纪70年代初,借助中美关系缓和的契机,新中国"陆续从国外进口一批技术先进的成套设备和单机,对我国此后经济发展和技术进步发挥了重要的促进作用",而由日德两国引入、建设于武汉钢铁公司的一米七轧机工程便是此次设备引进方案中耗资最大的项目。③ 在国家号召下,学校师生积极参与一米七轧机工程建设,利用技术优势攻坚克难,尤其是任元教授面对轧机电气振荡这一未有解决先例的世界性难题,自主提出"脉动开关函数"新概念,帮助国家牢牢掌握了同日方开展技术谈判的主动权。④ 在科技领域,华中科技大学师生展现出了以改革创新为核心的时代精神,在长期科学实践中作为重要力量助力了"科学家精神"的形成,极大丰富了党的精神谱系的内涵。

从院校建立到全面发展,华中科技大学的办学历史始终是中国近现代史的

---

① 第一面红旗:记江西余江县根本消灭血吸虫病的经过[N].人民日报,1958-06-30.
② 百年求索 百年辉煌——华中科技大学同济医学院百年发展略记[N].湖北日报,2007-05-17.
③ 《中国近现代史纲要(2023年版)》编写组.中国近现代史纲要(2023年版)[M].9版.北京:高等教育出版社,2023.
④ 任元.脉动开关函数及其应用——交直流耦合振荡分析[M].武汉:华中工学院出版社,1985.

有机组成部分；从实践层面的服务国家建设到认识层面的丰富精神内涵，华中科技大学坚持办学初心，在党的领导下为社会发展奉献力量，为民族腾飞贡献智慧。综上所述，华中科技大学校史与"纲要"课程内容多有适契之处，能够作为融入"纲要"课程教学的重要教学内容资源。

二、华中科技大学校史资源融入"纲要"课程的价值意蕴

以史为鉴，是中华民族的优良传统。"纲要"课程的设立初衷便是要充分发挥历史以史鉴今、资政育人的功能。在70余年办学历程中，华中科技大学的光辉校史蕴含在党领导人民开展社会主义现代化建设的红色历程之中，是"新中国高等教育发展的缩影"，是中国近现代史发展历程的微观"切片"，融入"纲要"课程的教学当中，具有独特的价值意蕴。

（一）教师维度：丰富教学内容，活化教学形式

习近平总书记在中国人民大学考察时指出："思政课的本质是讲道理，要注重方式方法，把道理讲深、讲透、讲活，老师要用心教，学生要用心悟，达到沟通心灵、启智润心、激扬斗志。"[①]而在教学实践中，思政课教师往往囿于教学时长不足等因素，难以实现"讲深、讲透、讲活"。将校史作为课程教学的具体素材融入"纲要"课程，能够补充教学内容，是丰富"纲要"课程教学内容的重要路径。

"纲要"教材浓缩了中国自鸦片战争以来180余年的历史，内容宏观，更侧重对中国近现代历史的脉络进行梳理，主题宏大。完全根据教材内容进行讲解，有可能在学生脑海中搭建不出具象的历史进程，且学生往往喜欢故事性更强的历史课程，因而，较好的"纲要"课程模式应该选择将宏观构建与微观叙事相结合，以陈述历史脉络为主，以穿插历史细节为辅。校史内容更贴切学生的校园生活与实践经验，将校史内容注入"纲要"课程教学，有助于思政课教师在深入浅出中优化授课效果。同时，以校史故事为引，更便于建立起学生与先辈楷模之间的精神联系，从而使学生在思想观念方面产生共情，提升"纲要"课程教学的吸引力、感染力、说服力。

在思政课教学过程中，不少学生认为思政课与自身专业无关，而这也成为影响教学效果的主要原因。相较于此，将校史资源融入"纲要"课程的又一裨益在于能够借助贴合学生专业的历史内容，为活跃课堂气氛提供支点。校史是以各院系、各专业、各学科的发展史为基础形成的资源宝库，在"纲要"课程教学过

---

① 坚持党的领导传承红色基因扎根中国大地 走出一条建设中国特色世界一流大学新路[N].人民日报,2022-04-26.

程中穿插与运用校史内容,可更多地以院史、学科史作为落脚点。思政课教师通过在备课过程中收集与授课班级专业相关的校史内容,在推动建立思政课教师与不同专业学生之间学术联系的同时,还可以带动学生自觉产生思政课程与专业课程思政元素之间的联想,从而带动专业课程思政的开展。

(二)学生维度:增强学史兴趣,树立正确观念

在实现中华民族伟大复兴事业的征程中,青年学生是中国特色社会主义事业的建设者和接班人,正如习近平总书记在纪念五四运动100周年大会上指出:"国家的希望在青年,民族的未来在青年。"①对中国的国史、国情有较为明晰的了解,能够以史为鉴、经世致用,并形成正确的历史观与价值观,是青年肩负民族复兴重任的前提。

使学生了解国史、国情是"纲要"课程的基本目标。作为中国近现代史的组成部分,校史可以作为华中科技大学学子同国家命运联系的精神纽带,以校史学习为中介,学生能够在熟悉且亲切的环境中加深对中国近现代史整体脉络的印象。在理论学习之外,第二课堂的开展与社会实践是深化学生对中国近现代史认知的必要途径,教学过程中校史元素的融入能够为学生提供在校园环境中自主探索历史蕴含、开展调查研究的思路。习近平总书记曾强调:"调查研究是谋事之基、成事之道。"②在理论学习与实践探究的相互促进中,青年学生得以在用脚步探索校园、丈量祖国大地的过程中,将历史与现实相联系,基于自身专业与兴趣寻找到打开历史之门的钥匙。

在帮助学生学深悟透中国近现代史的内容与脉络的同时,华中科技大学校史资源融入"纲要"课程,还能够对学生正确价值观念的形成发挥重要的作用。一方面,对于"接地气"且距离年代较远的校史内容,学生在学习过程中能够得到不同方面的印证,深化对中国近现代史知识内容的认知;另一方面,校史内容的宣传能够让学生认识到,先进分子不只存在于教科书中,也广泛存在于大家共同生活的同一片校园内,这就更加增强了学生对学校的认同感,进而引导学生融入校园主流文化,坚定爱党爱国思想,赓续传承党的精神谱系,在各学科领域形成不断科研攻关的精神动力。

三、华中科技大学校史资源融入"纲要"教学的实践路径

在实践层面,华中科技大学校史资源有着应用于思政教育的优势,其融入

---

① 习近平.论党的青年工作[M].北京:中央文献出版社,2022.
② 加强对改革重大问题调查研究 提高全面深化改革决策科学性[N].人民日报,2013-07-25.

"纲要"教学在课程实践中也已呈现出向常态化、长效化发展的趋势。而"纲要"课程教学所面临的难题,不仅有所有思政课程均存在的教师与不同专业学生的互动问题,还有如何把握好历史与现实的关联,以更大程度地实现校史内涵的现实价值转化的问题。因此,要想发挥好校史资源的育人功能,必须经历将史料资源向教学资源转化的过程,在丰富教学内容的同时,扩大教学内容向课堂外延伸的影响力,以增强教学的实效性。

(一)整理校史资源

校史资源进入思政课堂,必须以对校史内容的充分挖掘为前提。学校档案馆、校史馆保存着丰富的校史材料,并已自主地开展对校报、口述史等校史资源的整理与线上开放工作。此外,华中科技大学在办学过程中同上级部门及其他兄弟单位保持着广泛的工作联系,社会面中也有大量在华中科技大学有过学习、工作经历的校友,这些均为华中科技大学校史资源的挖掘提供了有效的助力。

除此之外,"纲要"课程教师有必要自发或有组织地开展与校史相关的口述史整理工作,并协助档案馆、校史馆加强对馆藏纸质档案中所蕴含的校史内容的挖掘和梳理。通过走访调查与华中科技大学校史有关联的人物,查阅其他单位所留存的档案材料,教师能够不断地增加校史知识储备,在丰富"纲要"课程教学内容的同时,还可以对校史进行一定程度的学术转化,提升校史资源的社会价值。

(二)打造思政"金课"

在拥有丰富校史资源的基础上,思政课教师应将校史内容与"纲要"教材内容相结合,将其融入教学大纲与教学计划。习近平总书记在中国人民大学考察时提出,思政课教学应涌现出更多"金课"。校史资源的融入是"纲要"课程活化教学形式的重要路径,有利于增强"纲要"课程的趣味性与吸引力。目前华中科技大学马克思主义学院中国近现代史纲要教研室已做了一些有益尝试,夏增民、尹平、彭鹤翔、张誉千、蔡海洋、方芳等老师都将校史引入课堂,"丰富教学内容,活跃课堂气氛,从'校史'看'国史',通过华中科技大学的发展故事折射新中国的历史进程,激励同学们赓续传承、砥砺奋进"。[①] 这一教学经验将在全教研室进一步推广。

必须指出的是,在校史资源融入"纲要"课程教学模式常态化的思路下,思

---

① 何沐.''中国近现代史纲要''将校史融入教学[EB/OL].[2023-05-08]. http://news.hust.edu.cn/info/1003/45137.htm.

政课教师尤其需要根据授课班级的学科、专业,精心设计、"定制"与学生兴趣相关的课程内容,探索多元化教学方法,以调动学生积极性,引发学生情感体验和共鸣思考。同时,思政课教师还需要注意加强与专业课教师之间的沟通合作,架接思政课程与课程思政之间的桥梁,助力形成完整、全面的"大思政课"格局。另外,结合实际情况,适时开展现场教学,也是活化教学模式的重要方式,思政课教师可以借助学校档案馆、校史馆等校内资源,以及校外与校史相关的场所,把课堂搬到历史现场,以亲临其境的体验感吸引学生,激发学生对历史的兴趣,进而提升学生对"纲要"课程教学内容的掌握度。

(三)鼓励课外学习

习近平总书记多次要求广大青年要重视社会实践,号召要"用脚步丈量祖国大地,用眼睛发现中国精神,用耳朵倾听人民呼声,用内心感应时代脉搏,把对祖国血浓于水、与人民同呼吸共命运的情感贯穿学业全过程、融汇在事业追求中"[①]。但由于个体性格差异等原因,学生往往不会、不敢或不愿在课外自觉、自主进行历史学习实践,这就需要思政课教师在授课过程中加以引导。教师可以在"纲要"课程教学过程中穿插介绍学校档案馆、校史馆的查档途径,梳理与校史相关的已出版的年鉴、资料汇编、回忆录等史料与文献,并鼓励学生整理与自身专业相关或自己感兴趣的校史故事,自主开展校友访谈、口述史整理、档案梳理等社会实践活动,并反映于课程作业之中。

(四)培育学史环境

"纲要"课程的思政能量不应局限于课堂之上,也应不断扩大其在课外的影响,助力"健全全员育人、全过程育人、全方位育人的体制机制"[②],参与培育学史环境、塑造校园文化的过程。同时,文化环境又对其主体具有极强的反向影响,良好的校园文化环境可以使学生的思想观念和行为方式在潜移默化中受到影响,从而丰富学生的历史文化知识,提高学生的文化素养乃至坚定其理想信念。

另外,思政课教师还可以在各级理论学习宣讲中融入校史,甚至借助各种机会开展校史知识的培训,给学生更多接触校史知识的机会。在校园各类知识竞赛的活动中,可以穿插校史相关题目,增加校史内容的曝光度。此外,思政课教师往往作为社会实践活动、科研项目的指导教师参与学生教育的第二课堂,也应该积极推动把校史作为议题,鼓励学生深入挖掘中国近现代史历程的校史

---

① 坚持党的领导传承红色基因扎根中国大地 走出一条建设中国特色世界一流大学新路[N].人民日报,2022-04-26.

② 中共中央党史和文献研究院.十九大以来重要文献选编(上)[M].北京:中央文献出版社,2019.

文化内涵。

　　党的二十大报告指出："我们要坚持教育优先发展、科技自立自强、人才引领驱动，加快建设教育强国、科技强国、人才强国，坚持为党育人、为国育才，全面提高人才自主培养质量，着力造就拔尖创新人才。"① 作为中国高等教育的"国家队"、华中地区创新发展的"领头雁"，华中科技大学坚持在培养高素质人才的道路上矢志不渝、砥砺前行。一直以来，习近平总书记高度重视历史学习，尤其重视以党的红色历史教育青年。在迈向中华民族伟大复兴、奔赴中国式现代化的新征程中，将华中科技大学校史积极融入"纲要"思政课教学兼具必要性与可行性，且具有鲜明的时代价值。以华中科技大学校史为营养液，充分发挥历史资源与校园文化的铸魂育人功能，将为"纲要"课程教学增添新的生机和活力，为培育堪当民族复兴重任的时代新人注入新的动力。

---

① 习近平.高举中国特色社会主义伟大旗帜 为全面建设社会主义现代化国家而团结奋斗——在中国共产党第二十次全国代表大会上的报告[M].北京:人民出版社,2022.

微视频创作融入思政课实践教学浅析

——以"马克思主义基本原理"课为例

孔 婷

2016年12月7日至8日,习近平总书记在全国高校思想政治工作会议上指出:"做好高校思想政治工作,要因事而化、因时而进、因势而新。要运用新媒体新技术使工作活起来,推动思想政治工作传统优势同信息技术高度融合,增强时代感和吸引力。"[①]这既是对高校思想政治工作规律的高度概括,也是对高校思想政治工作提出的本质要求。思政课是高等院校课程体系中不可或缺的一环,旨在培养学生的思想道德品质、社会责任感和创新意识。同时,随着网络技术的发展以及移动终端的普及,微视频等媒介如今已经成为一种重要的传播方式。因此,将微视频创作融入思政课实践教学,可以有效地提高思政课的教学效果,增强学生的思想品德素质。本文旨在通过对微视频创作与思政课教学相结合的研究,探求如何提高思政课的教学效果,增强学生的思想品德素质。

一、微视频创作融入思政课实践教学的现实背景

微视频是指播放时长为1～5分钟的视频短片,它短小精悍,不占用过多的教学时间,诠释的主题比较集中,能够为思政课教学所用。近年来微视频得到快速发展,它内容广泛,视频形态多样,涵盖微新闻、微电影、微短片等,可通过多种视频终端摄录或播放。"短、快、精"、大众参与性、音像一体化、使用便捷性是微视频的显著特点。各类公益、商业网站和电影、电视等媒体为我们提供了海量的视频资源,其中蕴含大量具有思政教育价值的微视频资源,如果有与教学内容相契合的,就可以优化后在教学中加以利用。

高校思想政治理论课的目的在于选择正确、丰富的信息,帮助大学生树立正确、积极、向上的思想和道德观念,培养拥有正确价值观的社会人才。高校思政课启动的基础是信息的获取,而"微视频"作为一种线上与线下相结合的信息

---

① 习近平.把思想政治工作贯穿教育教学全过程 开创我国高等教育事业发展新局面[N].人民日报,2016-12-09.

体,极大地拓展了高校思政课的形式,丰富了思想政治理论课的教学资源。传统的思想政治理论课教育由于受主客观条件的限制,导致学生捕捉到的思想政治教育的信息十分有限,单纯依靠教师的讲授或是学校的讲座所获得的信息可能也只是提及了思想政治教育的某些方面,所以会在内容上存在缺乏针对性和实效性的弊端。随着人类进入信息时代,网络已经成为学生获取信息的重要来源,将微视频运用于高校思政课教学,不仅为教师提供了一种新的教学思路,更让学生在整个学习的过程中获取到更多的知识,了解到更多的信息。

二、微视频创作融入思政课实践教学的优势分析

选用微视频作为思政课实践教学的创新形式是具有现实基础的。当今社会,一方面,随着经济水平的提高和科技产品普及度的提升,计算机、手机等移动终端已经成为大众日常生活和工作的重要工具,高校大学生几乎人手一部手机,年轻人花费在手机上的时间越来越多;另一方面,随着社会节奏的加快和社会压力的增加,人们越来越倾向于接受具有娱乐性、快餐性特点的视频内容,大学生对短视频更为热衷,这点从他们对短视频 App 的喜爱和使用程度可见一斑。通过微视频形式进行实践教学,是对大学生手机使用情况和对微视频喜爱情况的因势利导,这既符合大学生成长环境特点和心理认知需求,又满足了创新思政课教学形式、提高思政课教学效果的需要,对学生成长具有积极的作用。具体来看,应用微视频教学主要有以下几点优势。

1. 激发学生学习兴趣

现代化课堂并不是传统的教师"满堂灌"的形式,在高校的思政教学课堂中,不仅要突出教师的主导地位,同时也要尊重学生的主体性,让学生能够积极主动地融入课堂的教学当中,有效摒除传统的单向传输的教学形式,同时要尽可能发挥学生的学习积极性和主动性。对于教师而言,要积极引导学生发现和体会思政课的趣味性,加强师生互动,让学生在交流互动中接收各种知识。因此,可以通过学生录制微视频的形式来改变传统单一的教学方法,让学生自己动手来创作微视频,对视频进行录制、加工,并在课堂当中进行展示和解读,这样不仅能够充分发挥学生的主动性,提高学生学习思政课的兴趣,使其能够主动参与思政课教育教学活动,同时,还能够提高学生接收知识的效率。从本质上而言,高校的思政课就是帮助学生形成正确的世界观、人生观和价值观的一门课程,如果能够采用微视频的形式进行教学,将能够有效传播新时代的各种思想和理论,比如让学生围绕习近平新时代中国特色社会主义思想进行视频创作,一方面能够帮助学生加强对党的最新理论成果的记忆,另一方面学生在创作视频的过程中也加深了对党的路线方针政策的认识,有利于他们树立正确的

三观,更有助于学生将所学知识在实际生活中积极运用。而且,随着社会的不断发展,现在信息技术的进步也在一定程度上给学生三观的形成带来了挑战,对学生的身心健康发展也造成了一定的影响。如果能够将正确的、有价值的信息,通过学生喜闻乐见的微视频形式为学生所知,将能够加大相关知识内容的传播力度。

2.方便快捷地制作和使用

在传统的思政课程中,涉及的内容理论性较强,如果仅仅依赖传统的课堂教学方式,完全由教师主讲,难以在短时间内将所有知识很好地传递给学生,更不用说学生对理论知识的内化掌握了。因此,作为新时代的思政课教师,应该对教学内容进行优化,对于理论性较强的内容,要有效突出课堂中的重点和难点问题,并对这些知识点进行清晰讲解。如果能够将这些相对比较复杂的重难点内容以微视频的形式进行展示,在较短的课堂时间内,将比较复杂性的知识点化繁为简,将有助于学生对思政课理论知识的深入认识和理解。选取的微视频可以来自网络中主流媒体发布的视频,也可以是学生自己课下录制、制作的视频,该方式可作为思政课的实践教学环节来丰富思政课教学内容。例如,可以让学生通过表演、访谈等形式,将思政课教学内容展现在视频中,并辅以师生互动、小组讨论等方式,帮助学生构建正确的思想政治知识体系。

3.提高师生互动和反馈

在今天的新媒体时代,观看一些短视频 app 成了学生获取各种信息的重要方式。作为思政课教师,将短视频与思政课相融合,用学生喜闻乐见的方式来开展思想政治教育,已经成为当下思政课改革创新的重要路径。因此,通过学生制作创意微视频的方式,吸引学生对思政课的关注,不仅能够有效避免传统思政课中存在的不足,同时还能够促进师生之间建立良好的关系。虽然现在有很多比较先进的视频创作工具,让微视频的创作更简单,但事实上,一件优秀的作品不仅涉及了主题的选择、剧本的考量,还涉及了具体的拍摄和后期的视频加工等过程。一系列的过程能够体现出学生对问题的把握情况,同时还能够进一步展现出学生与他人之间的沟通交流能力、动手实践能力等。所以,在学生创作微视频的过程中,各项能力都能够得到提升。例如在剧本的创作、文字的选择方面,可以体现出学生的逻辑思维能力;在视频拍摄和与其他人沟通的过程当中,可以展现出学生的组织能力、动手能力和沟通交流能力;在最后的视频美化以及制作方面,可以展现出学生对现代化信息技术的操作能力、审美能力等。当学生进行创意微视频制作时,如果出现分工不合理或意见分歧的情况,教师能够从中发挥调节作用。创作时遇到困难,教师也能够给予适时指导。总而言之,在高校的思政课中,引导学生制作创意微视频,不仅能够保证学生主动性和创造性的发挥,同时也能够发挥教师的引导作用。此外,让学生制作创意微视频的过程,实际上就是让学生针对问题发表自己看法的过程。在制作微视频的过程中,学生可以充分展现出他们的思考能力、观察能力和创作能力。教师也同样能够通过学生所创作的微视频,大致了解学生目前的思想动态,从中获取到更多关于学生的信息,明确后期应该如何进行思政课的教学。一些比较优秀的创意微视频,还可以作为案例视频应用于后期的课堂教学当中,激发学生的创作积极性,发挥微视频的价值。

三、微视频创作融入思政课实践教学的应用要点

对于微视频,要根据思政课的学科特性、教学过程、课程目标等进行精心挑选,以增强微视频的针对性,确保学生在课堂上参与度高、学习效果好,为下一步的实际教学打下坚实基础。

1. 前期要依据学科特性选取微视频

在拍摄微视频之前,需要对学生进行详尽的指导和沟通。在当今思想碰撞的文化大背景之下,学生的想法很多,有积极的方面,但是同样也有消极的方面。思想政治理论课是思想政治教育的主渠道和主阵地,我们需要传递的是积极向上、正面、健康的主流文化和思想。因此,在要求学生拍摄微视频之前,必须限定微视频题材的选择范围以及拍摄的时间等具体内容。首先,微视频内容要和我们的教材相结合,这是最基本的,否则就背离了我们的教学要求。其次,微视频内容要和社会热点相结合,这样更有利于学生将所学的知识运用到具体的社会问题中去进行分析。再次,微视频必须传播正能量,体现正确的人生观、世界观和价值观,只有这样才能够实现利用微视频丰富教学方式的初心。为此,在选取微视频教学资源时一定要熟悉教材的知识结构以及各章节之间的内在逻辑关系,并结合本节课的课堂教学目标,设计好课堂教学内容,为合理选取微视频教学资源奠定基础,避免淡化教材或者完全背离教材。最后,微视频不能完全是教科书的电子版,课件制作的过程不应该仅仅是照搬书本,其中更应该有教师作为主导者的心血的投入。在微视频教学资源选取过程中,若遇到教材内容比较单薄需要延伸,或材料比较枯燥需要增强政治认同的情况,对于微视频的选取则不能再以单一贴合教材内容而进行机械照搬照抄,降低学生的学习兴趣。而应该在体现教材中心思想的前提下,适当选择一些材料充实、感情鲜明的微视频来丰富教学内容的呈现,以便更有效地减少学生的抵触心理,促进学生对知识的吸收。

2. 使用微视频要注重同教学过程有效融合

在不同的环节使用微视频能发挥出不同的效果,因此对微视频的使用要把握一定的时机,即知道什么时候用。导入环节是课堂教学实施的起始环节,是

激发学生思政课学习兴趣的关键环节。在导入环节有效使用微视频是一门教学艺术,它主要是利用微视频营造氛围,进行教学提示,带领学生迅速进入学习所需要的状态,并进一步引导学生明确新课程的学习目标和主要内容。以"马克思主义基本原理"导论部分的教学导入环节为例,这是学生接触马克思主义哲学的第一课,许多学生之前可能从未全面了解过马克思主义哲学到底是怎么来的,不少同学可能会觉得很难而产生畏难心理。这个时候,为了减轻学生的抵触心理以及提高学生的学习兴趣,就可以放映一些介绍马克思生平的微视频片段,这会让学生从中领悟到哲学的智慧就在我们身边。同时,讲授环节是整个教学过程的主体环节,是以较为详细完整地呈现具体教学内容为主要特征的教学环节,这一环节中突出的特点就是"新"。这种"新",既催生了激发学生进一步学习的动力,也带来了学生获取知识道路上的阻力。所以思政课教师在讲授新课环节对微视频的使用要明确:微视频的使用应该对教师进行新知识的讲授起到辅助性作用,应该围绕课堂知识呈现、学生思维启发展开,协助教师化解授课障碍,引起学生积极讨论,开展活动教学,攻克教学难点。

3.课后要加强师生互动交流

把握好课堂的学习时间,更要充分利用好课后的交流机会。在课后对微视频应用效果的反思过程中,仍需要加强师生互动。教师要了解学生对微视频教学的个人感受,听取学生提出的良性建议,以更好地提高微视频使用的有效性。首先,听取学生的有效意见。思政课教师在课上利用微视频进行课堂教学时可以尽量关注学生的各种反馈,对学生在课堂上的满意度反馈情况进行一定的心理预设。课后,依据自己的教学预期,有针对性地听取学生关于课上微视频使用的有效意见,并在汲取学生的意见后及时进行改良,让学生在之后的课堂中获得更好的微视频教学体验。其次,引导学生自主学习。尽管微视频有着短小精悍的特点,但是有些微视频可能因为课程时长的限制,而影响了其整体性,完整的视频可能会产生更好的教育效果。因此,可以让学生在课后自行观看完整版视频,或者以作业的形式布置给学生,并让其总结自己的学习感悟。这样不仅能提高学生的自主学习能力,还能打破传统课堂对微视频教育资源的使用限制,让微视频的使用空间得到进一步延伸。最后,师生共同制作微视频。如果有条件,可以让学生借助手机或数码相机记录学习生活的点滴,再将录像加以剪辑拼接形成微视频,师生自创的微视频资源能在很大程度上实现师生之间、生生之间的零距离对接。这不仅可以让微视频更加贴近学生生活,具有更强的针对性,而且还能提升师生的微视频应用技术水平,加深师生双方对微视频的理解,进一步提高思政课教学中微视频的使用频率。

综上，在思政课教学过程中有效融入微视频，这在创新实践教学形式方面是一次积极有益的探索，实践也证明其具备一定的可操作性和积极意义，但在微视频实践教学的现实路径、规避潜在风险、提升实际效果等方面还有进一步探讨的必要。

美育融入高校思政课的路径研究

唐丽敏

2019年教育部印发《关于切实加强新时代高等学校美育工作的意见》,意见中指出"美是纯洁道德、丰富精神的重要源泉",并提出要促进高校美育与德育、智育、体育和劳动教育相融合,与各学科专业教学、社会实践和创新创业教育相结合。美育是审美教育、情感教育,同时也是道德教育、精神教育,将美育融入高校思政课,可以落实立德树人根本任务,引领学生树立正确的审美观念、陶冶高尚的道德情操、塑造美好的心灵,培养德智体美劳全面发展的社会主义建设者和接班人。

一、美育融入高校思政课的理论依据

"美育"的概念是18世纪末德国美学家席勒提出来的,但美育的意识和实践古已有之,人类社会自古就有对美好事物的追求,中国的西周奴隶制社会中就有周公"制礼作乐",春秋末期的孔子以"六艺"——礼、乐、书、数、射、御——教授弟子,"六艺"中的"乐"就是专门的美育课。在西方,古希腊的苏格拉底、柏拉图、亚里士多德等,都规定教育的内容中要有美育。其中,柏拉图尤其重视音乐教育,指出以音乐作为滋养,通过音乐陶冶心灵,使性格变得高尚、优美。美育融入高校思政课,首先应厘清其理论依据,搞清楚美育何以育人的问题。

(一)西方现代美育理论

18世纪50年代,德国哲学家鲍姆嘉登建立了"美学"学科体系,他将美学定义为研究人感性认识的学科。鲍姆嘉登认为人的心理活动分为知、情、意三方面。研究"知"即人的理性认识的为逻辑学,研究"意"即人的意志的为伦理学,而研究"情"即人的感性认识的应该为"感性学",译成汉语即为"美学"。18世纪末,席勒正式提出"美育"概念,进而建立了西方现代美育理论。

席勒的美育思想集中体现于其著作《审美教育书简》一书之中,席勒认为,人的本性中感性和理性是对立的,若这两种对立共同产生作用,将产生第三种区别于感性与理性的性格,即"美的性格",席勒认为他所处时代的人只有感性运作或只有理性运作,由此产生的时代风貌和国家体系都不自由。个人发展要寻求新的出路,要以冲动动力代替感性或理性的支配,以"美的艺术"为工具,实现性格的高尚化,从而改进社会和国家。席勒认为美同时所起的"松弛"与"紧张"作用,促成了美内在包含着"溶解性"与"振奋性",理想的美应该是这两种特质的平衡。在自由心境中,理想的美在感性与理性的同时运作中产生,抛却物质与道德的强制而达到审美状态。美的作用将人从感性或理性的强制状态带到审美的状态,再过渡到道德的状态。

西方美学理论看重审美教育对于个人自由的重要性,寄希望于通过艺术和审美实现对社会"不流血式的改造",将审美教育看作培养具有道德的人的一种手段,审美教育的方法主要是通过美的艺术来实施,因为艺术具有教育的直接性,它比真理更直接作用于人的内心。

(二)中国传统美育思想

中国传统的美育思想发源于西周战国时期的礼乐思想。孔子认为,人的教化有三个步骤:"兴于诗,立于礼,成于乐。"其中,音乐的教化作用甚至大于诗书、礼仪的规范作用。音乐与诗书、礼仪相比,具有独特的优势,诗书、礼仪的约束大多是外在的,音乐对人的作用则是内在的,它可以直接进入人的心灵,打动人的情感,从根本上影响人的思想、人的性情。荀子在《乐论》中认为"夫声乐之入人也深,其化人也速",也说明了这一点。《礼记》中对"乐教"给出了非常清晰的路径:声、音、乐。"声"代表着人的生物性本能,"音"是人为了适应社会行为规范创造出的表达方式,"乐"则是更高层次的符合社会道德行为规范的表达。

中华优秀传统文化之美是中国传统美育思想的精髓,"仁义礼智信""忠孝廉耻勇""扶弱济贫""自强不息""践诺守信"等传统美德构成了独特的中国人的美学原则。中华传统器物文化之美是中国传统美育精神的表达形式和承载,中国古代诗文、绘画、书法、建筑、雕塑、音乐和戏曲,传统民间工艺,各地名胜古迹,都体现着中华民族向真、向善、向美的追求。此外,中国传统民俗文化,包括传统节庆文化、祭祀文化、服饰文化、饮食文化等,都体现着中国传统美育思想。《礼记·月令》中记载了顺应时令进行的相关祭祀活动,其中对乘驾、旗帜、服饰都有详细的规定:孟春之月,天子居青阳左个,乘鸾路,驾苍龙,载青旗,衣青衣,服仓玉;孟夏之月,天子居明堂左个,乘朱路,驾赤马,载赤旗,衣朱衣,服赤玉;孟秋之月,天子居总章左个,乘戎路,驾白骆,载白旗,衣白衣,服白玉;孟冬之月,天子居玄堂左个,乘玄路,驾铁骊,载玄旗,衣黑衣,服玄玉。这些生动阐释了在特定条件下,用特定的象征物,打造出一个特定的场景,引发人们产生特定情感的情景。在一种审美的状态下,将道德原则与具体形象发生联系,参与者以一种愉悦的情感体验接纳理性的道德要求,将道德原则的强制性消解在了象征符号所带来的情感联想之中。

《论语·阳货》中有记载:"子曰:小子何莫学夫诗?诗可以兴,可以观,可以群,可以怨。迩之事父,远之事君。多识于鸟兽草木之名。"后人对孔子提出的"兴、观、群、怨"多有注释,从美育的角度来看,"兴、观、群、怨"是孔子对美育作用的深刻认识,在孔子看来,美育对社会发展具有重要作用,其中,"兴"为情感作用,"观"为认识作用,"群"为凝聚作用,"怨"为批判作用。

(三)中国现代美育理论

20世纪初,王国维、蔡元培、梁启超、朱光潜等学者将西方美育理论引入中国,融合中国传统美育思想,形成了具有启蒙意义的中国现代美育理论。

蔡元培在《教育大辞书》的"美育"条目中说:"美育者,应用美学之理论于教育,以陶养感情为目的者也。"蔡元培将美育列为五种教育之一(其他四种为军国民主义、实利主义、公民道德、世界观),认为"美感者,合美丽与尊严而言之,介乎现象世界与实体世界之间,而为津梁"。在《以美育代宗教说》中,蔡元培集中论述了何为美育,他认为纯粹的美育,能陶养人们的感情,使人有高尚纯洁的习惯,使人超越人我之见,渐灭自私自利之心。

马克思主义理论中也有对美育的相关论述,马克思在《1844年经济学哲学手稿》中说:"人不仅通过思维,而且以全部感觉在对象世界中肯定自己。"[①]"以全部感觉在对象世界中肯定自己"即是审美活动。在审美活动中,"人作为对象性的、感性的存在物,是一个受动的存在物;因为它感到自己是受动的,所以是一个有激情的存在物。激情、热情是人强烈追求自己的对象的本质力量"[②]。马克思的论述,指出了审美活动中最重要的情感因素——激情、热情,正因为如此,审美活动具有了独特的教育作用。

在中国现代美育理论中,需要特别厘清以下两个关系:

一是美育与美学教育的关系。美学教育是以美学理论、美学知识为主的理论教育,美学教育的主要目的是学习理论知识,与一般的理论、知识教育没有本质区别,而美育则是以感性的象征体系为媒介、以情感体验为主要内容。美学教育是实施美育的必要条件,却不是美育本身。

二是美育与德育的关系。在近代之前,美育一直包含在德育之中,因此长期以来,美育一直被认为是道德教育中的一个手段。但如果按照这种看法,美

---

① 中共中央马克思恩格斯列宁斯大林著作编译局.马克思恩格斯全集:第三卷[M].2版.北京:人民出版社,2002.
② 中共中央马克思恩格斯列宁斯大林著作编译局.马克思恩格斯全集:第三卷[M].2版.北京:人民出版社,2002.

育是完全从属于德育的,在教育体系中,并没有必要单独列出美育的相关目标和要求。时至今日,我们应该认识到美育的独立价值,与德育进行区分。

二、美育融入高校思政课的教学研究过程

基于相关理论的研究学习,本研究在"毛泽东思想和中国特色社会主义理论体系概论"课程的教学过程中,就美育融入高校思政课进行了具体探索。

(一)在课前导入的材料选取上,尽量选取与课堂内容相关的艺术作品等内容

高校思政课的课堂教学内容大多是理论知识,例如"毛泽东思想和中国特色社会主义理论体系概论"课程,主要内容是马克思主义中国化的理论成果,这其中,毛泽东思想、邓小平理论等理论成果形成发展的时间较远,理论性强,与大学生的现实生活距离又较远,如果不能巧妙地导入课堂,就会使课堂教学略显枯燥,学生也不易迅速融入课堂。艺术作品可以给人美的享受,迅速引发情感共鸣,例如经典的影视剧具有极强的时代特征,可以较快将学生带入特定的时代背景之中,同时,流传至今、传唱度高的影视剧主题曲具有较强的美学价值,能够带给学生强烈的情绪体验,引起学生对相关学习内容的兴趣。

(二)在课堂理论讲解过程中,选取音乐、诗词、绘画、雕塑等经典艺术作品作为"象征物",引发情感体验

高校思政课是落实立德树人根本任务的主渠道,思政课不仅要教会学生理论知识,更要对学生进行思想教育、价值引导,思想价值的引导需要借助"象征物"引发情感体验,从而过渡到对思想道德问题的思考。例如在"毛泽东思想和中国特色社会主义理论体系概论"课程中,毛泽东同志的诗词中蕴藏着毛泽东思想的相关内容,一些经典的革命歌曲、红色油画中也蕴藏着相关的思想精髓,例如歌曲《三大纪律八项注意》体现了中国人民解放军的优良传统和行动准则,体现了人民军队的本质和宗旨;油画《井冈山会师》体现了新民主主义革命理论中"农村包围城市、武装夺取政权"的中国革命的正确道路。通过对这些"象征物"的欣赏与体验,学生对理论知识的掌握也将更加牢固。

(三)在平时作业的设置中,在与课本理论知识紧密结合的前提下融入美育方法

平时作业是对一段时期学习成果的巩固和检验,也是理论教学与实践教学的结合,但目前高校思政课的平时作业仍然偏重理论性,一般为撰写理论小论文、个人体会或感想、对社会事件的评论等,实践性还需要加强。此外,当前高

校学生都是"00后",他们个性鲜明、多才多艺、表现力强,在平时作业的设置中,可以让学生发挥自身特长,例如翻唱经典歌曲、革命戏曲,重绘红色经典绘画作品,或收集与课堂内容相关的艺术作品进行讲解或展演,等等。在教师做好把关及学生条件允许的情况下,还可以鼓励学生进行与理论知识相关的艺术创作。这样不仅可以在审美的过程中对学生进行潜移默化的思想政治教育,还可以充分调动学生的积极性,加深其对于相关理论知识的理解。

三、美育融入高校思政课的研究成效

《礼记·学记》有云:"善歌者使人继其声,善教者使人继其志。"美育融入高校思政课,不仅可以更好地发挥思政课铸魂育人的重要作用,还有利于提升学生的审美能力,培养德智体美劳全面发展的时代新人。

(一)美育融入高校思政课,有利于思想政治理论知识的掌握

美育是通过美的体验获得情感上的共鸣和思想上的升华,美育并不依赖于抽象的概念、逻辑的演绎,或是道德的说教,而是通过具体可感、鲜明生动的形象打动人、浸润人。在高校思政课的理论讲授过程中融入美育,可以让抽象的理论知识与具体的艺术象征产生联系,借由具体象征,将抽象知识具象化,更有利于知识的记忆与掌握。

(二)美育融入高校思政课,有利于培养高校学生的家国情怀,厚植爱党、爱国、爱社会主义的情感

美的体验是最容易引发情感共鸣的,将美育融入高校思政课中,让学生在感性体验中进行理性思考,将理性冲动与感性冲动有机融合,学生对思想政治理论知识的学习将不仅仅是一种理性层面的思考与记忆,更是一种感性层面的共情与理解。以"毛泽东思想和中国特色社会主义理论体系概论"课程为例,学生不仅要掌握在各个时期马克思主义中国化的理论成果是什么,要学习各个时期马克思主义中国化理论成果的形成发展逻辑和时代背景条件,更要理解百年来中国共产党团结带领全国各族人民,自力更生、艰苦奋斗,创造的一个又一个彪炳史册的中国奇迹,体会中国特色社会主义道路的艰巨性与正确性,运用美育的方法,可以迅速激发起学生的情感,培养其爱国情怀。

(三)美育融入高校思政课,符合教育原则中德智体美劳全面发展的要求,有利于提高学生审美能力,培养学生健全的人格

蔡元培提出:"一个完整强健人格的养成,并不源于知识的灌输,而在于感

情的陶养。这种陶养就在于美育。"美育是以情感教育为核心，以生动形象陶冶人的性灵，怡情养性，使人具备把握客观世界的美的能力，进而形塑一个高尚纯洁的人格。作为区别于德育、智育、体育、劳育的一种独特教育形态，美育更加强调共感、共情。同时，美育所独有的实践性与协调性，可以强化学生的协调性，锻炼学生的综合素质，从而培养一个综合而完整的人。

四、美育融入高校思政课的推广方案

美育融入高校思政课，不仅仅是在课堂上的讲授学习，还需要学校、学院及教师共同努力，形成合力，才能更好将美育贯穿课内和课外，融入高校思政课之中。

（一）美育融入教师素养

正人必先正己，思政课是落实立德树人根本任务的关键课程，思政课教师是落实立德树人根本任务的关键主体，思政课教师要给学生心灵埋下真善美的种子，引导学生"系好人生的第一颗纽扣"。习近平总书记在学校思想政治理论课教师座谈会上的讲话中讲到思政课教师素养的问题，指出思政课教师人格要正，"思政课教师要有堂堂正正的人格，用高尚的人格感染学生、赢得学生"。思政课要真正发挥铸魂育人的作用，学生要能够从教师身上感受到教师的人格。因此思政课教师必须要自觉做到修身修为，"诚意正心""知行合一"，做为学为人的表率，做让学生喜爱的人。

将美育融入思政课，教师本人必须在相关领域具备一定的知识储备，同时教师应着力提升自身的审美素养。要给学生心灵埋下真善美的种子，教师自身首先要做到求真、向善、尚美，对思政课教学中可能运用到的美育材料有比较详细的了解，具备一定美学知识和美学素养，学校也应在相关的教师培训中，适当加入美育相关知识的学习。

（二）美育融入课堂教学

美育融入课堂教学，要特别注重美育风格的把握和美育材料的选取。

美育风格的把握，要结合教师个人情况。备课过程中可以依照授课教师的个人专长和风格，提前准备各类相关的美育材料，穿插在课堂教学过程中，例如诗朗诵词、红歌演唱、绘画赏析等。美育融入思政课，是一项通过引发学生产生情感共鸣以达到价值升华的教学手段，只有教师本人投入真情实感，才能带动学生产生相应的情感体验，如果教师本人对自己选取的材料不熟悉、不认同，只是简单展示或复述，那就不能达到美育的效果。

美育材料的选取,要注重经典与时尚的结合。经典作品能够长久流传,其中蕴含的"美"经历了大浪淘沙,是受到大多数人认可的。选取经典作品,能够较大程度保证受众的接受度,作为支撑理论的材料,也更具有说服力。而更具有时代气息的作品,更加贴近学生的日常生活,更能引起学生的共鸣,但这些年轻的作品,还缺乏时间的沉淀,在选取时要更加慎重,要与教材本身紧密结合,与课堂内容紧密相关,不能为了刻意迎合学生的喜好、为了审美而审美,反而背离了思政课的初衷和目的。

(三)美育融入实践创新

高校思政课包括理论和实践两个教学环节,课堂教学主要集中于理论教学,在课外广阔的实践教学中,同样可以将美育融入其中,走出课堂,走出学校,感受祖国大美。

理论来自实践。思政课教学涉及马克思主义哲学、政治经济学、科学社会主义,涉及经济、政治、文化、社会、生态文明和党的建设,涉及改革发展稳定、内政外交国防、治党治国治军,涉及党史、新中国史、改革开放史、社会主义发展史,涉及世界史、国际共运史,涉及世情、国情、党情、民情,等等。学生在每一门具体课程中学习到的每一个结论都是来自实践,并在实践中不断进行检验。在思政课实践教学环节,合理设置相关教学内容,将美育融入其中,例如讲解文化建设内容时,可以带领学生参观当地文化建设的特色成果;讲解生态文明相关内容时,可以带领学生去大自然中感受生态环境的重要性,以及国家保护生态的决心和成果。通过美育融入实践创新,可以加深学生对理论知识的进一步理解,也可以培养学生的审美能力、实践能力,提升其创新精神和创新能力。

参考文献

[1] 习近平.做好美育工作弘扬中华美育精神让祖国青年一代身心都健康成长[N].人民日报,2019-08-31.

[2] 习近平.在全国高校思想政治工作会议上的讲话[EB/OL].[2023-02-05]. http://www.moe.gov.cn/jyb_xwfb/s6052/moe_838/201612/t20161208_291306.html.

[3] 中共中央办公厅,国务院办公厅.关于全面加强和改进新时代学校美育工作的意见[EB/OL].[2023-06-09]. http://www.gov.cn/zhengce/2020-10/15/content_5551609.htm.

[4] 中华人民共和国教育部.关于切实加强新时代高等学校美育工作的意见[EB/OL].[2023-10-22]. http://www.moe.gov.cn/srcsite/A17/moe_

794/moe_624/201904/t20190411_377523.html.

[5] [德]席勒.美育书简[M].徐恒醇,译.北京:中国文联出版公司,1984.

[6] [美]约翰·杜威.民主主义与教育[M].陶志琼,译.北京:中国轻工业出版社,2014.

[7] 蔡元培.美育[M]//蔡元培全集:第6卷.杭州:浙江教育出版社,1997.

[8] 蔡元培.美育实施的方法[M]//蔡元培全集:第4卷.杭州:浙江教育出版社,1997.

[9] 戴圣.礼记[M].北京:中华书局,2017.

[10] 孔子.论语[M].北京:中华书局,2016.

[11] 孙海峰.美学视角下大学生思想政治教育实效性研究[J].山东社会科学,2015(5):78-79.

[12] 周芳,叶瑞庭.审美教育融入思想政治理论课教学的理路探析[J].当代继续教育,2016(2):84-88.

"五史"学习教育融入"中国近现代史纲要"课的路径探索

龚世豪

"中国近现代史纲要"课程(以下简称"纲要"课)是高校思想政治理论课之一,该课程在人才培养方案中被誉为"大学生思想政治教育第一课"。"纲要"课致力于帮助大学生对中国近现代的历史形成正确认识,尤其是对中国革命、建设和改革开放取得的辉煌成就形成正确认识,对当代中国社会发展和中国特色社会主义建设形成正确认识。结合"五史"学习教育的实际,将"五史"学习教育的内容融入"纲要"课,旨在更好地发挥"纲要"课的育人作用,引导学生树立正确的历史观,增强民族自豪感和自信心,增强学生学习党史、新中国史、改革开放史、社会主义发展史、中华民族发展史的政治自觉、思想自觉和行动自觉,培养担当民族复兴大任的时代新人。同时,将"五史"学习教育融入"纲要"课,是增强大学生历史责任感和使命感的一种重要方式,也是从思想政治理论课教学主渠道出发落实立德树人根本任务的要求。

在"纲要"课教学中融入"五史"学习教育,既是落实高校立德树人根本任务的重要举措,又是对中国近现代历史教学方式的有益探索。如何将"五史"学习教育融入"纲要"课,是当前高校思想政治教育面临的重大课题。"五史"学习教育融入"纲要"课,要充分发挥思想政治理论课在推进"五史"学习教育中的主渠道、主阵地作用,坚持以习近平新时代中国特色社会主义思想为指导,坚持守正创新,推动二者有机融合。那么,在"纲要"课的教学中,如何融入"五史"学习教育的内容,就成为关键问题。

"五史"的德育功能和铸魂育人的价值只有在教育实践活动中才能彰显。"五史"教育融入思想政治理论课是系统的实践过程,需要多管齐下、共同施策。既要发挥教师的主导作用,又要发挥学生的主观能动性,同时要以优质的教学内容为支撑,创新教学形式与方法,才能使"五史"学习教育在学思践悟中走深走实。具体采用哪些方式将"五史"学习教育融入"纲要"课,值得广大思政课教师深入思考,并在教学实践中不懈探索。"纲要"课涉及的是1840年至今的历史,如果完全按照教材,依照时间顺序面面俱到,难免会出现授课内容冗杂的情况。将"五史"学习教育融入"纲要"课教学,应该打破"教材本位"的桎梏,创新教学模式,将刻板的教材内容体系转化为灵活的教学内容体系。以下是几点对融入路径的思考。

一、要注重理论与实践相结合

通过历史生动的、具体的教育,引导学生认识到我们党把马克思主义基本原理同中国具体实际相结合,对中国革命、建设和改革的伟大实践作出科学总结,并形成了中国化的马克思主义理论。比如,毛泽东思想是马克思主义基本原理与中国具体实际相结合的产物,毛泽东思想就是马克思主义中国化的重要标志和主要成果。改革开放以来,我们党之所以能够成功推进马克思主义中国化,并取得辉煌成就,就在于我们党既坚持了基本理论、基本路线和基本纲领与中国具体实际相结合,又坚持了以人民为中心的根本立场和价值取向;既坚持了实事求是的思想路线,又注重从具体实际出发进行理论创新。这启示我们,在"纲要"课中融入"五史"学习教育,要注重理论与实践相结合。

同时,还要提高教师的理论素养,要增强教师开展"五史"学习教育的意识,使教师充分认识"五史"在政治引领、立德树人等方面的功能与价值,自觉在思想政治理论课教学中开展"五史"学习教育。进而不断丰富教师"五史"知识储备,通过搭建学习平台、完善激励机制,引导教师学习掌握"五史"知识,并以马克思主义方法论和历史思维加强对"五史"相关问题的学术研究,提高教师内在素质,提升对"五史"内容的驾驭能力。不断丰富教师职业发展渠道、打造教学技能提升平台,推动"五史"的科研成果向教学内容的转化,实现"五史"学习教育与思想政治理论课教学的深度结合,不断提升"五史"学习教育教学质量。

二、要注重历史与现实相结合

"五史"学习教育与"纲要"课相辅相成、相互促进,但又有其自身的特殊性和要求。比如,学生在了解中国共产党领导的新民主主义革命取得伟大成就后,要通过"纲要"课进一步了解新民主主义革命时期中国共产党带领中国人民进行艰苦卓绝斗争的历程。"五史"学习教育与"纲要"课都是思政课,是加强大学生思想政治教育的重要途径。通过"五史"学习教育,要让大学生真正了解中华民族从站起来、富起来到强起来的伟大飞跃,了解中华人民共和国成立70多年来的辉煌成就和艰辛历程,了解中国共产党团结带领中国人民创造的伟大成就和宝贵经验,更加坚定共产主义远大理想和中国特色社会主义共同理想,增强"四个自信"。

此外,从认知规律来看,人们对历史的兴趣大多是源于现实和历史的关联,对历史的学习遵循从感性认识到理性认识、从现象到本质的一般规律。其中，问题意识是指引人们立足现实、回顾历史、指导现实的基本思维方式，是科学实现把具体上升为抽象、从抽象回归具体的基本思想方法。激发学生学习"五史"的问题意识，一方面应立足于现实，引导学生在历史中探寻现实问题的根源，激发学生学习"五史"的浓厚兴趣，另一方面要以问题为中心，基于历史的事实判断和价值判断，进行"具体—抽象—具体"的思维训练，培养学生"五史"学习的科学方法等。这样才能使"五史"深刻回答的重大理论和现实问题内化于心，外化为主动学习"五史"的行为习惯，进而使明道、知责、立志贯通历史与现实，成为指引实践的恒久力量。

三、要注重形式与内容相结合

"五史"学习教育与"纲要"课相结合，需要教师在备课、授课时运用丰富的教学资源和多样化的教学方式，将教材内容和社会热点有机融合起来。教学内容是思想政治理论课实现育人目标的核心要素。鉴于目前"五史"在思想政治理论课教材和教学内容上的碎片化呈现和显性不足等客观现实，应坚持以习近平关于思想政治理论课建设的重要论述为基本遵循，强化思想政治理论课内容的思想性和理论性，进一步把"五史"有机融入教材体系，贯穿教学过程，以"五史"内蕴的思想成果、智慧结晶和民族精神充实、提升思想政治理论课的教学内容。

要从整体性视角出发，推进思想政治理论课教材的修订与完善，根据各门课程的教学目标和内容特质及其与"五史"的内在关联，优化整合教材内容，将"五史"内容合理植入各课教材，使"五史"的理论精髓和精神实质系统贯穿于教材中，为教学提供科学依据。教学形式与方法，是把教材的知识结构转化为学生的认知结构，实现教学目标的桥梁和中介。在这方面，有许多成功的经验，比如通过党史、新中国史和改革开放史的教学，让学生进一步了解我们党和国家的发展历程。比如在"纲要"课中通过介绍中国近现代史上一些重大事件和重要人物来讲清"五史"中蕴含的丰富思想资源。把"五史"学习教育融入"纲要"课，就应该从"纲要"课内容中选择与学生切身利益密切相关的内容进行教育。比如在疫情暴发后，要向学生讲清中国共产党在始终把人民生命安全和身体健康放在第一位、切实保障人民群众基本生活需要、坚决打赢疫情防控阻击战的过程中所积累的宝贵经验。

四、要注重教材与教学相结合

"五史"学习教育融入"纲要"课，教师要研究和熟悉教材内容，准确把握教材中的历史观点,这是开展好"纲要"课教学工作的前提条件。在研究和熟悉教材内容的过程中,教师可以结合"纲要"课的教学内容、教学重点和难点等方面来研究"五史"学习教育融入"纲要"课的结合点。教师在研究和熟悉教材内容时,要将其与学生对相关问题的疑问、困惑结合起来,以便于更好地对学生进行教育,如在讲到新民主主义革命时期中国共产党带领中国人民进行艰苦卓绝斗争时,教师要结合中国近代史上发生了哪些重大事件,分析其中蕴含的阶级关系和利益关系等问题,从而帮助学生更好地理解中国革命这一重大历史事件的背景和意义。

五、要注重传统与创新相结合

把"五史"学习教育融入"纲要"课,需要充分利用地方红色资源开展教育教学。红色精神是支撑共产党人艰苦奋斗、不断取得社会主义革命与建设伟大事业新胜利的宝贵资源,红色文化是中华文化宝库中富有生命力和战斗力的文化资源。在文化强国战略不断推进之际,高校作为思想文化教育的主阵地,应自觉承担起弘扬红色精神、学习红色文化的重要使命,不断优化思想政治理论课程教学,实现红色文化资源与思想政治理论课的有机衔接,持续提升思想政治教育质量。红色精神是中国革命、建设、改革奋斗史的精神升华,将红色精神融入"纲要"课程教学,既是课程教学的基本要求,也是课程教学改革的有效路径。

地方红色资源是"纲要"课重要的教育资源。在开展"五史"学习教育时,可以充分利用地方红色资源,将其融入思政课教学中。地方红色资源具有鲜明的地域性特征。中国共产党领导的革命、建设、改革实践活动范围广泛,由于在不同时期活动重心不同,因此,积淀下来的红色资源具有明显的地域性特征。"五史"学习教育融入"纲要"课,应该加强"纲要"课的内涵式教育,需要充分结合当地的红色教育资源,推动思政课改革本土化与创新性相统一。

在此基础上,把"五史"学习教育融入"纲要"课教学,还要注意把握以下几点原则:其一,在价值把握上,实现政治性、思想性与生动性的统一。一方面,要将丰厚、鲜活的"五史"知识充实到较为笼统、精练的教材中,深化知识性、提升趣味性,使得教学更富有感染力和吸引力;另一方面,要注重从思想政治教育的视域来讲述"五史"知识,增强历史叙事的政治性和思想性,讲好"五史"知识中所蕴含的历史规律、历史经验,帮助学生"系好人生的第一颗纽扣"。其二,在内容把握上,注重整体性、交叉性与针对性的统一。从整体上看,"五史"之间时间有重叠、内容有交叉、逻辑有关联,但是每一部历史又有自身的侧重点内容和价值意蕴。因此,在开展"五史"学习教育中,既要把"五史"当作一个整体,从"五史"的共性上去把握历史的线索、主流、规律和本质,又要有针对性地重点讲解每一部历史的逻辑脉络、精神特质、核心要义等。其三,在方法论上,坚持"史"与"论"的有机结合。首先要讲真"史",梳理、回溯"五史"的主要内容,增强大学生对"五史"基本知识的理性认知,在此基础上要立实"论",进一步剖析和阐释"五史"中所蕴含的历史逻辑、价值逻辑和实践逻辑,从而达到"学史明理、学史增信、学史崇德、学史力行"的效果。

只有学习历史,才能够认清自己,才能够赢得未来。作为中国近现代史的重要组成部分,党史、新中国史、改革开放史、社会主义发展史、中华民族发展史不仅是关于政党、国家、改革开放和社会主义建设形成发展的真实记录和集体记忆,也是高校思想政治理论课,特别是"纲要"课的重要资源和有力支撑。习近平总书记在庆祝中国共产党成立100周年大会的讲话中指出:"中国共产党一经诞生,就把为中国人民谋幸福、为中华民族谋复兴确立为自己的初心使命。一百年来,中国共产党团结带领中国人民进行的一切奋斗、一切牺牲、一切创造,归结起来就是一个主题:实现中华民族伟大复兴。"这一精辟概括,不仅高度凝练精准地概括了中国共产党百年历程的主题,也高度凝练精准地指明了中国近代以来历史发展的主题。从1840年起,中国近代以来的历史进程发生的一个最为根本性的变化,就是实现中华民族伟大复兴由艰难曲折、千回百转逐步进入了不可逆转的历史进程。这个历史过程,是中国人民、中华民族逐步将自己的命运重新掌握在自己手中的过程,是中国人民、中华民族逐渐有了自己的主心骨的过程,也是中国人民、中华民族逐步走上中国特色社会主义康庄大道的过程。在社会主义新时代,相信"纲要"课教学将会极大地推进"五史"学习教育目标的实现,同时也为高校思想政治教育及人才培养目标的实现提供助力。

开展"五史"学习教育是历史经验和历史智慧的总结与运用。加强党史、新中国史、改革开放史、社会主义发展史、中华民族发展史教育,在总结历史经验中坚定理想信念,在把握历史规律中增强本领才干,在"五史"学习教育中坚定"四个自信"。高校思政课作为大学生思想政治教育的主渠道,必须要讲清楚中国共产党为什么"能"、马克思主义为什么"行"、中国特色社会主义为什么"好"等重大问题。将"五史"学习教育融入"纲要"课,旨在引导大学生树立正确的历史观、价值观与理想信念,对大学生思想政治教育具有重要作用。扎实有效推进"五史"教育,是新时代高校思想政治教育课的一项重要任务。在所有思想政治教育课中,"纲要"课与"五史"学习教育有着最为密切的关联,讲好、讲深、讲透"五史"是"纲要"课程教学的应有之义。

合作探究式教学法融入高校"思想道德与法治"课程的思考

熊雅妮

实践育人是高校思政课育人的重要环节,在促进大学生成长成才、培养爱国精神和社会责任感等方面发挥着重要作用。坚持理论与实践相结合,把理论讲授与实践教学相结合,创新教学方法,是办好思政课的必然要求。2019年3月18日,习近平总书记在学校思想政治理论课教师座谈会上指出,推动思想政治理论课改革创新,要不断增强思政课的思想性、理论性和亲和力、针对性,要坚持"八个相统一"。[①] 这一重要指示阐明了讲好思政课的要求,其中"坚持理论性和实践性相统一"即是说思政课既要体现理论性,又要注重实践性,要与社会时事、学生思想实际相结合,这是当前高校教师推动教学创新的实践指南。

一、充分发挥高校思政课实践育人的重要作用

大学生是一个社会中最具活力和创新性的群体,他们更希望思政课教育可以为自身解决思想困惑提供帮助,因此对于教育的内容和形式都有很高的期待。从根本意义上讲,理论教育的目的是指导人的行动,如果学生在课堂中获得的正确认识不能在社会实践中加以运用,那教育的真正价值就没有发挥出来。因此,高校思政课需要不断地改革创新,探索课堂教学实践的新模式,坚持理论性和实践性相统一,在保障教学内容完整和全面的前提下,给予学生更多的机会进行自主探究和广泛实践。

(一)高校思政课要坚守理论性,在增强理论知识传授的过程中坚持以正确的方向进行价值引领

思政课与其他的专业课一样,需要科学知识的支撑,以知识传授来承载价值引导。正如习近平总书记在中国人民大学考察时指出:"思政课的本质是讲

---

① 习近平.在学校思想政治理论课教师座谈会上的讲话[N].人民日报,2019-03-19(1).

道理。"①思政课不能是空洞的说教,而应该是从现实生活出发,关注学生的思想困惑,坚持把道理讲深、讲透。只有不断增强理论性,不断夯实教学内容,把价值教育寓于知识传授中,讲究以理服人、以文化人,才能提升思政课的深度。现实世界是复杂的,思政课要以彻底的理论回应学生、说服学生,引导学生从深层次理解事物,提高他们辨别事物的理论思维能力。如果思政课堂缺乏"理论性",那么教学就会变得浅薄、空洞,不具有说服力。对于当代大学生来说,他们基本出生于21世纪的00年代,拥有更好的生活条件、教育条件和社会环境,社会各方面的发展变化使得他们身上积淀了深厚的民族自信心和自豪感。但是,依然有部分大学生对社会存在的一些错误思潮缺乏全面客观的认识,政治认同容易出现摇摆不定的情况。所以,要对大学生加强马克思主义理论的宣传和教育,使他们能够更加全面地认识马克思主义理论的真理性、科学性,坚持用中国特色社会主义理论体系武装头脑,警惕西方错误思想的诱导,防止思想西化以及对社会主义价值观念认同的淡化。

(二)高校思政课要体现实践性,进一步贴近现实、贴近学生

思政课教学要体现问题意识,以解决问题为目的,做到精准实施教学内容。只有不断增强实践性和针对性,课堂教学才能做到有的放矢,达到满意的教学效果;反之,教学就会流于形式,教与学出现"两张皮"现象,大大降低学生的积极性和活跃度,不能真正地解决问题。《关于深化新时代学校思想政治理论课改革创新的若干意见》中强调,要"坚持问题导向和目标导向相结合,注重推动思政课建设内涵式发展,全面提升学生思想政治理论素养,实现知、情、意、行的统一"②。从"思想道德与法治"课(以下简称"德法"课)的角度来说,实践性要体现在教学内容的更新,要高度关注国家发展的新形势新任务、社会思潮的嬗变、学生的思想变化等实际情况。有学者认为:"敢于直面现实,敢于直面各种错误思潮和错误观点,这是理论联系实际的表现,也是坚持问题导向的体现,更是坚持弘扬主旋律的必要环节。"③因此,开展富有实践性的教学,一方面,要关注社会热点、难点问题,针对错误的思潮和观点进行剖析,以正视听。在教学过程中,思政课教学既要坚持建设性,积极对学生进行正面教育,传达党的思想路线、理论精神,又要坚持批判性,善于批判、勇于揭露社会上的错误思潮和观念,

---

① 坚持党的领导传承红色基因扎根中国大地 走出一条建设中国特色世界一流大学新路[N].人民日报,2022-04-26(1).
② 关于深化新时代学校思想政治理论课改革创新的若干意见[M].北京:人民出版社,2019.
③ 刘书林.思想政治理论课改革创新的行动纲领——学习习近平总书记关于思想政治理论课改革创新的"八个统一"的思想[J].文化软实力,2019(4):20-25.

做到有破有立。另一方面，要了解学生思想实际，考虑学生的主体性需求，针对学生的思想困惑或认识误区进行教学。"00后"大学生成长在更开放和复杂的环境中，涉猎面广但心智相对不成熟，更容易受到错误社会思潮的攻击，因此更需要精心引导。总之，"德法"课的教学要与时俱进，直面学生关心的热点问题，增强教学内容的实效性，掌握话语的主动权，起到真正的价值引导作用。

二、以合作探究式教学法开展课堂实践教学，充分发挥学生主体作用

一直以来，思政课的实践教学多通过课外实践的方式展开，比如参与社会调查、志愿服务、参观考察等。但是在大多数情况下，课外实践往往面临着很多的困难，比如学生人数较多而涉及安全问题，或者受活动经费、时间、地点等复杂因素影响，导致课外实践难以顺利开展，达不到预期的教育目标。事实上，我们应该全面地理解实践教学的形式，其既包括课外实践，也应包括课堂内的实践，比如课堂案例讨论、专题辩论、情景模拟、视频赏析等。毋庸置疑，课堂教学依然是思想政治教育最重要的环节，开展课堂实践教学的目标，是要充分发挥学生的主体性，学生只有深度参与，才能把理论理解透彻，从而入脑入心。因此，教师要改革创新课堂教学的方法，把学生关心的热点、难点问题融入教学内容，引导学生进行探索学习。

"以学生为中心的合作探究式教学"首先是一种在教学过程中体现以学生为中心，把讲授变研讨、把接受答案变探索共识的"合作式"教学理念。同时，它也是一种教学方法和手段，指以学生为中心开展合作探究的课堂教学模式，即在整个教学过程中以学生为中心，教师发挥主导作用，通过师生互动，了解学生的困惑与盲点，根据学生的需求设置问题导向和教学内容重点，进而通过小组分工合作对问题开展研究、讨论，共同探究解决问题的方法。正如有学者强调："教学方法的创新，是为了发挥学生的主观能动性，引导学生走出思想困惑和认识误区……要力避那种片面强调方法改革，冲淡教学的理论性、思想性和价值引领性的现象发生。"[①]合作探究式教学这种方式可以大大提高学生在学习过程中的参与度，让学生由知识的被动接受者转变为知识的主动探索者，进一步提升学习的自主性和主动性，促进知识的内化，从而有效地实现思政课价值塑造和能力培养的目标。

近年来，思政课堂的改革创新不断推进。广泛运用"大班讲授＋小组研讨"

---

① 吴潜涛.提升"思想道德修养与法律基础"课教学质量的几点思考[J].思想理论教育导刊,2017(9)：32-35.

的教学模式,这一新的教学理念和方式得到越来越多大学生的认可和喜爱,学生获得感增强的同时,也实现了发挥教师主导性和学生主体性的统一。并且,"慕课""雨课堂""学习通"等多媒体技术的运用,有效保障了教师和助教课前、课中、课后与学生的互动。当然,要想进一步增强思政课的亲和力和吸引力,不仅要运用这些受学生喜爱的技术手段,更要从教学理念、教学内容和方式上进行转变。事实证明,当代大学生更喜爱互动式、探究式的教学,他们希望通过课堂互动、师生交流解开思想困惑。可以说,高校思政课的实践教学并非只是在课堂之外,也能够在课堂之中留给学生更多的空间进行问题研究与探索。

三、合作探究式教学法融入"德法"课程的实践与探索

高校思政课的教学创新既要充分发挥教师的主导作用,又要尊重大学生认知发展的特点,突出学生的主体性。开展"探究式"为主的教学方法,既能满足大学生对理论知识的渴求,又能深化对大学生批判性思维能力的培养,使教与学最优化地融合在一起。因此,笔者认为在不断推进思政课改革创新的过程中,可以将合作探究式教学法融入"德法"课程之中,形成"大班教学+小组研讨"的教学模式。教师将大班授课的内容划分成多个专题,结合学生关注的热点问题,尤其是针对社会上的一些错误思潮,设置小组研讨的问题与内容。具体来说,大致包括四个环节:一是精心安排,教师课前布置阅读书目任务并设置问题;二是组织学生小组讨论,深度讨论重点问题;三是安排学生课堂展示,实现重点问题向知识体系的转化;四是布置课后论文,巩固和深化专题知识。本着以学生为中心的教学理念,"大班教学+小组研讨"的教学模式改变了传统思政课的"我说你听",可以有效实现教师"教学引导"与学生"自我建构"的有机统一。

(一)合作探究式教学强调以问题为导向,让学生从"接受者"转变为"探索者"

所谓以问题为导向,就是要借助问题引导,鼓励学生观察问题,带着问题去阅读和思考。"德法"课不能只简单地把结论传递给学生,因此教师除了通过知识讲授进行正面教育以外,还要在课前设置问题,进行小组讨论,激发学生探索的兴趣,启发学生自主进行探索。当然,问题设置的前提条件是需要找准学生的兴趣点、关注点,使预设问题与学生的思想困惑能够产生共鸣和融合。因此,教师要认真研究学生的思想特点,深刻把握社会发展过程中重大的理论问题,才有可能设置出既有理论内涵、又有现实启发性的问题。例如,在社会主义核心价值观之"民主"的专题讨论中,可以设置"如何看待民主就是'人民当家作

主'""用什么尺度来衡量民主的'好'与'坏'"等问题。另外,推动思政课进一步改革创新的方向,可以要求学生自主学习提出问题,真正实现问题由学生提出、方法由学生探究、结论由学生分享。总之,以问题促学习、以问题促思考是思政课引导学生进行深度学习的重要方法。

(二)合作探究式教学强调协同解决问题,让学生从"独行侠"转变为"合作者"

传统课堂的学习,偏重于学生个体自主和独立探索问题,而合作探究式教学鼓励学生交流合作。具体来说,合作探究式教法的重要环节,一方面在于小组讨论,要求展示讨论的成果引导并激励小组成员进行思维交流,共同解决问题,集合成员智慧。有学者认为:"问题解决是协作学习的一种综合性学习模式,它对于培养学生的各种高级认知活动和问题解决与处理的能力具有明显的作用。"①值得注意的是,小组讨论这一环节,需要思政课教师的精心设计与引导。相对而言,教师拥有更为完善的价值观知识体系、相对丰富的教学经验,因此在互动过程中要抓住机会因势利导,引导学生明辨是非。例如,在"德法"课上,许多学生虽然对"中国精神""人民当家作主""依法治国"等这些词汇耳熟能详,但是却不能准确地理解其内涵,那么就需要教师对他们进行知识的补充。同时,教师要善于倾听学生的意见和想法,做好总结和反思工作,以便进一步推进教学改革。另一方面是在朋辈对话中增进知识、探求真理。在层层解决问题的过程中,突出合作学习、互动学习的新理念,实现学生相互之间的对话,引导他们各抒己见、互学互鉴,深入进行思维的交流、交融、交锋。事实上,通过组内以及组与组之间合作探究来解决问题、质疑诘问、交换表达观点、释疑解惑,能够增强学生的主体性、参与感和成就感。而且,学生相互之间的交流更具有平等的地位,往往讨论氛围更为轻松和活跃,他们能够在与他人的交流中碰撞思想、交换、修正和完善各自的观点,最终达成共识,树立正确的价值观念。总之,通过合作探究来解决问题,一定程度上让学生形成了学习共同体,从而增强教学实际成效,促进教学目标的实现。

(三)合作探究式教学强调学习成果的总结与分享,让学生从"输入者"转变为"输出者"

让学生成为"分享式"课堂的主角,改变了传统思政课都由教师进行讲解的单一模式,使学生能够更积极主动地融入教学过程。在过去,思政课堂大多是"教师讲、学生听",简单地表现为知识的授受过程。在教学过程中,一旦学生的

---

① 赵建华,李克东.信息技术环境下基于协作学习的教学设计[J].电化教育研究,2000(4):7-13.

思维跟不上教师所讲的理论知识,教学就会沦为有限的、被动的教学,教学效果就会大打折扣。所以,角色互换有利于让学生真正地思考起来,大大加深学生的参与程度。通过这种以学生为主体"分享式"地输出内容的形式,一方面丰富了思政课堂的教学形式,另一方面可以锻炼学生梳理问题的逻辑能力,而且还强化了他们对理论本身的认识。本质上,以学生为主体进行分享展示,依然是一种以分享知识为内容的交往活动。因此,要引导学生做好课堂分享,尤其是注意要有思想、有干货,不能流于形式、言之无物。值得注意的是,给予学生适当的时间进行课堂展示,并不意味着将课堂的主动权完全交给学生,而是教师依然承担主要责任和引导作用,要对学生进行恰如其分的评价,帮助其发扬优点、改进不足。

总之,推动思政课的创新发展,思政课教师责任重大,要在深入研究教材的基础上不断增强教学内容的理论供给,不断探索先进的教学模式,重视课堂教学的实践性,重视学生能力的培养,引导学生进行自主探索和解决问题,打造理论性和实践性相统一的思政课。

依托湖北省新时代文明实践中心(所、站)建设实践育人新阵地

——"习近平新时代中国特色社会主义思想概论"课教学改革新进路

覃愿愿

作为马克思主义中国化的最新成果,习近平新时代中国特色社会主义思想是推动新时代党和国家事业不断向前发展的科学指南,深入学习贯彻这一思想是全党全国的首要政治任务。因此,为更好为党育人、为国育才,更好培育能够担负起民族复兴大任的时代新人,2022年秋季学期,在教育部统一部署安排下,"习近平新时代中国特色社会主义思想概论"(以下简称"习概")作为必修课程在全国各高校全面开设。总体来看,当前该课程主要采用专题教学的方式,通过专职任课教师一学期的系统讲授,使青年大学生全面把握习近平新时代中国特色社会主义思想如何产生、包括哪些核心内容、解决了什么重大的时代课题、具有何种重要的历史地位等理论知识。在授课过程中,虽然教师会通过剖析典型案例、回应热点议题、播放相关视频等多种方式帮助学生更加深入理解这一思想的伟力,但是由于缺少充足、有力的实践教学和课外教学,学生的积极性、参与度,以及对理论知识的理解与运用都存在着明显不足。基于此,立足属地资源,依托湖北省新时代文明实践中心(所、站)建设实践育人新阵地,能够为促进"习概"课程实践教学改革生发出一条有效路径。

一、两个倡导、三个必然——"习概"实践教学改革的理论及现实依据

作为必修思政类课程,相比较于"马克思主义基本原理""思想道德与法治""毛泽东思想和中国特色社会主义思想概论",新开设的"习概"在教育教学方面尚处于初步探索阶段。如何使习近平新时代中国特色社会主义思想真正入脑入心,是教学过程中必须思考的重要问题。

(一)"具身认知理论"倡导教学要坚持身心一体,面向现实生活,重视主体体验

具身认知理论是心理学在不断发展过程中产生的一个新领域,着重强调身体的感受对人的内心与认知具有十分重要的影响作用。将这一理论运用到教育范畴,就为教学的方式方法指明了新的方向。一旦清楚身心是互为一体的关系,身体又是存在于具体的环境之中的,那么传统的单纯进行理论灌输式的教学方法就必然需要进行变革。① 因此,作为教育活动主体的教师要树立一种全新的理念:学生获取知识的渠道绝不仅仅局限于平面的书本,更源自立体、多维的现实环境,只有通过环境对身体、感官形成的触动以及直接的实践活动,学生的主体性体验才能够被更好激活。

(二)"反思性教学理论"倡导教师在教学过程中要注重学生反馈,不断改进优化教学方式,增强自身实践教学能力

反思性教学理论的核心内涵是指教师应该有意识地根据学生反馈,自发地、经常地对自身的教学方式与行为进行全面、深入的回顾、审视、反思和总结,以此发现教学过程中存在的问题和不足,对症下药寻求改进,不断提升教学能力和教学效果。② 改革开放以来,整个时代飞速向前,信息获取途径更加多样化、便捷化。在这种情况下,教师传递知识、培育人才的方式方法也应该随环境以及教授对象的特性而作出相应改变。尤其是当前大学生基本都是"00后",作为成长于新中国迅猛腾飞时代的新青年,他们有着十分鲜明的特殊个性和强烈的自我意识。面对思想充满活力的受众体,教师必须与时俱进,既要不断增强自身的理论深度,深入实际生活扩展眼界,丰富社会经验,还要善用学生更喜闻乐见的方式展开教学活动。

(三)用实践教学推动全方位育人是高等教育事业的必然选择

习近平总书记一直以来都十分重视高校的思想政治理论教育工作,不仅多次强调思想政治理论课对于落实立德树人根本任务具有不容忽视的关键作用,还指明新时代思想政治理论课要通过改革创新实现更高质量的发展,促进学生德智体美劳全面发展,就必须在不断增强其思想性、理论性的同时还要充分重视其实践性。由此可见,把传统的课堂教学和实践教学结合起来,把思政小课

---

① 李姝慧,魏幸雅.具身教学理论视角下高校思想政治理论课教学路径优化探析[J].教育教学论坛,2022(9):5-8.
② 陈扬.基于反思性教学理论下的大学英语新手教师专业发展的研究[D].沈阳:沈阳师范大学,2013.

堂同社会大课堂结合起来①,是实现全程育人、全方位育人,推动我国高等教育事业迈向更高台阶的必然选择。

(四)实践教学是赋予"大思政课"更多生命力的必然路径

2021年3月,在看望参加全国政协会议的医药卫生界、教育界政协委员时,习近平总书记明确指出,"大思政课"一定要跟现实结合起来,上思政课不能拿着文件宣读,这样的思政课是没有生命力的,是干巴巴的。② 所以,思政课教师作为办好思想政治理论课的关键力量,在教学过程中绝对不能敷衍了事,必须积极创新方式方法,尤其是要勇于打破传统架构,运用各类实践教学法,将教学内容盘活,使理论知识的讲授、学习过程更具情感和温度,逐步提升学生的"到课率"和"抬头率",在此基础上,真正推动思政课教学实现内化于心、外化于行的教学效果。

(五)坚持"理论性和实践性相统一""主导性和主体性相统一"是思政课改革创新的必然要求

2019年3月,习近平总书记召开学校思想政治理论课教师座谈会时特别强调指出,思想政治理论课的改革创新需要坚持做到"八个相统一"。尤其是其中的"理论性和实践性相统一""主导性和主体性相统一"两大要求,十分清楚地指明了教师必须重视实践教学对于立德树人的重要作用,要充分发挥好学生的主体性作用。理论源于实践,又在实践中接受检验,只有切实做到这两个"相统一",才能使学生在深入理解马克思主义科学性与党的理论创新成果的基础上,筑牢理想信念,勇担时代职责。

二、回顾与展望:"习概"课教学研究过程、成效及改进方向

为了更加全面、深入把握学生学习"习概"课的基本情况,以促进教学方式的进一步完善,2022—2023学年秋季学期,"习概"教研室展开了一次面向全体学生的匿名问卷调查。经过对回收的5208份有效问卷进行统计分析,我们发现,虽然开设时间较短,但是"习概"课的教学整体上仍取得了非常明显的成效。

---

① 习近平主持召开学校思想政治理论课教师座谈会[N/OL].[2023-12-11]. https:/baijiabao.baidu. com/s? id=1628347132723154943&wfr=spider&for=pc.

② 让思政课真正成为一门"金课"(有的放矢)[EB/OL].[2023-09-20]. https://baijiahao.baidu.com/s? id=1744435582285655150&wfr=spider&for=pc.

(一)"习概"课取得的教学成效

1. 课程广受青年大学生好评与喜爱

教研室的调查结果显示,近68.5%的学生表示自己很喜欢新开设的"习概"课。究其原因,27.3%的学生发自内心认为这一课程本身具有十分重要的价值和作用,26.6%的学生指出任课教师富有感染力的讲解增加了课程内容的吸引力,还有14.6%的学生表示自己在日常学习中已经对这门课程产生了较为浓厚的兴趣。"习概"课通过短短一个学期就受到了广大学生的好评与喜爱。

2. 学生的"课程获得感"不断增强

在对"习概"课的教学效果进行评价时,50%的学生表示自己"很有收获",46%的学生认为自己"有一些收获"。这些收获主要源自三个方面:①通过"习概"理论知识学习,学生的爱国爱党情怀、文化自信、政治认同、思想觉悟得到进一步提升。②通过系统学习新发展理念、坚持党的全面领导、全过程人民民主、全面从严治党、全面深化改革、生态文明、"一国两制"、人类命运共同体、文化建设等不同专题,通过对社会热点事件与时事政治的深度剖析,学生对社情、国情、党情及世情的了解更加准确,理论视野更加开拓。③课堂之中汲取到的历史唯物主义和辩证唯物主义的世界观、方法论能够丰富学生头脑,帮助学生更好认识复杂的社会关系并开展社会实践活动。

3. 学生"四个自信"与使命担当意识不断增强

经过一学期的认真学习,学生们在提交的"课程心得"中普遍表示自己对党的方针政策有了更加深入的理解,对党的百年奋斗重大成就,特别是十八大以来所取得的伟大成就、历史性变革有了更加立体、直观、真实的感受。此外,几乎每个学生都认同这一观点:作为新时代的新青年,作为华中科技大学的学子,自己有责任、有义务,主动、积极承担起时代赋予的重任。为了实现这一崇高的人生理想,一定会紧紧跟随党的脚步,更加努力学习好专业知识,为第二个百年奋斗目标和中华民族伟大复兴的实现奉献出最大的光热。

(二)"习概"课存在的问题

在肯定既往成绩的同时,我们也必须充分意识到,现有的教学方式与内容还存在着继续提升与改进的空间。根据学生的真实反馈,他们的意见和需求主要集中在以下三个方面。

1. 授课模式过于传统、单一、刻板,应引入更多教学元素来提升学生兴趣度

数据显示,31.4%的学生认为教师教学方式不够多元化,18.6%的学生认为部分教师存在着过分依赖教材或课件、照本宣科的情况,传统授课模式容易引起沉闷压抑的课堂氛围,难以充分激发学生的学习兴趣。鉴此,学生提出希望授课教师能够拓宽自身知识面,采用更加灵活、多样、生动的教学方式,寓教于乐,真正有效提升学生的课程"获得感"。

2.思政类课程内容重复性明显,"习概"课特色需更加凸显

在统计学生"学习过哪些大学思政类课程"的调查题项时,学习过"毛泽东思想和中国特色社会主义概论""思想道德与法治""马克思主义基本原理""中国近现代史纲要"的学生占比分别为11.9%、30.8%、30.4%、26.9%。此外,25.3%的学生表示"习概"课的部分知识点在其他已经学习过的思政课程中有所涉及。因此,重复性的内容往往会导致部分学生很难区分出"习概"课与其他思政类课程的不同之处究竟在哪里,"习概"课自身的突出特色又究竟是什么。

3.教学过程以单向传输为主,学生参与性、主体性有待加强

部分学生表示在教学中普遍存在着以教师为主导的现象,授课教师在讲授知识的过程中,通常都是按照自己的想法对课程的各个环节进行设计,学生作为授课对象,往往都是处于被动状态而非主动状态,较少有机会与教师展开双向的互动或者是充分发挥出自身的主体性、能动性。久而久之,学生对课程的学习热情也会因此大打折扣。所以,通过什么方式有效增强学生在学习过程中的主体性,将其从单纯的听众角色转变为真正的参与者,是"习概"课在下一个教学阶段必须思考的重要问题之一。

三、依托新时代文明实践中心(所、站)多方位建设实践育人新阵地

2018年7月,中央全面深化改革委员会第三次会议审议通过《关于建设新时代文明实践中心试点工作的指导意见》,并首次明确提出建设"新时代文明实践中心"的概念。在党中央精神的指引下,全国多个省份迅速开启文明实践中心试点工作。据2022年年中评估结果显示,截至2022年8月,湖北全省共建成新时代文明实践中心112个(含城市功能区9个)、所1336个、站25947个,覆盖率分别为100%、100%、97.15%,阵地资源不断优化整合,志愿服务力量不断发展壮大,文明实践活动愈加丰富多彩,文明实践项目深植基层,整体工作取得明显成效。但是,在肯定既有成果的同时也必须清楚地认识到相关工作仍存在着不足之处。例如从横向看,在联动社会各方力量共建方面下力还不够;从纵向看,部分新时代文明实践中心尤其是基层所、站面临着较为凸显的人手匮乏的难题。因此,如何充分利用、整合、统筹好各类资源,如何为肩负着落地落实各项任务重担的新时代文明实践所、站提供更多优质的新鲜血液,是推动习思想更加深入人心的必由之路。

2022年5月,中共湖北省委宣传部与华中科技大学正式签约共建湖北省新时代文明实践研究院,马克思主义学院院长、习近平新时代中国特色社会主义思想概论教研中心负责人岳奎教授担任研究院院长。作为学习贯彻习近平新时代中国特色社会主义思想的重要阵地和重要平台,不论是学校、学院抑或是研究院,都有十分优质雄厚的科教及人才资源,能够为全省新时代文明实践的建设工作提供有力的智力支持。① 此外,面向全体学生开展的问卷调查也已经清楚表明,广大学生十分期盼在课堂学习之外,能够有更多机会走进社会、认识社会,在实践活动中将自身所学的理论知识转化为促进社会发展进步的力量。基于此,依托新时代文明实践中心(所、站)建设实践育人新阵地,一方面可以为新时代文明实践的理论研究及实践任务注入华中大力量,另一方面也是有效提升"习概"课感召力和实效性的可行路径。为了实现这一目标,结合当前实际,具体的实践方案主要可以从以下四个维度分别着手展开。

(一)共建志愿服务学院,拓宽本校学生返乡下沉有效渠道

湖北省2022年新时代文明实践的年中报告指出,当前主要有黄冈市、荆州市分别与属地高校共建了志愿服务学院,致力于为推动习近平新时代中国特色社会主义思想深入人心,为基层常态化开展文明劝导、精准扶贫、公益环保等志愿服务活动输送更多专业人才,打造更宽广的平台。华中科技大学作为教育部直属重点综合性大学,学科门类齐全,学科体系综合全面,师资力量雄厚,教学理念先进。2022年中国大学在校学生数量排行榜中,华中科技大学位列第三。显而易见,不论是质量还是数量,华中科技大学都有着十分突出的优势,完全有能力为志愿服务学院的建设提供优秀且充足的人力资源。在具体的建设过程中,着重需要处理好机构、数据库、实践指导教师团队、学生社会实践管理制度体系四个方面事项。

1.依托共建研究院,搭建志愿服务体系

依托湖北省委宣传部与华中科技大学共建的湖北省新时代文明实践研究院,在马克思主义学院挂牌成立华中大新时代文明实践志愿服务学院,主要负责人可在湖北省新时代文明实践研究院的核心成员或是"习概"教研室专职教师中进行选择,相关工作人员可按照"专兼结合"的方式由马克思主义学院或其他学院教职工担任。起步阶段需要着力与省内有需求的市县进行联系沟通,搭建起"实践中心(所、站)—志愿服务学院—学生"三级联动志愿服务体系。通过规范、有序的机构设置,为各地特别是存在人手短缺问题的基层所、站吸纳到更

---

① 共建"湖北省新时代文明实践研究院"签约仪式举行[EB/OL].[2023-06-01].http://politics.hust.edu.cn/info/1048/4168.htm.

多优秀青年大学生志愿者,为本校学生深入基层开展社会实践活动扫清信息对接不通畅等障碍。此外,志愿服务学院随着工作的日益推进和完善,形成了特色品牌,到了适宜时机还可以不断与其他省份及地区建立友好合作关系,一方面既能够为在全国范围内学习宣传贯彻习近平新时代中国特色社会主义思想、做好新时代文明实践工作贡献华中大力量;另一方面也能够给广大青年学生提供更多的实践机会与更广阔的舞台。

2.依靠技术赋能,创建志愿服务信息数据库

为了畅通实践中心(所、站)与学生志愿服务者两端互相联系的路径,增强实效性,提升服务质量与实践获得感,一定要充分运用校内和院内现有资源,例如在官方网站或微信公众号新增一个入口和板块,建立起智慧志愿服务信息数据库。在初期阶段,数据库要面向省内所有新时代文明实践中心(所、站)开放,使相关负责人能够随时按照地域或者活动门类进行志愿实践信息的发布与更新,以此确保在校大学生及时了解活动的详细信息。另外,因为学校学生数量庞大,为更有效展开工作,有意愿成为志愿者的学生应该通过系统注册成为正式志愿者并完善基础信息,例如身份类型、个人专长、联系方式等,以此方便志愿服务学院更加有效地进行人员的管理与调配。

3.充分利用本校科教资源优势,组建实践指导教师队伍

为了帮助学生更好开展实践活动,使实践更具方向性、策略性、专业性,华中科技大学承担着思想育人重任的思政课教师,尤其是"习概"教研室教师,应该积极、主动参与实践指导队伍,既要帮助学生厘清思想上的迷雾,也要根据实践活动的具体内容做有针对性的指导,使课堂上传授的理论知识真正接受实践的检验并在实践中落地生根。此外,"习概"内容丰富,涉及政治、经济、文化、生态、制度、国防、教育等多个不同领域。为给予学生以更加全面、专业的指导,推动志愿服务工作有效提升,还可以以志愿服务学院为平台,加强与学校其他各院系、组织的沟通和互动。例如充分利用本校丰富、优质的师资力量,吸纳、邀请不同专业、不同方向的教师加入实践指导队伍;积极主动向本校其他相关组织借力,比如成立于2005年、由校团委直接领导的"华中科技大学大学生社会实践中心",经过近20年的不断发展,在组织学生进行各类志愿服务活动方面取得了亮眼成绩,必然能够为志愿服务学院工作的顺利开展提供丰富的经验支持。

4.探索学生社会实践形式多元化,完善社会实践管理制度体系

经过数十年的不懈努力与奋斗,社会实践早已成为我国大学生思想政治教育不可或缺的重要一环。从活动内容层面来看,全国各地各高校普遍都在积极拓展更多新的项目,引导、鼓励、动员在校大学生进行志愿服务、社会调研、挂职锻炼等各类实践活动。从活动形式层面来看,各高校大多会选择利用寒暑假期

展开统一的、大规模的社会实践。这一传统形式确实有助于学校更加高效、有序地展开教学工作,但与此同时也存在着一个突出的问题,即学生的课堂学习与课外实践之间产生了明显的"分割"与"断裂"。学生在课堂上吸收到的理论知识无法及时得到实践经验的验证,其感受与理解自然容易浮于表面。事实上,早在1996年12月,由共青团中央、中宣部、国家教委联合发布的《关于深入持久开展大学生社会实践活动的几点意见》就已经提及这一现象,意见明确指出:"除在假期大规模开展社会实践活动外,课余时间在不影响课程学习的前提下,可深入城市社会生活,开展大学生志愿者社区援助等社会实践活动。"基于此,创建志愿服务学院的重要任务之一就在于打破课堂学习与社会实践之间的屏障,探索学生社会实践的多元化形式。通过这一平台,依托湖北省新时代文明实践中心(所、站),完全可以为在校大学生在课余时间提供深入社会、深入基层的机会,真正促进理论与实际的有机结合。

另外还值得注意的一点就是,社会实践只有两个学分,学生在寒暑假期间完成了学校规定的相应社会实践任务即可获得。问题在于,根据当前培养体系的相关规则,学生在平时利用课余时间进行的各类零散式的、短期的实践活动一般并不会被纳入社会实践学分的考评范围内。因此,在探索学生社会实践多元化形式的同时,还必须不断完善社会实践的管理制度体系。例如除了集中时间段进行的社会实践活动以外,学生平时通过志愿服务学院等不同方式展开的社会实践活动也应该得到有效记录并给予适宜的分值。只有这样,才能够为学生从课堂走进现实创造更多可能性。

(二)在新时代文明实践中心(所、站)设立长期科研考察追踪点,打通理论课堂与实践课堂之间的壁垒[①],深化学生对习近平新时代中国特色社会主义思想不同专题的认识与理解

作为大学必修课程,"习概"课堂上的学生专业背景各异,对理论知识的理解程度、感兴趣的点也各有差异。面对这种情况,可以通过以湖北省内各个不同的新时代文明实践中心(所、站)为阵地,根据各地的自身特色,因地制宜设立能够长期考察追踪的科研站点,给在校学生们提供深入实际社会生活展开各类调查研究的生动平台。例如有着丰富红色资源的黄冈市红安县、武汉市武昌区、孝感市大悟县宣化店镇、黄石市阳新县、荆州市洪湖市、黄冈市黄州区陈策楼镇等地,有着深厚历史文化底蕴的襄阳市、宜昌市秭归县、荆州市、钟祥市等地,有着优美生态环境的大冶保安湖国家湿地公园、武汉东湖风景区、黄陂木兰

---

① 全林.理论与实践相结合,让思政课成为热门课[N/OL].[2023-12-14]. https://baijiahao.baidu.com/s?id=1719100714377124462&wfr=spider&for=pc.

文化生态旅游区、神农架风景区、恩施大峡谷等地，都可以依托当地的新时代文明实践中心（所、站）的阵地，以革命精神、党的建设、文化传承、绿色发展等不同主题建立专门的科研站点，让学生充分利用课余时间或者假期时间，围绕自身感兴趣的方向展开实地的、长期的、深入的考察追踪，从而帮助他们在社会生活实践中，在与人民群众的联系中真正感悟、理解"习思想"的精神要义。

（三）培养理论宣讲"学生名嘴"，传递新时代青年好声音

学生不仅要学好、理解透习近平新时代中国特色社会主义思想，还要不断锻炼和增强自己讲好中国故事、传播好中国声音的能力。由于课堂时间有限，学生人数较多，当前教学一般都是采用教师讲授、学生听课的形式展开。虽然在这一过程中，也会穿插提问互动、交流分享、学生 PPT 展示等环节，但是依然无法实现以更多学生为主体进行深度理论讲述的目标。也正是因为这一现实情况，不少学生思想上理解了相关理论知识，却又很难用语言将其清楚流畅、富有逻辑层次地表达出来。自党的十八大以来，为了推动习近平新时代中国特色社会主义思想走深走实，巩固马克思主义在意识形态领域的指导地位，理论宣讲已经成为各地进行理论传播、思想武装的重要手段。然而，很多基层的社区、村镇由于工作任务多、人手匮乏、资源保障不足等多种原因，在学习宣传党的创新理论时很容易出现滞后性、表面性等问题。因此，以湖北省新时代文明实践中心（所、站）为阵地，在全校范围内公开招募一批党性强、素质优、口才好的学生组成理论宣讲团，让他们在教师的指导下，根据自身特长，结合专业背景，采用大众化、多样化、青年化，让群众喜闻乐见，具有广泛参与性的方式方法，走到社会之中去开展常态化理论宣讲与解读。培养"学生名嘴"，不仅可以有效帮助基层缓解现实压力，不断促进精神文明建设，也能够为有需求、有能力的学生提供广阔的社会舞台，在向社会传递青年声音的过程中真正把复杂的理论知识讲透、吃透。

（四）展开大学生创新孵化实践教育，培育重点项目助力解决现实问题

自党的十八大以来，在党中央的坚强领导下，我国创造了一个又一个令世界为之惊叹的辉煌成就，战胜了一个又一个艰难险阻。与此同时，我们也必须认识到，在朝着第二个百年奋斗目标前进的过程中，依然有不少急需解决的现实问题摆在大众面前。青年大学生作为祖国的未来，虽年纪尚轻，但却拥有满腔的激情和无穷的创造力，期望能够用自己的学识为中华民族伟大复兴贡献出光热。然而，经过调查可知，相当一部分大学生表示很少能够有机会、有渠道使自己的想法落到实地。2023 年 2 月，《中国教育报》报道，广东省五邑大学以课程为基础、平台为支撑、项目为载体、市场为导向、能力培养为目标，分层次、分

类型、科学化实施了创新创业全过程教育。在第八届中国国际"互联网+"大学生创新创业大赛全国总决赛赛场上,五邑大学参赛项目不仅斩获金奖,还获得"最佳带动就业奖"单项奖。① 这一成功经验启示我们,学校以及各学院在教育过程中完全能够通过各类方式支持在校大学生开展创新项目。以"习概"课为例,在学习各专题时任课教师完全可以让学生们以现实问题为导向,结合理论知识和专业背景,立足群众生产生活实际,提出有建设性的意见,形成完整的解决方案。经教研室教师统一筛选评定后,具有切实价值的项目可以经由湖北省新时代文明实践研究院推荐给相应的实践中心、所、站以供参考,如有可孵化性,学院可给予项目以进一步的指导与支持,一方面既可为各地解决现实问题提供智力支持,另一方面也能够有力深化青年大学生对"习概"具体内容的理解,并促使他们将理论知识转化为现实力量并积极投身中国特色社会主义现代化建设。

教育是国之大计、党之大计。毋庸置疑,"习概"课作为思政课的重要组成部分,教学效果好不好直接关系到社会主义人才培养的方向和质量。因此,身为教育一线工作者,我们一定要善用"大思政课",需要明确教育导向,通过完善、转变、改革教学方法、教学观念,统筹利用学校、社会各类资源,使理论性教学和实践性教学实现有机统一,切实提高思政课的感召力和实效性,在学思践悟中引导学生坚定理想信念,在奋发有为中激励学生勇担时代使命。

---

① 五邑大学面向全校学生开展创新创业普及实践孵化教育——让学生由"看客"变"创客"[EB/OL].[2023-02-03].https://rmh.pdnews.cn/Pc/ArtInfoApi/article?id=33745917.

社会学习理论视角下"习思想"课程实践教学的优化路径研究

潘 博

"习近平新时代中国特色社会主义思想概论"(以下简称"习思想")课程是对习近平新时代中国特色社会主义思想的系统体系、思想脉络、精神实质和现实运用等进行讲解的思政课程,推动习近平新时代中国特色社会主义思想通过课程讲授入脑入心、实现立德树人根本任务,是该课程的核心目标。"习思想"课程作为面向全体本科生和研究生开设的必修课,既具备较强的政治性和时代性特征,同时亦具备鲜明的特殊性,即文本内容的抽象性和原则性、与其他思政课程的内容交叉性、内容涉及领域的广泛性、受众群体的背景差异性、高度的现实实践性等。

习近平总书记强调,"'大思政课'我们要善用之,一定要跟现实结合起来。上思政课不能拿着文件宣读,没有生命、干巴巴的"。思政课实践教学是高校落实立德树人根本任务的重要途径,它坚持理论性和实践性相统一的原则,兼具课程育人和实践育人的双重功能,是思政课教学的重要组成部分。"习思想"课程作为理论性与实践性兼具的思政课程,除理论讲授外,其实践教学也发挥着不可替代的作用。不同于其他思政课程门类,"习思想"课程具备自身特殊的授课目标和内容结构,而且作为一门新课,"习思想"课程的实践教学理念与实践教学模式还不尽完善,这表明我们要积极探索"习思想"实践教学的有效路径,切实提升"习思想"课程实践教学的实效性。基于此,本文拟从社会学习理论视角,对"习思想"课程实践教学的内在逻辑进行分析,明确其现实问题,并提出具有针对性的优化策略。

一、"习思想"课程实践教学的内在逻辑

班杜拉是美国社会学习理论(social learning theory)创始人、社会行为主义

代表人物。① 班杜拉的社会学习理论提出观察学习、示范学习、自我效能等概念，指出人可以无须直接参与学习活动而通过观察示范获得学习经验，并把这些间接学习到的内容转化为一种符号，从而指导自己的生活。② 班杜拉的社会学习理论已经在社会科学特别是教育领域的研究与实践中广泛应用。从社会学习的观点来看，行为的因素、人的因素和环境因素都是相互联结着起作用的决定因素，三者相互交互，共同决定人的行为。可以说，无论是行为主义的强化理论还是环境决定论均无法解释人的行为动机，人既不完全受内部力量的驱使，也不完全受环境刺激的支配，人的因素与环境因素连续不断地交互作用方能解释心理机能。这意味着，塑造人的行为，需要从行为因素、人的因素、环境因素三方面的交互过程和综合作用着手。

"习思想"课程的实践教学过程与社会学习过程具备高度内在契合。一是，"习思想"课程的实践教学以培育人的行为为核心目标，即用习近平新时代中国特色社会主义思想立德树人，培育具备高度政治素质、行为符合政治规矩、拥有合格政治能力的时代新人，这需要形塑学生上述方面的内驱力——行为动机，而这可以通过社会学习理论的理论视角来进行深度考察。二是，"习思想"课程的实践教学寓教于实践，是在特定实践环境下推动习近平新时代中国特色社会主义思想入脑入心、形塑动机的过程，这可以发挥社会学习理论在考察特定环境下人的因素和环境因素如何互动的视角优势，有助于明确如何更好地通过调适人的因素和环境因素，优化三种要素的彼此互动和综合作用过程，从而推动习近平新时代中国特色社会主义思想入脑入心。基于此，社会学习理论为深入考察"'习思想'课程的实践教学"这一重要命题提供了可行的理论视角。社会学习理论认为，人的动机主要基于"注意过程""保持过程""动作再现过程""动机过程"四重环节得以形成、强化，这高度契合形塑行为动机的内在规律。因此，我们可以基于该分析框架，对提升"习思想"课程实践教学实效性的内在逻辑进行如下深入思考。

（一）把握学生观察学习过程，设计"习思想"课程实践教学环节和目标

观察学习也称替代性学习，即"人类个体在替代经验的基础上所获得的学习……包括各种负载着有关行为规则的信息的环境刺激"③。在"习思想"课程

---

① ［美］阿尔伯特·班杜拉.社会学习理论[M].陈欣银,李伯黍,译.北京:中国人民大学出版社,2015；高申春.人性辉煌之路:班杜拉的社会学习理论[M].武汉:湖北教育出版社,2000.

② 郭斯萍,张晓冰.班杜拉的社会学习理论再评价——从文化心理学角度[J].心理研究,2022(2):99-104.

③ 高申春.人性辉煌之路:班杜拉的社会学习理论[M].武汉:湖北教育出版社,2000.

实践教学中,观察学习占据主体份额。在此过程中,作为思政课教师,在教学设计中应重点关注以下环节。

1. 注意过程

注意过程决定了一个人在大量信息中获取有限内容的范畴与偏好,其效果取决于示范活动特征、观察者特征、榜样的特征三个要素。在实践教学中,应当注重实践教学主题的设置,要在推动习近平新时代中国特色社会主义思想的大方向下,契合学生认知偏好和知识需求,让实践教学的内容、形式、任务、环节等更能激发学生学习兴趣,能够尽可能吸引和保持学生对实践教学的注意力。

2. 保持过程

保持过程即观察者形成相关的新的认知结构的过程。人类接受的示范信息主要以心象与语义-概念来表征,观察者如果能同时用两种形式表征,则符号的储存效果最好。这要求在"习思想"课程的实践教学中,要注重采用学生较为熟悉、乐于接受的内容和形式,即替代性经验的图像要有张力、文本要易于接受,推动学生在实践教学情境中深入认识习近平新时代中国特色社会主义思想的精髓,以及国家大政方针、主流价值观等。

3. 动作再现过程

动作再现过程即学习者对示范行为的表现过程。在观察者习得替代性经验后,需要通过不断实践、反馈、矫正等过程,进而实现观察者行为与示范行为的契合,也就是在实践教学中,不仅要对学生开展耐心示范、说明和教授,还需要在实践中给予学生充足的实践机会,并在实践中予以充分指导,比如遇到困难时予以帮助,出现问题时予以矫正,在交流反馈与沟通中不断提升学生行为与示范行为的契合水平。

4. 动机过程

教学中应设置适当的直接诱因、替代性诱因、自我生成诱因,从而对学生的学习动机产生正向的驱动与激励,使其主动完成建构性学习、积极作出匹配行为。

(二)应用自我效能感理论

自我效能感即"一个人在进行某一活动前,对自己能否有效地作出某一行为的主观判断。正是这种自我效能感成为行为的直接动机,决定了人的行为"①。高自我效能感能激发个体动机,而且也决定了个体对活动的投入程度。② 这要求在实践教学中,教师要不断引导学生参与其中,并对学生符合要求的行为、取得的进步、获得的成绩等及时鼓励,对学生提出的建议及时采纳。较强的自我效能感能够充分增强学生在实践教学过程中的注意力,形塑学生的成就动机及克服学习困难的态度,并提升其对知识、思维、行为的自我强化程度,从而在学习前、中、后多个层面提升"习思想"实践教学的实效。激励能够有效提升学生自我效能感,但必须合理运用,否则不当激励反而会适得其反。③ 这就需要教师在激励过程中正确掌握归因技术,将学生的进步归因为优良的能力,而将其挫折归因为外在的条件④;同时亦须注意对其掌握的知识技能的成果进行及时鼓励。此外,难度适当、层次分明、循序渐进式的目标体系会提升学生效能感,并培养其对于实践教学内容内在的兴趣。

二、"习思想"课程实践教学的优化路径

基于社会学习理论视角,我们对"习思想"课程实践教学的内在逻辑有所了解,明确其主要环节和核心目标,但如何将其落到实处?这需要在内在逻辑的框架导引下,以可能存在的现实困境为问题导向,系统构建"习思想"课程实践教学的优化路径。

(一)推动教学与学生偏好结合,提升实践教学吸引力

在"习思想"课程实践教学设计中,应当避免设计偏离学生偏好,过于"假大空"。这要求实践教学的授课教师在注意过程阶段,在教学设计中充分考虑大学一、二年级学生的认知特点与心理特征,以期最大程度将其注意范畴与教学目标内容相匹配。例如,学生一般对于可爱的、有张力的、前卫的、同龄人关注的、学习发展的事物等更容易感兴趣,而这些事物在内容和形式上与"习思想"课程的内容紧密相关。因此在吸引注意力的环节,可以采取一些通用的提升人注意水平及注意保持时间的策略,如了解学生最近关注的事物并应用到导入活动中,选择符合上述内容的活动主题,在形式上多采取可爱的、具有张力的、前

---

① 周国韬,元龙河.班杜拉的自我效能感理论述评[J].教育评论,1991(6):65-67.
② 张学民,申记亮.中学生学习动机、成就归因、学习效能感与成就状况之间因果关系的研究[J].心理学探新,2002(4):33-37;陈志英.从自我效能感的视域看学习动机的激发[J].通化师范学院学报,2005(5):73-75.
③ [美]阿尔伯特·班杜拉.自我效能:控制的实施[M].缪小春,李凌,井世洁,等译.上海:华东师范大学出版社,2003.
④ [美]谢弗,等.发展心理学——儿童与青少年[M].8版.邹泓,等译.北京:中国轻工业出版社,2009.

卫的内容呈现载体,并提升学习与榜样者的相似度、制造学生关于实践问题的认知冲突等。

(二)有效融入替代性经验,提升实践教学影响力

在实践教学中,容易出现一味让学生参与实践而忽视替代性经验融入的情况,这导致学生只是参与实践而无法明确导向,降低了实践教学的效率。这就需要教师充分设计一些融入替代性经验的环节,安排一些能够使学生在实践教学中加深印象的实践内容与形式,以此推动短时记忆向长时记忆转化。在内容方面,可以在活动前对相应专题(已在课堂上讲授)的主要内容开展小测验,在参与红色文化、先进企业等场景展览,或者劳务活动、文化创作等实践活动中通过实地讲解、情境感召等方式持续加深学生记忆。比如,针对"全面从严治党"专题,可以播放《建党大业》等爱国主义影片,并在观影结束后安排模范党员宣讲,以加深学生印象;针对"全面依法治国"实践教学,可以采取观摩法庭审判、参观监狱等方式获取"守法"的积极替代性经验与"违法"的消极替代性经验,从而通过替代性经验的获取,加深其对于相应专题内容的印象与理解。

(三)教师及时处理反馈,推动学生实现概念匹配

在实践教学中,少数教师错误地将"习思想"课程的实践教学当作"放松课",认为让学生按程序完成实践教学的内容,就算完成了实践教学的任务。这导致本该是师生互动的实践教学环节,变成了单向的"学生干、教师看",这无法实现实践教学目标。因此在动作再现过程中应当引入反馈教学模式,对学生实践教学过程中出现的问题、困惑、错误认知等情况进行及时控制与矫正,使得学生能够最终实现概念匹配,达成教学目标规定的预期认知水平。同时,教师也应当积极引导学生进行自我观察、自我反思,充分发挥其主观能动性。比如"以新发展理念引领高质量发展"专题涉及许多经济现象和经济政策术语,如企业报表、绩效评估等,学生可能难以理解,这就需要允许学生及时反馈,教师及时予以指导。再比如"推动社会主义文化繁荣兴盛"专题,文化内容形式有时较为抽象、缺乏明确评判标准,并易引起学生困惑甚至是错误认知;"坚持以人民为中心的发展思想"专题中可能会涉及房价、医保、就业等问题,学生有时难以评判;在实践中部分学生看到社会中存在的一些问题,如少数群众的生活困难,很可能会让学生们形成错误认知。这些都需要教师及时正确引导,矫正学生错误的行为认知,并作出正确行为示范,从而帮助学生实现概念匹配。

(四)对学生行为及时激励,不断强化正向行为动机

根据个体行为动机的形塑规律,在学生通过实践教学对习近平新时代中国

特色社会主义思想形成认同之后,应当强化这一认同态度,即不断加深个体动机。为巩固学生认知结构,在动机过程阶段应当引入反馈教学模式及正反案例等教材内容,配合奖惩机制及适当诱因,充分利用反馈信息对学生的正向学习动机加以强化,有效提升其自我效能感,从而最终使学生到达自我强化阶段。比如"发展全过程人民民主"专题的实践教学,一般以观摩和参与中国共产党领导的多党合作和政治协商、基层协商民主等场景为主,使学生具备更广泛的知识、更活跃的思维、更热情的态度,这样学生在基层协商民主过程中很可能会发挥积极作用、展示自我,从而对参与民主的"参与者"身份、对全过程人民民主本身都会产生更高认同。此时,教师应当及时对学生发挥的积极作用进行正向激励,如夸奖称赞、总结典型、给予奖励等,也可以在下一专题的授课课堂上请该学生或学生团队分享经验,从而激励学生的正向行为动机。在进行激励中,教师应当注意避免空洞而刻意的激励,因为这非但无法发挥强化动机的作用,反而会浪费宝贵的强化机会。基于此,教师要结合学生的行为特别是行为细节进行鼓励,并发挥激励的规模影响,从而以点带面,不断强化学生对习近平新时代中国特色社会主义思想、对"中国之治"和中国特色社会主义的高度认同。

第三个历史决议融入"毛泽东思想和中国特色社会主义理论体系概论"课程教学的思考

沈孝鹏

思政课是落实立德树人根本任务的关键课程。"毛泽东思想和中国特色社会主义理论体系概论"（以下简称"概论"），是本科阶段学生必修的五门思政主干课之一。就其目标而言，"概论"课主要是为了引导学生对马克思主义中国化进程中形成的理论成果有更加准确的把握，对中国共产党领导人民进行革命、建设、改革的历史进程、历史变革、历史成就有更加深刻的认识，对运用马克思主义的立场、观点和方法认识、分析和解决问题能力的提升有更加切实的帮助。党的十九届六中全会审议通过的《中共中央关于党的百年奋斗重大成就和历史经验的决议》（以下简称第三个历史决议），是中国共产党百年历史上的第三个历史决议，全面回顾总结了党百年奋斗的历史进程、历史成就，精辟提炼概括了党百年奋斗的历史意义、历史经验，与"概论"课教学密切相关，是达成上述教学目标的必备参考资料。深入探讨第三个历史决议融入"概论"课的路径与方法，既是学习贯彻党的二十大精神的必然要求，也是切实提升思政课教学质量和效果的重要途径。

一、第三个历史决议与"概论"课教学的主要关联点

第三个历史决议与"概论"课教学密切相关，对讲准讲好"概论"课意义重大，择其要者而言之，主要体现在以下几个方面：

（一）宏观层面，第三个历史决议对党的百年奋斗历程进行了新概括，并具体概括了不同阶段党面临的总任务、解决的主要问题、取得的重大成就，这是"概论"课教学的基本依据

第三个历史决议将党百年奋斗历程划分为四个阶段：一是夺取新民主主义革命伟大胜利；二是完成社会主义革命和推进社会主义建设；三是进行改革开放和社会主义现代化建设；四是开创中国特色社会主义新时代。并具体概括了不同阶段党面临的主要任务：新民主主义革命时期，党面临的主要任务是反对

帝国主义、封建主义、官僚资本主义，争取民族独立、人民解放，为实现中华民族伟大复兴创造根本社会条件；社会主义革命和建设时期，党面临的主要任务是实现从新民主主义到社会主义的转变，进行社会主义革命，推进社会主义建设，为实现中华民族伟大复兴奠定根本政治前提和制度基础；改革开放和社会主义现代化建设新时期，党面临的主要任务是继续探索中国建设社会主义的正确道路，解放和发展社会生产力，使人民摆脱贫困、尽快富裕起来，为实现中华民族伟大复兴提供充满新的活力的体制保证和快速发展的物质条件；中国特色社会主义进入新时代，党面临的主要任务是，实现第一个百年奋斗目标，开启实现第二个百年奋斗目标新征程，朝着实现中华民族伟大复兴的宏伟目标继续前进。继而概括了不同阶段党解决的重要问题，取得的重大成就，这其中有些是一以贯之的观点，而有些则是新论断，这为"概论"课教学提供了基本依据。

(二)中观层面，第三个历史决议对毛泽东思想、邓小平理论、"三个代表"重要思想、科学发展观作出新阐释，这是"概论"课教学的核心内容

1. 关于毛泽东思想

第三个历史决议指出毛泽东思想是马克思列宁主义在中国的创造性运用和发展，是被实践证明了的关于中国革命和建设的正确的理论原则和经验总结，是马克思主义中国化的第一次历史性飞跃。毛泽东思想的活的灵魂是贯穿于各个组成部分的立场、观点、方法，体现为实事求是、群众路线、独立自主三个基本方面，为党和人民事业发展提供了科学指引。明确毛泽东思想是马克思主义在中国的创造性运用和发展，这是第三个历史决议的重要贡献。这一论断指明了以毛泽东为代表的中国共产党人对推动马克思主义中国化作出的重大贡献。明确毛泽东思想是马克思主义中国化的第一次历史性飞跃，这是第三个历史决议提出的一个全新论断。这一论断是对毛泽东在马克思主义中国化历史上首创者、主导者地位的充分肯定，也是对毛泽东思想作为马克思主义中国化奠基性理论成果的充分肯定，更是对毛泽东思想在新时代、新阶段继续推进马克思主义中国化重要价值和意义的充分肯定。

2. 关于邓小平理论

第三个历史决议指出党的十一届三中全会以后，以邓小平同志为主要代表的中国共产党人，团结带领全党全国各族人民，深刻总结中华人民共和国成立以来正反两方面经验，围绕什么是社会主义、怎样建设社会主义这一根本问题，借鉴世界社会主义历史经验，创立了邓小平理论，解放思想，实事求是，作出把党和国家工作中心转移到经济建设上来、实行改革开放的历史性决策，深刻揭示社会主义本质，确立社会主义初级阶段基本路线，明确提出走自己的路、建设

中国特色社会主义,科学回答了建设中国特色社会主义的一系列基本问题,制定了到二十一世纪中叶分三步走、基本实现社会主义现代化的发展战略,成功开创了中国特色社会主义。这一重要阐释进一步明确了邓小平理论首要的基本的理论问题,即什么是社会主义、怎样建设社会主义;进一步明确了邓小平理论的精髓,即解放思想、实事求是;进一步明确了邓小平理论的基本内容,包括社会主义初级阶段理论、党在社会主义初级阶段的基本路线、社会主义根本任务理论、分三步走基本实现现代化的发展战略、社会主义改革开放理论、社会主义市场经济理论、"两手抓,两手都要硬"、"一国两制"与祖国统一、中国特色社会主义外交和国际战略、党的建设理论等。

3. 关于"三个代表"重要思想

第三个历史决议指出,党的十三届四中全会以后,以江泽民同志为主要代表的中国共产党人,团结带领全党全国各族人民,坚持党的基本理论、基本路线,加深了对什么是社会主义、怎样建设社会主义和建设什么样的党、怎样建设党的认识,形成了"三个代表"重要思想,在国内外形势十分复杂、世界社会主义出现严重曲折的严峻考验面前捍卫了中国特色社会主义,确立了社会主义市场经济体制的改革目标和基本框架,确立了社会主义初级阶段公有制为主体、多种所有制经济共同发展的基本经济制度和按劳分配为主体、多种分配方式并存的分配制度,开创全面改革开放新局面,推进党的建设新的伟大工程,成功把中国特色社会主义推向二十一世纪。这一重要阐释,高度概括了"三个代表"重要思想的主要内容,包括发展是党执政兴国的第一要务、建立社会主义市场经济体制、全面建设小康社会、建设社会主义政治文明、推进党的建设新的伟大工程等,进一步明确了"三个代表"重要思想的历史地位。

4. 关于科学发展观

第三个历史决议指出,党的十六大以后,以胡锦涛同志为主要代表的中国共产党人,团结带领全党全国各族人民,在全面建设小康社会进程中推进实践创新、理论创新、制度创新,深刻认识和回答了新形势下实现什么样的发展、怎样发展等重大问题,形成了科学发展观,抓住重要战略机遇期,聚精会神搞建设,一心一意谋发展,强调坚持以人为本、全面协调可持续发展,着力保障和改善民生,促进社会公平正义,推进党的执政能力建设和先进性建设,成功在新形势下坚持和发展了中国特色社会主义。这一重要阐释进一步明确了科学发展观回答的基本理论问题,即实现什么样的发展、怎样发展;丰富了内涵,包括以人为本的核心立场、全面协调可持续的基本要求、统筹兼顾的根本方法等。

(三)微观层面,第三个历史决议围绕毛泽东思想、邓小平理论、"三个代表"重要思想、科学发展观,提出了很多新观点新论断,这是"概论"课教学必须讲清楚的重要内容

比如,关于遵义会议评价,第三个历史决议指出:1935年1月,中央政治局在长征途中举行遵义会议,事实上确立了毛泽东同志在党中央和红军的领导地位,开始确立以毛泽东同志为主要代表的马克思主义正确路线在党中央的领导地位,开始形成以毛泽东同志为核心的党的第一代中央领导集体,开启了党独立自主解决中国革命实际问题的新阶段,在最危急关头挽救了党、挽救了红军、挽救了中国革命,并且在这以后使党能够战胜张国焘的分裂主义,胜利完成长征,打开中国革命新局面。这在党的历史上是一个生死攸关的转折点。其中,谈到"事实上确立了毛泽东同志在党中央和红军的领导地位",相较于以往认识和评价,增加了"事实上"三个字,这背后是有深刻的历史依据的,是一个重大变化,有必要向学生讲清楚,以便更加充分展示中国共产党人对正确党史观的坚持和运用。

二、第三个历史决议融入"概论"课教学的可能路径

(一)整体代入——可从决议出台的背景、主要内容、重大意义等方面,向学生介绍第三个历史决议,使学生对其有一个整体把握

1. 背景

就背景而言,第三个历史决议本身已交代得较为清楚,序言部分四段中三段都在谈这个问题:其一,中国共产党自1921年成立以来,始终把为中国人民谋幸福、为中华民族谋复兴作为自己的初心使命,始终坚持共产主义理想和社会主义信念,团结带领全国各族人民为争取民族独立、人民解放和实现国家富强、人民幸福而不懈奋斗,已经走过一百年光辉历程。这里说明的是建党百年时间节点。其二,一百年来,党领导人民浴血奋战、百折不挠,创造了新民主主义革命的伟大成就;自力更生、发愤图强,创造了社会主义革命和建设的伟大成就;解放思想、锐意进取,创造了改革开放和社会主义现代化建设的伟大成就;自信自强、守正创新,创造了新时代中国特色社会主义的伟大成就。党和人民百年奋斗,书写了中华民族几千年历史上最恢宏的史诗。这里说明的是百年来我们取得了重大成就,积累了宝贵经验需要认真总结。其三,总结党的百年奋斗重大成就和历史经验,是在建党百年历史条件下开启全面建设社会主义现代化国家新征程、在新时代坚持和发展中国特色社会主义的需要;是增强政治意

识、大局意识、核心意识、看齐意识,坚定道路自信、理论自信、制度自信、文化自信,做到坚决维护习近平同志党中央的核心、全党的核心地位,坚决维护党中央权威和集中统一领导,确保全党步调一致向前进的需要;是推进党的自我革命、提高全党斗争本领和应对风险挑战能力、永葆党的生机活力、团结带领全国各族人民为实现中华民族伟大复兴的中国梦而继续奋斗的需要。全党要坚持唯物史观和正确党史观,从党的百年奋斗中看清楚过去我们为什么能够成功、弄明白未来我们怎样才能继续成功,从而更加坚定、更加自觉地践行初心使命,在新时代更好坚持和发展中国特色社会主义。这里说的是现实意义和要求。

2. 主要内容

就主要内容而言,第三次历史决议共分为七个部分:一是夺取新民主主义革命伟大胜利;二是完成社会主义革命和推进社会主义建设;三是进行改革开放和社会主义现代化建设;四是开创中国特色社会主义新时代;五是中国共产党百年奋斗的历史意义;六是中国共产党百年奋斗的历史经验;七是新时代的中国共产党。

3. 重大意义

就重大意义而言,可从以下几个方面概括:一是深刻认识党百年奋斗的伟大成就,有助于进一步增强实现中华民族伟大复兴的历史自信;二是深刻认识党百年奋斗的历史意义,有助于进一步认清中国共产党的历史贡献和历史方位;三是深刻认识党百年奋斗积累的宝贵历史经验,有助于进一步把握历史规律汲取历史智慧。

(二)比较研究——将第三个历史决议与第一个、第二个历史决议联系起来,进行比较阐释,使学生对中国共产党以决议这种特殊形式总结历史的必要性和价值有一个更深刻的认识

众所周知,党的百年奋斗历程中,共制定出台了三个历史决议,分别是1945年党的六届七中全会通过的《关于若干历史问题的决议》、1981年党的十一届六中全会通过的《关于建国以来党的若干历史问题的决议》、2021年党的十九届六中全会通过的《中共中央关于党的百年奋斗重大成就和历史经验的决议》。为了加深学生对决议的认识,特别是对中国共产党以决议这种特殊形式总结历史的必要性和价值有一个更为深切和直观的感悟,可从比较的维度,对三个历史决议进行深入研究解读,具体我们认为可从以下几个层面展开。

1. 从背景维度看,处于重大历史关头,反映时代诉求

关于第一个历史决议,《中国共产党的九十年》这本权威党史著作有直接阐述:"抗战以来,中国共产党的组织得到很大的发展。但是,广大新党员身上存在着各种非无产阶级思想。老党员要适应新形势,也需要进一步提升自己。遵

义会议后,党的路线已经走上马克思主义的正确轨道,但对曾经给党的事业造成严重危害的主观主义、教条主义还没来得及从思想上进行认真的清理。"为什么一方面说中国共产党的组织得到了很大发展,具体表现在哪里;另一方面说广大党员身上还存在各种非无产阶级思想,非无产阶级思想是什么、表现在哪里;这些,都需要向学生讲清楚。关于第二个历史决议,主要是拨乱反正过程中出现了一些新情况新问题,主流方面是广大干部群众从过去一段时期之内盛行的个人崇拜和教条主义的精神枷锁中解脱出来,党内外思想比较活跃,出现了研究新情况解决新问题的生动景象;问题是对"文革"和毛泽东、毛泽东思想的议论出现两种倾向:一种是受"左"的思想束缚,对十一届三中全会以来的路线方针政策表现出某种程度的不理解甚至抵触情绪;另一种是极少数人曲解"解放思想"的口号,极端夸大党所犯的错误,企图否定党的领导,否定社会主义制度,否定毛泽东和毛泽东思想。主流和问题又如何解读,需要向学生讲清楚,同时以此来说明制定历史决议的历史必然性。

2. 从价值维度看,统一全党思想行动,凸显政治功能

比如关于第一个决议,毛泽东在党的七大预备会议上的讲话中说:"自然我们还不是修党史,而是主要讲我们党历史上的'左'倾错误,讲党史上一种比较适合于中国人民利益的路线与一种有些适合但有些不适合于中国人民利益的路线的斗争,无产阶级思想同小资产阶级思想的斗争。这个问题经过了几年的酝酿,现在比较成熟了,所以写出决议案把它解决了。"这是最直接的论述,说明制定决议和一般意义上修党史有重大区别,它是为了统一全党思想行动,具体可结合三个决议文本以及领导人的相关论述进行深入阐释。

3. 从内容维度看,尊重历史本来面貌,强调求真求实

这一点可结合对毛泽东思想的界定展开。具体看,第一个历史决议表述是"毛泽东思想是马克思列宁主义在中国的运用和发展,是被实践证明了的关于中国革命的正确的理论原则和经验总结,是中国共产党集体智慧的结晶";1982年党的十二大党章表述为,"毛泽东思想是马克思列宁主义在中国的运用和发展,是被实践证明了的关于中国革命和建设的正确的理论原则和经验总结,是中国共产党集体智慧的结晶";第三个历史决议表述是,"毛泽东思想是马克思列宁主义在中国的创造性运用和发展,是被实践证明了的关于中国革命和建设的正确的理论原则和经验总结,是马克思主义中国化的第一次历史性飞跃"。表述的具体变化及变化背后的逻辑需要向学生讲清楚。

(三)具体结合——结合2023年版教材,把体现决议精神的一些新观点新论断讲深讲透

比如,前面已提及的关于毛泽东和毛泽东思想的评价。再如,关于"三个代

表"重要思想的认识,第三个历史决议指出党的十三届四中全会以后,以江泽民同志为主要代表的中国共产党人,团结带领全党全国各族人民,坚持党的基本理论、基本路线,加深了对什么是社会主义、怎样建设社会主义和建设什么样的党、怎样建设党的认识,形成了"三个代表"重要思想。其中提到"加深了对什么是社会主义、怎样建设社会主义和建设什么样的党、怎样建设党的认识",这是一个新论断,对此有必要深入讲解,使学生学深悟透。

校园文化融入高校思政课实践教学研究

马冰茜　李嘉琦

高校思想政治理论课是对大学生进行思想政治教育的主渠道,对引领当代大学生价值观发挥着重要作用。同时,包含学校物质文化、精神文化和制度文化等要素在内的校园文化有着潜移默化的育人效果,日益成为思想政治教育的重要阵地和重要组成部分。将校园文化融入高校思政课实践教学,实现协同效应,对培育学生的思想认识、价值观念起到积极作用,有利于切实提升思想政治理论课实践教学的育人实效。

一、校园文化的新时代内涵

高校作为文化高地,是培养社会主义事业建设者和接班人的重要场域。校园文化作为中国特色社会主义文化的重要组成部分,不仅为高校人才培养提供重要精神动力,对提升国家文化软实力、增强文化自信也至关重要。从理论层面,高校校园文化是高校立足自身长期办学实践和社会发展需求,在办学宗旨和发展目标指引下,全校师生直接参与和创造的、公认和遵循的价值取向、思维方式、行为规范,包括学校物质文化、精神文化、制度文化和行为文化。在文化内涵层面,高校校园文化包括地域文化、传统文化、特色文化、新时代文化四个方面。①

1. 地域文化是高校校园文化的基色

地域文化影响着特定社会群体的生活方式、人情观念和发展形态,是形成区域群体凝聚力的精神源头。高校所处一方地域,其文化的形成深受地域文化的影响与浸润。

2. 优秀传统文化是高校校园文化的本色

高校作为文化育人的重要场所,发挥着文化传承创新的基本职能,将传统文化中符合高等教育理念的内容进行提炼和拓展,构成了更为丰富的校园文化。

---

① 本文着重从文化内涵层面分析校园文化,研究其融入高校思想政治理论课实践教学的路径。

3. 特色文化是高校校园文化的底色

不同的高校校园具有的独特的建筑景观、办学理念、培养模式、治理体系以及在长久发展中形成的校风校训，构成了高校校园特色文化。

4. 新时代文化是高校校园文化的亮色

社会主义核心价值观是中国特色社会主义文化的精神内核，反映出新时代社会共同的理想信念，具有高度的凝聚力。高校校园文化建设以社会主义核心价值观为引领，不断培育具有时代精神和价值风尚的校园文化。

本文着重从文化内涵层面分析校园文化，研究其融入高校思想政治理论课实践教学的路径。

二、校园文化与高校思政课实践教学的关系

校园文化与高校思政课实践教学有着丰富的内在联系，具体体现为两者之间育人目标一致、渗透层次互补和作用主体呼应。

（一）育人目标一致

校园文化是一所学校经过长期发展，历史积淀形成的，由全校师生共同传承、创造的价值观念、精神气质和文化环境的总和，肩负着对学生进行道德情操、理想信念、思想意志、生活规范等多方面的教育和培养任务。思政课实践教学是高校思想政治理论课的重要组成部分，其教学内容、教学目标以思政课教学目标为根本，着力提升学生政治素质、思想道德素质等内在综合素质和创新实践能力。即用思想政治理论的观点、方法和思维来分析并解决现实生活中的各种问题。

因此，校园文化和思政课实践教学育人目标一致，旨在提高学生的思想政治素质，以马克思主义的观点和思维方法观察、分析社会现象，树立科学的世界观、人生观、价值观，努力成才并积极地投身于社会主义现代化建设的伟大事业。

（二）渗透层次互补

内容丰富、形式多样的校园文化活动是高校校园文化的外在表现形式。校园文化活动如科技学术活动、文艺体育活动、志愿服务活动等以其自身具备的教育性和价值性对学生的思想观念、价值理念产生潜移默化的影响，以达到对学生的思想政治教育。让学生在参与中、体验中形成正确的人生观、世界观、价值观。思政课实践教学作为思想政治理论课教学体系中的一环，通过案例教学、情景教学、问题教学、专题研讨等常用的教学方式方法，检验学生思想政治理论知识的掌握和应用程度，对于学生思想政治教育的作用明显且直接。

因此，两者对学生思想的渗透层次互为补充，校园文化融入思政课实践教学有利于实现隐性教育和显性教育相统一。

(三)作用主体呼应

习近平总书记在关于思想政治理论课改革创新的论述中指出，思政课教学离不开教师的主导，同时要发挥学生主体性作用，这就点明了教师与学生在思政课中的地位和思政课改革创新的战略方向以及发力重点。学生是校园文化活动的主体，通过活动的参与达到学习和受教育的目的。将校园文化融入思政课实践教学，能够丰富教学方式，增强教学吸引力，从而充分调动学生以主体身份参与教学过程。

当前，校园文化活动多注重形式创新以吸引学生参与，往往容易忽视活动本身的理论依据。将校园文化融入思政课实践教学，发挥教师主导作用，通过教师制定的特定目标、系统计划、精准内容和科学手段来更好地剖析文化活动的理论性，提升校园文化活动开展的政治性，深化校园文化建设的实效性。

因此，校园文化融入思政课实践教学能充分发挥教师主导性和学生主体性，实现资源共享和效果增值。

综上分析，将校园文化融入高校思想政治理论课实践教学具有重要的理论意义和实践价值，不少高校通过这种方式解决当前思政课面临的问题。当然在产生积极效果的同时，校园文化在融入实践教学过程中也存在一些问题。

三、校园文化融入高校思政课实践教学的现状

(一)融入机制不够健全

校园文化融入高校思政课实践教学是一项系统工程，需要充分调动人、财、物等资源以及各类保障监督机制等。当前，高校对校园文化融入思政课重视不够，融入机制尚不完善。校园文化融入思政课实践教学过程中对于教师没有提出明确要求和政策导向，受教师主观意愿影响强。作为思政课教学的主体，教师在教学中"重理论、轻实践""重科研、轻教学"现象时有存在。另外，教师对于校园文化融入思政课实践教学经验不足，对校园文化理解不完善，而教师对校园文化的理解程度直接影响了学生在思政课实践教学中的知识体验和价值认同。

(二)融入资源利用不足

高校在办学治校过程中越来越认识到校园文化的教育价值，但高校校园文化资源在思政课实践教学中利用不足。一是校园文化理论研究不够深入，在融

入过程中出现内容较为笼统的问题。高校校园文化受地域和高校特质影响,不同高校的校园文化研究多各成一派,个案研究较多,校园文化理论性研究较少,高校校园文化融入思政课实践教学涉及交叉的研究,则更为稀少。因此,校园文化融入高校思政课实践教学缺乏理论指导。二是校园文化资源挖掘深度不够。当前高校对于校园文化的凝练多从校史、办学理念、校训、校歌等方面进行挖掘,对于校园建筑和自然景观方面的文化挖掘还有待加强,对于校园各类活动所体现的校园文化还需要进一步凝练和利用。

(三)融入模式较为单一

校园文化融入高校思政课实践教学目标的实现有赖于教师教学方式的吸引力和针对性。当前在实践教学中校园文化融入不深入、融入形式较为落后的现象普遍存在。一是运用网络手段不够充分。当前在思政课实践教学形式上多采用翻转课堂、课后走访参观、提交实践报告等,惯性思维下学生易陷入疲于应付的状态。随着网络技术发展不断深入,实践教学应充分探索如何运用网络技术,增强校园文化融入的创新性和吸引力。二是运用载体能力有待提升。校园文化融入思政课实践教学需要多种载体的支持。学校是主阵地,社会是重要补充。社会教育层面应积极营造氛围,为融入提供良好的场所等。

四、校园文化融入高校思政课实践教学的路径选择

(一)加强顶层设计,在"机制建设"上下功夫

要从根本上促进校园文化融入高校思政课实践教学,需要加强顶层设计,完善长效机制,在客观条件和因素方面给予支持,从体制与机制方面协调好各方关系。围绕课程标准,高校应当做好课程内容和大纲的设计方略,运用思想政治教育学、教育学、社会学等相关理论设计课程目标与大纲,将理论转化为教学实践活动。同时,可以适当丰富课程考核方式、评判方式,例如,布置实践课作业,引导学生积极组织或参与与大学校园文化建设有关的活动、赛事等,将更加灵活的课程评判与实践效果作为高校思政教学课程的实际考核评判标准。

针对教师将校园文化融入课程实践教学的方法、经验等方面存在的不足,高校可以组织校内研究平台和专家学者开展专项研究,举办以校园文化为主题的思政课教学技能大赛,在队伍建设方面着力提升思政课教育教学质量和水平;通过主题演讲、经验交流会、校园文化知识问答、先进人物事迹报告等形式,引导学生深入理解校园文化内涵、进行交流学习。通过宣传校园文化,将大大丰富思政课实践教学内容,提升思政课实践教学效果,整合学生身边的教育资

源,增强思政课程的亲和力和感染力。

(二)整合校园文化资源,在"资源利用"上下功夫

以思政主旋律引领校园文化建设,将校园文化资源与思政课程的实践环节有机融合,使其相互促进,能够以学生喜闻乐见的方式提升育人成效,同时充分发挥校园文化的育人功能,在理论与实践之间形成良性互动。

高校可以把握重要节点,开展相应的思想政治教育活动。例如,依托"七一"建党节,可以开展宣传教育活动,重点推进理论学习研讨、文艺活动、主题教育、先进典型学习宣传等方面的活动,迅速形成庆祝建党的良好氛围;依托中秋节、端午节等传统节日,可以举办丰富的实践活动,如赏月、包粽子、包饺子、剪纸等,重点推进中国传统文化深入人心;依托"5·25心理健康节""4·23世界读书日"等与思政教育有关的节日,开展影片展播、典型宣传等专业性与趣味性兼具的活动。在活动结束后,高校可以组织思政课教师,在课堂上进行系统性的总结,使得活动成为加强学生思想政治教育的过程,坚定学生为实现中华民族伟大复兴贡献力量的决心。

高校可以将思政课程内容与本校实际相结合,开展校园活动。例如,"思想道德基础与法律修养"课有助于当代大学生掌握丰富的思想道德和法律知识,为提高学生思想道德和法律素养打下知识基础。结合课程内容,可以适时邀请校内外法律专家开展专题讲座,集中开展学术会议、模拟法庭、法治电影展播、法律知识竞赛等活动,使法律知识深入人心。"马克思主义基本原理概论"课能够使学生掌握马克思主义哲学的基本观点、立场和方法。为此,可以紧扣主题推进马克思主义科学理论学习教育,密切联系青年学生实际,设计马列经典读书沙龙、演讲比赛、辩论赛等活动以作为课堂教学的补充,引导学生深入理解马克思主义的世界观和方法论。

为使校园文化充分发挥作用,应当整合好文化资源,将包括物质文化、制度文化、精神文化在内的校园文化全面纳入思政课程教学的各个环节。例如,将校纪校规融入"思想道德基础与法律修养"课,将红色校史融入"中国近现代史纲要"课等。在此基础之上,高校可以邀请校外专家或学校相关领导、思政课教师作专题学术报告,宣讲校园文化内涵。此外,结合新时代的特征,可以通过录制相关微党课的方式,切实提升在思政课中融入校园文化教育的有效性和针对性。

(三)提升载体运用能力,在"方法改进"上下功夫

习近平总书记指出:"思政课的本质是讲道理,要注重方式方法,把道理讲深、讲透、讲活,老师要用心教,学生要用心悟,达到沟通心灵、启智润心、激扬斗志。"利用丰富的校园文化资源,改革创新教学方式方法,确保思政课有最佳的

育人效果。

结合新时代技术发展的特征,高校可以充分利用新媒体平台,对校园文化进行专业性与趣味性兼具的宣传,激发学生学习校园文化的内生动力,同时为思政课程提供丰富的内容。例如,在校园网站、公众号等平台开设校史校情学习专栏,遴选上线符合学生特点的校史校情学习教育资源,供广大师生学习使用。在思政课设计过程中,高校可以整合线上与线下资源,鼓励思政课教师结合实际和学生特点,运用科学、开放、创新的方式方法开展教学工作。

高校可以发掘本校优势教育资源,整合全校优质校园文化场馆,精心设计教学计划,科学安排组织实施,确保教育工作取得实效。例如,思政课教师组织学生参观学习校史馆,结合学校的发展,帮助广大学生充分了解学校的办学指导思想、办学宗旨、奋斗目标、办学成就和办学特色;组织学生参观校园广场、雕塑、建筑等,分析其历史与寓意,加深学生对校园历史及文化的抽象理解,陶冶情操、提升素养;带领学生观摩学校科研阵地、研究成果展厅等,激发学生的学习热情,弘扬科学精神等。

通过以上方式,将思政课实践教学与校园文化相结合,借助丰富多彩、形式多样、学生喜爱的校园文化活动深化思政课教育教学效果,增强思政课教育教学的针对性、实效性和吸引力、感染力。

五、结语

近年来,校园文化的育人功能得到不断挖掘和应用,在融入高校思政课实践教学环节的过程中也拓展了思政课的教学内容,丰富了思政课的教学形式,提升了思政课的教学实效。不断探索校园文化与思政课实践教学协同建设,为提升思政课育人实效性提供了有效手段。但将校园文化融入思政课实践教学的整体应用率还有待进一步提升;挖掘校园文化资源、建立校园文化理论研究体系,为思政课实践教学环节提供丰富的教育资源,还有待进一步拓展。

参考文献

[1] 徐东,张琦.校园文化与高校思政课实践教学的有效整合探索[J].产业与科技论坛,2020(12):160-161.

[2] 田苗华.新时期高校校园文化建设的现状和对策——以吉林省高校为例[J].长春理工大学学报(社会科学版),2022(5):95-98.

[3] 陈勇兵.高校思政课实践教学与校园文化活动结合初探[J].福建教育学院学报,2014(4):25-27.

经典文本融入"马克思主义基本原理"课程实践教学探究

刘思远

多年来,推进"马克思主义基本原理"(以下简称"原理")课程教学改革一直是困扰各大高校的难题。从"原理"课程的性质和地位而言,以马克思主义经典文本为授课重点是不可丢弃的重要教学方式,但从"原理"课程教学改革的趋势和方向而言,实现马克思主义理论与现实实践相结合又成为当下新的必经之路。从以往"原理"课程的教学经验来看,马克思主义经典文本的解读和实践教学似乎充满矛盾,既无法实现行之有效的兼顾,又不能简单判别其地位的主次。辩证唯物主义认为,矛盾不仅具有斗争性,而且具有同一性,统筹兼顾的前提是谋求共赢。既然"原理"课程教学改革重要方向是实践教学,那么,只有将实践教学融入以马克思主义经典文本为主体的理论教学,才能获得新的生命,赋予新的灵魂。

一、"马克思主义基本原理"课程中经典文本的运用

(一)经典文本融入"马克思主义基本原理"课堂教学的重要意义

"原理"课程作为中国高等院校大学生思想政治理论必修课的重要组成部分,始终占据着基础性地位。多年来,"原理"课程经历了一次又一次的改革和修订,从教材内容到教学形式都发生了很多突出变化,但"原理"的核心旨趣始终没有改变,那就是发挥其对思想政治理论课程整体性的引领作用和铺垫作用。相对于其他基本思政课而言,"原理"课程的理论性和抽象性是其突出特点。作为一门独立课程,将"原理"课程讲清楚、讲透彻,让学生实现课堂上听懂、生活中会用,不仅是这门基础性课程的重点,更是难点。而"原理"课程的内容是抽象性和概括性的马克思主义经典理论,而马克思主义经典理论源自马克思主义创始人和后继者的经典文本。从马克思主义经典文本着眼,不仅体现"原理"课程任课教师备课、上课的基本功,更应成为学生在教学实践活动中客体主体化的重要环节。因此,将马克思主义经典文本融入"原理"课程具有重要

意义。

对于"原理"课程本身的教学实施空间有限的消极特点,马克思主义经典文本融入"原理"课程教学有助于打破空间壁垒,重塑新型师生教学关系。纵览"原理"官方教材的知识体系和主体内容,不难发现,"原理"课程对马克思主义经典理论的罗列,从马克思、恩格斯创立马克思主义的年代,到如今马克思主义中国化的新时代,横跨近两个世纪的时间脉络和众多马克思主义后继者的理论发展脉络,全部浓缩在一本二百余页的教科书中。因此,"原理"课程具有主体教学内容庞大、教学任务艰巨等特点不言而喻。而当代大学生正处于多元文化交织的海量信息时代,对于刚刚步入大学生活的他们而言,尚未形成坚定的社会主义意志和正确的世界观、价值观,对于自主接收到的信息尚未具备判断是非、区分正误的能力和客观的自我认知能力。此时,对于"原理"课程内容的讲授,如果只停留在表层的说教和灌输,其空洞和枯燥的课堂形式和教学氛围,势必会使学生产生抵触情绪,反而使之接受通俗易懂的社交娱乐平台里充斥着的别有用心的非主流文化的熏陶。

高校设置马克思主义思想政治理论课程的目的是培养拥有坚定马克思主义信仰的社会主义接班人,而不是只为得高分、拿学分的"做题家"。对于"原理"课程的教学,既不能偏离教材设定的知识体系,又要着力提升和实现学生对马克思主义理论的信任感,就必须追本溯源,从"原理"课程的源头着手,如同让学生从"加减乘除"开始理解高等数学和微积分一样,让学生从马克思主义经典文本的阐释逻辑中自行总结和理解"原理"课程中的抽象概念。通过对马克思主义经典文本的阅读与交流,可以顺利实现教学实践活动中主客体关系的转化。一方面,学生转化为学习实践的主体,从马克思主义经典文本中感受马克思主义创始人和传承者的文字和话语,身临其境地感知马克思主义理论诞生的时代背景和马克思主义者的历史使命与宏伟信仰;另一方面,教师并未完全脱离教学活动的主体身份,仍然作为课程的掌舵人帮助学生把握理论学习的整体方向。因此,将马克思主义经典文本融入"原理"课程,不仅是课程教学的题中应有之义,而且为传统固化的师生关系注入教学实践双主体的新活力。马克思主义理论是科学性的,因为马克思主义是真理;中国化的马克思主义理论是人民性的,因为中国特色社会主义的实践是符合价值。真理是可以论证的,价值是可以感受的。通过对理论溯源的马克思主义经典文本的学习,虽然教师不讲马克思主义科学性的一个字,但课堂内容的每一个字都散发着马克思主义的科学性;虽然教师不讲中国化马克思主义人民性的一个字,但学生感受的每一个字都透露着中国化马克思主义的人民性。比起枯燥乏味的"讲"和消极被动的"听",马克思主义经典文本的自主学习更能够促进学生对马克思主义者的主体认知,提升学生对马克思主义经典理论的理解和认同,为后续的其他思想政治理论课程的开展打下坚实基础。

(二)经典文本融入"原理"课堂教学的实施现状

"原理"课程的教学内容本质上是对一系列马克思主义基本理论的解析,从马克思主义经典文本着眼"原理"课程也是每一位任课教师最熟悉的教学手法。因此,马克思主义经典文本融入"原理"课程的教学过程可以说早已不是一个新提法,而是几乎所有"原理"课程任课教师都无法避免的传统教学模式。笔者认为现阶段马克思主义经典文本融入"原理"课堂教学的实施方式可简单分为以下几种类型。

1. 用马克思主义经典文本刻画人物特征

马克思主义的创始人——卡尔·马克思和弗里德里希·恩格斯早在1883年和1895年先后辞世,这两位马克思主义伟人的事迹虽然至今仍然令人叹服,但对于当代学生而言,早已不再新鲜。从小学、中学再到大学,思想政治理论课教学始终贯穿当代学生的成长,但由于每位学生的成长环境和学科背景不同,成长过程中所遇到的思政课教师不同,在他们心中形成的对马克思、恩格斯以及马克思主义理论本身的形象也各不相同。高校思想政治理论课再谈马克思主义,必须超越以往各阶段教育的教学目的,从马克思主义理论的创立者和提出者的人物本身出发,重拾学生对马克思主义理论课的兴趣。人的本性是会对奇闻轶事抱有强烈的好奇心,青年学生作为教学受众也不例外。授课教师通常抓住青年学生的"八卦"心理,通过人物轶事激发学生兴趣,引起学生对课堂的关注。马克思主义经典文本是其作者在所处时代背景下,对于现实世界的观察和思考,用抽象思维概括凝练的思想结晶。通过将经典文本引入"原理"课堂教学过程,可以从中感受作者在历史背景下写作时的心境,理解历史赋予作者的历史使命,从而体会作者对马克思主义信仰的坚守和对未来实现共产主义社会的坚定信念。

2. 用马克思主义经典文本阐释教材内容

根据"原理"教科书中的教学要求,任课教师应在一个学期中用16个教学周讲授包括马克思主义哲学、马克思主义政治经济学和科学社会主义在内的8个章节,其中不仅包括马克思和恩格斯两位马克思主义创始人的经典理论,还有诸如列宁、毛泽东、邓小平在内的马克思主义后继者的传世理论,内容丰富、体系庞大。因此,教科书中的内容只是对马克思主义理论要点的抽象概括,没有充足的版面对理论进行详细的解读和阐释。这就为"原理"课程的教学工作带来了难度,但同时也带来了可供扩展的空间。当下"原理"课程的任课教师通常将教材中的理论要点所对应的原文文本带进课堂,用理论提出者在阐释观点思想时的文字,原汁原味地解释教材中的理论本身。这样既避免了任课教师用自己的话解读教材内容所产生的歧义,又可以使学生在经典文本阅读中发挥学习主体的主观能动性,形成对理论全新的感性认识,增加学生学习马克思主义理论的兴趣。

二、"原理"课程中实践教学环节的运用

(一)"原理"课程中实施实践教学的重要意义

从"原理"教科书的知识框架和内容罗列来看,"原理"课程的教学目的是通过为高校大学生普及马克思主义基本理论,为深刻理解中国特色社会主义建设事业、准确判断风云变幻的国际关系和政治经济形势、正确树立符合社会主义建设者和接班人基本素养的世界观和价值观提供理论支撑。而就高校教学实践活动的一般认识而言,越是抽象、晦涩的纯粹理论课程,其教学活动中师生之间关系的处理难度越大,换言之,实践主体和实践客体的界限越鲜明。而"原理"课程的整体设置,在教育部规定的高校思想政治理论课中,这一特征最为明显。因此,在以往很长一段时间里,"原理"课程的教学工作基本停滞在"言传"的形式上,即使在课程改革的大趋势下,部分任课教师采用多种方式试图形成突破,但也只是停留在丰富教学内容的生动性上,未能形成实质性的形式创新。习近平总书记指出:"高校思想政治工作关系高校培养什么样的人、如何培养人以及为谁培养人这个根本问题",要"坚持理论性和实践性相统一",这就为如何讲好高校思想政治理论课,特别是如何讲好"原理"课程提供了清晰的指导原则。

马克思在《关于费尔巴哈的提纲》中指出:"哲学家们只是用不同的方式解释世界,而问题在于改变世界。"这句话不仅成为马克思区别于以往其他哲学家的标志,也道出了马克思主义理论至今仍然闪耀着年轻和科学光芒的原因:马克思主义理论是在实践中不断发展的科学学说。马克思在近二百年前写下的文字、创造的理论观点,经过时代变迁、时间洗礼,不仅没有陈旧和过时,反而变得更加深刻和清晰,在当今学术界仍然享有至高无上的礼遇。其哲学观点来源于实践,并指导实践。现如今,我们再谈"实践",总显得平淡无常和司空见惯,早已不会将"实践"作为重要研究对象来对待。而从这个角度而言,就更加凸显马克思在不谈实践的时代将"实践"作为哲学认识的来源和研究的目的的科学和珍贵。实践是认识的来源、实践是认识的动力、实践是认识的目的、实践是检验认识真理性的唯一标准,这些马克思主义的经典论断无一不来源于对马克思实践观的传承。因此,"原理"课程的教学活动如若脱离实践,就会使马克思主义理论教学成为无源之水、无本之木的空洞形式,并且也会大大降低学生对将

实践作为认识源泉的马克思主义理论的可信度,严重影响教学质量,从而无法实现塑造学生社会主义核心价值观的教学目的。因此,实施实践教学,践行马克思主义的实践性特征,不仅是"原理"课程无法回避的问题,还是高校马克思主义思想政治理论课必须落实的行动指南。

马克思主义认识论认为,认识的来源有很多,但追根究底都是来源于实践。关于这一观点的教学,如果只是单纯采用课堂讲解,会让学生产生重要误区,即学生对于马克思主义实践观的认识来源于间接经验,这就使马克思主义实践观陷入悖论。马克思主义认识论同样认为,实践是横跨物质世界和精神世界的唯一桥梁,只有被实践检验过的认识,才是主客观相符的真理性认识。同样,关于这一观点的教学,如果仅仅停留在课堂讲授阶段,无异于用认识检验认识,无法说明这一观点的真理性。通过实践教学环节的使用,一方面能够让学生自主体验理论提出者的推导过程,最终得出和教材一致的观点,有益于学生在探索和求知过程中获得感的形成,同时又进一步拉近了学生与马克思主义理论的心理距离;另一方面,教师通过引导学生运用理论观点解释或解决现实问题,能够使学生从外向内地接受马克思主义理论永葆青春活力的科学性,进而培养和增强学生从内而外地自觉运用马克思主义基本原理理解和解决学习生活问题的能力,从而更深层次地坚定学生的马克思主义信仰,使马克思主义的世界观和方法论成为学生认识世界和改造世界的理论武器。因此,实施实践教学,践行马克思主义的实践性特征,不仅符合理论逻辑,而且符合现实逻辑。

(二)"原理"课程中实践教学的实施现状

从教育部对"原理"课程教学工作的实施要求来看,实践教学并未成为课程实施过程中不可缺少的规定动作;但从"原理"课程教学工作的实际运行来看,实践教学理应成为课程实施过程中的必备环节。由于"原理"课程作为高校本科学生必修公共课,其"必修"性质要求学生必须从课程学习中有所收获,换言之,"原理"课程的教学工作必须落到实处;但其"公共课"性质又使得所有专业的学生均要接受课程的学习,换言之,在同一时间相同课时量的条件下,任课教师要向不同学科背景的学生传授同一难度的同一内容。因此,学生在学习过程中领悟程度的差异性必然会给教学工作增加难度。而实践教学的引入或以实践教学为主体的教学形式,可以让所有学生"从零开始"学习一门新的学科,从而缩小学生由于教育背景不同产生的差异。笔者认为,可简单将现阶段"原理"课程中实践教学的实施现状划分为以下几种类型。

1. 以课堂为主阵地的实践教学

和传统的授课型教学形式相同,这种实践教学没有脱离教室的主客体实践空间,继续沿用课堂本身规划实践教学方式。与传统的说教式教学相比,以课堂为主阵地的实践教学大多突破了教材知识体系的禁锢,将教材中的知识点按照学生的学科背景重新编排,重塑知识框架,组建理论专题。此外,以课堂为主阵地的实践教学还体现为对教学内容的创新,如引入与课程内容相关的其他理论作比较研究,或者结合学生的学科背景作理论运用。这些方式的优势在于,能够根据任课教师的科研方向和学生的实际领悟状况作出灵活且及时的调整,使教学工作的推进和教学目的的达成更切合实际。但问题在于,这种"实践"仅仅是任课教师对教学工作的实践,并未形成对课程本身内容的实践,最终结果也只能提升任课教师的授课水平,对教学目的和教学效果并未有实践教学角度的明显改观,最终同样会跌入"说教式"教学形式的牢笼。

2.寻找实践基地构建实地教学

这种实践教学形式完全打破传统教学模式的空间限制,带领学生走出教室,将课堂与生活、与社会相融合,构建沉浸式教学形式。采用这种形式的授课教师需要挖掘与课程内容贴合的校本资源或社会资源,寻找能够接受调研、访谈或提供相关材料的场所或机构实现对接,并且拥有丰富的社会实践经验和突发状况应对常识,对于户外教学中可能出现的学生注意力分散、课程进度打乱等情况能够做到有效掌控。这种采用实地教学的实践教学形式的优势在于,可以通过学习环境的改变激发学生的兴趣和灵感,提高学生对理论应用于实际解决现实问题时的意识和能力,为学生提供更多学科思维逻辑和获取知识的途径,增强学生问题意识和对理论本身的接受意识。但问题在于,这种实践教学的形式虽然模拟了"实践"的外壳,却很难实现"实践"的内核。在实际操作中,会面临诸如课程过多无法协调统一时间、室外空间空旷声音无法传达以及社会实践过程中会出现难以预料的安全隐患等重重困难,最终导致这种实践教学的形式无法普及或稳定实施。

三、"马克思主义基本原理"课程中经典文本融入实践教学的路径

(一)"马克思主义基本原理"课程中经典文本与实践教学的关系

前文已述,经典文本融入"原理"课程的教学过程是老生常谈的话题,也是将"原理"课程内容讲准讲透的必然要求。但目前经典文本在课程教学实践中的运用,并没有脱离灌输式的传统教学范式,仍然以任课教师为实践主体、学生为实践客体、教学内容为实践中介展开教学实践活动。对于"原理"课程的教学改革大多徘徊在内容扩展、专题构建、考察形式等方面,并未实现经典文本与"原理"课程之间结合关系的突破和创新。

在高校思想政治理论课实践教学改革的大背景下，高校均对此进行了尝试和探索。但笔者发现，实践教学在"原理"课程中的运用非但没有为"雄狮"插上翅膀，而且还削弱了"雄狮"原有的激情与速度。在实践教学改革的过程中，"原理"课程的授课教师大多只学到了实践教学的形式，而没有把握实践教学的本质，只做到了"理论课程＋实践"，而没有做到"将实践融入理论课程"。

当然，很多授课教师对于将实践教学应用于"原理"课程的改革方案不太理解，认为这种改革无异于画蛇添足。但笔者认为，与其说"原理"课程不适应实践教学等新型授课形式，不如说授课教师固化了对实践教学的认识。正确处理实践教学与教学实践的关系，是准确把握实践教学内涵的关键。

教学实践作为一个以教师、学生为主客体的实践活动，可以分为两个部分，即"教"的实践和"学"的实践。在"教"的实践活动中，教师是实践主体，学生是实践客体，通过教师发挥主体能动性将课程理论知识传授给学生，实现学生群体世界的改造。因此，在"教"的实践活动中，理论教学是主要形式。相反，在"学"的实践活动中，学生是实践主体，课程理论知识是实践客体，通过学生发挥主体能动性将课程理论知识内化为自己精神世界的一部分，形成对于课程内容的带有主题色彩的理解，实现对课程内容的改造。因此，在"学"的实践活动中，实践教学应成为其主要形式。

由此可见，实践教学是教学实践中必不可少的重要环节，它突出体现在学生作为实践主体从事"学"的实践活动中。通过授课教师采用实践教学的形式，让学生将课程知识完成自我吸收，实现以学生为主体的对自己精神世界的改造，是学生形成世界观、人生观和价值观的最有效途径。因此，实践教学的重心不仅在实践，而且在教学，是在教学中融入实践，而不是把二者割裂开。从这个意义上说，实践教学完全是对理论教学的补充，是更好、更有效地实施理论教学即"教"的实践活动的一种方式。

综上所述，运用经典文本释义课程内容与运用实践教学补充理论教学并不矛盾。相反，经典文本在"原理"课程中的运用，只有和实践教学相结合才能碰撞出符合"原理"课程教学目的的火花。换言之，通过运用实践教学的形式，学生加深对经典文本的解读，进一步深化对课程知识的理解和吸收，从而将理论教学知识内化形成自我精神世界的一部分，实现对世界观、人生观和价值观的改造。

（二）"原理"课程中经典文本融入实践教学的教学建议

1. 选取适合"原理"课程内容的马克思主义经典文本

马克思主义经典文本既是对教材内容的深化，也是对教材内容的延伸。选择篇幅合理、难度适中、可读性高的马克思主义经典文本，篇幅控制在一万字左右。如《〈黑格尔法哲学批判〉导言》反映了马克思早期思想的转变阶段，《关于费尔巴哈的提纲》是包含着新世界观天才萌芽的第一个文件，《〈政治经济学批判〉序言》概括了唯物史观的经典结论，《共产党宣言》充分展现了马克思、恩格斯阐述资本主义生产方式的逻辑与历史的统一，《帝国主义是资本主义的最高阶段》回答了资本主义从自由竞争走向垄断的必然性。授课教师须提前对诸如此类的篇幅过长的文本进行删选，整理好电子稿或纸质稿并提供给学生。

2.制定与理论教学紧密结合的实践教学设计方案

例如，可将课程的32学时分作理论教学和实践教学两部分。其中实践教学为4学时，用于学生对课程安排的经典文本阅读作小组汇报展示。按教材章节或任课教师划定的专题分组，每组汇报展示讲解时间为10~15分钟，剩余时间则用于学生提问和教师总结。其中小组汇报展示内容可包括写作背景、文本解读、佳句赏析、现实意义、心得体会等几个方面。

在学生提问环节，听讲学生可自由向讲解学生提问，以检验讲解学生的阅读能力和听讲学生的理解能力。这一环节的重要性在于，学生群体的角色区分为提问学生、讲解学生和听讲学生，提问学生的问题输出过程和讲解学生的问题回答过程，都是对彼此精神世界的进一步改造，在互动环节产生的思维碰撞会发生连锁反应，形成问题链条，发挥多米诺骨牌效应，从而使学生无论处于以上三种角色中的任何一种，都不是单一的主体或客体定位，而是不断将马克思主义理论汇入自己的世界观和方法论，又将这种具有马克思主义特色的世界观和方法论不断运用于现实实践活动的过程。

在教师总结环节，授课教师对讲解学生的汇报进行评价。在这一环节，任授教师又回归到教学主体的角色，针对讲解学生对经典文本的理解进行点评，针对提问学生对汇报的疑问进行进一步回答，从而站在马克思主义理论正确释义的角度对学生的理性认识进行修正。在这个过程中，学生一步步探索马克思主义立场、观点、方法的真正内涵，进而使"原理"课程的教学方式实现从"说教"到"引导"，教学结果实现从"学到"到"懂得"，最终使马克思主义理论从学生的学习内容深化为学生的精神指引。

"大思政课"背景下的深度实践教学思考

吕洪良

一、"大思政课"对新时代实践教学提出新要求

教育部等十部门印发的《全面推进"大思政课"建设的工作方案》(以下简称《工作方案》)明确要求坚持开门办思政课,强化问题意识,突出实践导向,充分调动全社会力量和资源,建设"大课堂",搭建"大平台",建好"大师资",建设全国高校思政课教研系统,设立一批实践教学基地,推出一批优质教学资源,做优一批品牌示范活动,支持建设综合改革试验区,推动思政小课堂与社会大课堂相结合。《工作方案》是当前及未来相当长一段时间我国思政课建设的根本指导原则,特别是为思政课中的实践教学指明了方向。如果说过去实践教学是思政课的一部分,在"大思政课"背景下,实践教学成为思政课教学内在的一部分,与理论教学形成"你中有我、我中有你"的思政教学新格局。"大思政课"要求"大实践课",就是要让思政课从课内走向课外、从校内走向校外,核心是要实现"全员育人""全社会育人"。

改革开放以来特别是党的十八大以来思政课建设改革实践表明,实践教学对思政课教学成效发挥着越来越重要的作用。

(一)实践教学成为调动教师和学生积极性的重要载体

理论与实践相结合是思政课的基本要求,实践教学是理论与实践结合的重要方式,在枯燥的理论中赋予鲜活的内容。实践教学就是把教师和学生还原到理论的现场,让他们在现场理解和感悟理论。现在的"00后"大学生离中国革命、建设和前期改革开放的年代越来越远了,对他们而言,教材上的理论是过去或前人的故事。即使是现实发生的,对于大部分时间生活在学校的他们来说,感受性也不强。单纯的理论讲授很难让他们融入其中,但是通过还原现场或请有关当事人进行讲述,就能够快速拉近他们与这些理论的距离,唤起他们的情感共鸣,进而激发起他们的学习兴趣。其实这些场景或当事人就在我们身边,因为我们的国家、我们身边的每一个地方、身边的每一个人都是这么走过来的,

特别是一些典型地点、代表人物、精彩故事,都是实践教学资源,都是"大思政"的素材。

(二)实践教学丰富和延伸了课堂教学内容

实践教学的本质要求就是全面认识马克思主义和中国化马克思主义理论的实践背景和实践基础,通过认识和参与社会实践去深化对理论的认识,让理论鲜活起来、生动起来、内化进去。所有理论都是来源于实践、立足于实践的。实践教学就是要还原理论的实践本质和生活本质,让学生从实践中寻找到理论的鲜活特质。实践有两种,一种是过去的、已经完成的,博物馆、展示馆里展示的就是革命、建设和改革开放的各类历史和成果,是进行了时空压缩的社会实践。另一种是正在发生的,是更加真实生动的社会,具体而言就是让教师和学生走入社会现场,在现场感受或体验革命、建设和改革开放的艰辛历程和伟大成果,就是把干巴巴的理论还原成鲜活的人、景、物。深度实践教学的本质就是要善于用好社会大课堂,尊重社会、尊重人民、尊重劳动。社会大课堂无处不在,包括有组织的、自组织的,思政课组织的、非思政课组织的,学校组织的、校外组织的,在实践基地进行的、在广阔社会进行的。

(三)实践教学成为联通教师和学生的重要桥梁

马克思主义理论的灵魂在于它揭示了人类社会的本质,即它的理论性,而它的难点也在于这一点,实践就是解开这一难点的钥匙。人本身就是实践的产物,实践最容易在人与人之间产生共鸣,也最容易把人与人连接起来。在课堂中每当讲到教师和学生都熟悉的实践场景和内容时,教师往往讲得尽兴,学生听得也尽兴。对于"00后"的青年大学生而言,新时代中国经济社会的一切变化离他们最近,他们对新时代最熟悉,也最有感情,他们也越有故事可讲。来自农村的同学对脱贫攻坚故事、乡村振兴故事感到亲切,因为这些学生家长本身就是脱贫攻坚、乡村振兴的参与者、见证者;来自城市的学生对国企改革、科技创新、生态文明建设会有直观认识,因为他们的家庭可能就来自这些领域。学生还可以结合自身经历讲教育改革发展故事。对不同专业的学生在内容上要有所侧重,比如理工科专业的学生,可以更多讲述国家科技创新故事,特别是可以让学生结合所在专业讲述创新发展历程。

(四)实践教学深化了对思想政治理论课多样化教学形式的理解

校内就要特别发挥好党员、班干部、团干部的作用,将社会实践活动变成思想政治理论课实践教学的重要组成部分。事实上,专题报告、讨论、演讲、辩论、翻转课堂等多样化的教学形式都是课堂实践教学的资源。① 思政课实践教学课堂除了理论讲授之外,更多地要求思政课教师引导大学生结合理论所学开展与动手、动脑相关的教学活动,如开展课堂讨论、课内辩论、主题演讲,撰写调研报告、学术论文,教师在课堂教学中运用的案例式教学、研讨式教学、交互式教学、分众式教学、演习式教学等均属于实践教学方式。②

二、当前实践教学与"大思政课"要求存在差距

实践教学是思政课教学的重要组成部分,特别是党的十八大以来,高校在实践教学建设方面做了许多有益探索,但跟党中央、教育部对"大思政课"的要求存在很大差距。思政课实践教学存在着教学理念重"理论"轻"实践"、教学设计重"教案"轻"学生"、教学组织重"主导"轻"主体"、教学形式重"参观"轻"参与"、教学评价重"结果"轻"过程"等多重失衡。③ 思想政治理论课实践教学的发展依然面临内容之困、形式之困、效果之困。④

(一)实践教学认识和实施存在不平衡

2015 年 9 月,教育部发布《高等学校思想政治理论课建设标准》,要求"统筹思想政治理论课各门课的实践教学、落实学分、教学内容、指导教师和专项经费"。但进入实际操作层面,各个学校却存在巨大差距。理论教学与实践教学"两张皮"、实践教学成为理论教学的"点缀"情况依然大量存在。特别是伴随高校扩招、学生人数激增,对思政课社会实践冲击越来越大。

(二)教师和学生积极性的发挥有差距,学生参与率低

《关于深化新时代学校思想政治理论课改革创新的若干意见》指出,新时代的思想政治理论课各类课程同思政课建设的协同效应有待增强,学校、家庭、社会协同推动思政课建设的合力没有完全形成,全党全社会关心支持思政课建设的氛围不够浓厚。从"大思政课"角度看,实践教学的主体应该涵盖社会、学校、教师和学生四个方面,并且要求四个方面保持良好配合。教师和学生当然是主要的,今天高校的社会实践中,学生的自主性活动越来越成为常态,"社会"的配合就变得越来越重要。每个单位、部门都有自己的职责和任务,但都要跟人打

---

① 夏海燕.思政课实践教学的取径之误与取向之思[J].江苏高教,2022(3):87-91.
② 冯刚,陈梦霖.高校思政课实践教学的内涵、价值及其实现[J].学校党建与思想教育,2018(18):4-9.
③ 夏海燕.思政课实践教学的取径之误与取向之思[J].江苏高教,2022(3):87-91.
④ 司忠华.思想政治理论课实践教学:困境、追因与对策[J].思想政治教育研究,2022(1):89-93.

交道,在跟学生打交道时,其职能自然就带上了"教育者"的符号,这也是全员育人、全社会育人的含义。但在现实中,即使是教师,对角色定位也常常会出现偏差。对教师而言,组织实践教学是一项既费时又费力的工作。①

(三)实践教学内容和形式缺乏规范性

教学效果往往是和教学内容、教学形式密切联系在一起的,如果教学内容简单、教学形式单一,教学效果自然就要打折扣,实践教学也是如此。但事实上这就是一个现实情况,在很多情况下,实践教学经常变成陪衬、流于形式,传统的实践教学往往局限于参观、调研、实习、挂职等形式。

(四)实践教学效果发挥也还不够

由于以上几个方面的原因,实践教学的效果自然就可想而知,甚至出现适得其反的情况。一方面,目前实践教学的参与度低,影响其效果,尽管各个学校假期都安排大量社会实践活动,但是毕竟只占学生中的很小部分;另一方面,目前的社会实践大多数是团委系统牵头,学生自发组织、自由安排的,思政课教师参与度不够高,缺乏该课程的监管体系和评价体系,也直接影响了其思政效果。新时代思想政治理论课程体系要求高校必须强化思想政治理论课程的实践教学环节,并对实践教学的比例、形式、方法、效果等提出明确要求。②

三、要以习近平总书记重要讲话精神指导深度实践教学

党的十八大以来,习近平总书记围绕实践教学发表了许多重要讲话,是新时代做好实践教学工作的根本遵循。习近平总书记在学校思想政治理论课教师座谈会上提出坚持"八个相统一"的具体要求,为思想政治理论课的改革创新指明了方向,其中,"坚持理论性和实践性相统一"便要求"用科学理论培养人,重视思政课的实践性,把思政小课堂同社会大课堂结合起来"。③

(一)要体现教育规律和学生成长规律

在 2016 年召开的全国高校思想政治工作会议上,习近平总书记强调,要坚持把立德树人作为中心环节,把思想政治工作贯穿教育教学全过程,实现全程育人、全方位育人,努力开创我国高等教育事业发展新局面。"要把立德树人融

---

① 夏海燕.思政课实践教学的取径之误与取向之思[J].江苏高教,2022(3):87-91.
② 于晓欢.新时代高校思想政治理论课实践教学模式研究[J].河南教育:高教版(中),2021(4):45-47.
③ 郭华生,方燕.新时代高校思想政治理论课实践教学创新发展的研究[J].大学教育,2022(4):10-13.

入思想道德教育、文化知识教育、社会实践教育各环节,贯穿基础教育、职业教育、高等教育各领域,学科体系、教学体系、教材体系、管理体系要围绕这个目标来设计,教师要围绕这个目标来教,学生要围绕这个目标来学。"

(二)把劳动教育和实践教育结合起来

参加生产劳动是社会实践的重要形式,而且是最深刻的形式。习近平总书记在2018年召开的全国教育大会上发表重要讲话指出,要在学生中弘扬劳动精神,教育引导学生崇尚劳动、尊重劳动,懂得劳动最光荣、劳动最崇高、劳动最伟大、劳动最美丽的道理,长大后能够辛勤劳动、诚实劳动、创造性劳动。要采取适应当前环境和条件的有效措施,加强劳动教育,组织好形式多样的劳动实践,让学生在实践中养成劳动习惯,学会劳动、学会勤俭。

(三)坚持思政小课堂同社会大课堂相结合

在2019年学校思想政治理论课教师座谈会上,习近平总书记强调,思政课改革创新要坚持理论性和实践性相统一,用科学理论培养人,重视思政课的实践性,把思政小课堂同社会大课堂结合起来。

中国化马克思主义,特别是习近平新时代中国特色社会主义思想本身就是马克思主义和新时代中国实践相结合的产物,这个理论不是在书斋里由理论家设计出来的,而是亿万中国人民在实践中干出来的,本身就是由一个个鲜活的中国故事凝结而成的,体现了中国人民的奋斗过程和创新过程。

四、搞好深度实践教学的关键是深入阐述好十八大以来的伟大实践

实践教学的目的一是通过实践教学加深对理论的理解和掌握,二是加深学生对社会实践本身的理解,以达到尊重实践、尊重劳动并为积极投身于中国特色社会主义现代化建设伟大实践打下基础。

(一)党的十八大以来取得的历史性成就和发生的历史性变革是新时代实践教学最重要的素材

党的十八大以来的十多年,是我国经济社会发展进程中极不寻常、极不平凡的十多年。面对世界百年未有之大变局和世纪疫情冲击带来的国内外发展环境深刻复杂的变化,以习近平同志为核心的党中央胸怀"两个大局",坚持马克思列宁主义、毛泽东思想、邓小平理论、"三个代表"重要思想、科学发展观,全面贯彻新时代中国特色社会主义思想,全面贯彻党的基本路线、基本方略,采取

一系列战略性举措,推进一系列变革性实践,实现一系列突破性进展,取得一系列标志性成果,攻克了许多长期没有解决的难题,办成了许多事关长远的大事、要事,经受住了来自政治、经济、意识形态、自然界等方面风险挑战的考验,党和国家事业取得历史性成就、发生历史性变革。新时代的伟大变革,在党史、新中国史、改革开放史、社会主义发展史、中华民族发展史上具有里程碑意义。

实践告诉我们,中国共产党为什么"能",中国特色社会主义为什么"好",归根到底是马克思主义"行",是中国化时代化的马克思主义"行"。党的十八大以来的十多年,也是伴随广大大学生们成长的十多年,习近平总书记说到的这些"难题""要事""考验",他们既是见证人,也是受益人。无论是脱贫攻坚、抗击新冠、乡村振兴,还是深化改革、科技创新等活动,学生本身就是参与者。有的本身就是当事人,比如参与扶贫工作或参与抗疫工作,有的是家长直接参与扶贫或抗疫活动,即使没有直接参与,这些场景也是大多数学生亲身所见或现实生活的场景。把这些现实发生的事带到课堂中来,就是最生动的实践教学,也是最有教育意义的实践教学。学生自行参与的、各种真实场景发生的日常事件,更有教育意义,更能启发学生思考。

强化实践教学,有助于弘扬习近平总书记在全国教育大会上强调的弘扬爱国精神的思想。中国改革开放和社会主义现代化建设的巨大成就是千千万万劳动者辛勤劳动的结晶,不论是体力劳动者还是脑力劳动者,不管是城市劳动者还是农村劳动者,不管是室内劳动者还是室外劳动者,都是国家物质财富和精神文化成果的创造者,都是值得尊重的群体。

(二)讲好新时代中国特色社会主义生动故事

习近平总书记一再要求,思政课要讲好中国故事,习近平新时代中国特色社会主义思想就是由一个个生动的中国故事构成的。中国特色社会主义理论就是关于中国革命、建设、改革的理论,也就是由一个个中国革命故事、建设故事、改革故事、开放故事、国家故事、地方故事、行业故事、企业故事、个人故事构成的,特别是新时代改革开放故事。通过实践教学分享,引导学生通过改革开放过程中的重大项目、典型案例、重点人物事迹的介绍,深入理解中国改革开放和社会主义现代化建设成就的来之不易,引导大学生们热爱国家、热爱实践、热爱劳动,进而积极投身改革开放的伟大实践。

中国故事是由一个个小故事,包括个人故事、家庭故事、地方故事、学校故事、企业故事等组成的。只有讲好小故事才能讲好大故事,个人故事可以反映国家故事,讲好地方故事才能讲好国家故事,讲好个人故事才能讲好社会故事。将理论课和社会实践结合,就是将学生家乡历史文化、经济生活和个人家庭变迁融入课堂教学,激发学生爱家乡、爱家人、爱自己,进而爱国家、爱社会的情感。

搞好深度实践教学，就是要带领大学生们讲好中国故事。在中国特色社会主义新时代，大学生本身就是中国故事的主人，他们完全有资格也有能力成为中国故事的讲述者。大学生讲故事的前提是找故事，然后写故事，最后才是讲故事。要讲好故事，首先是故事本身必须好，其次要整理好，最后才是讲好。

讲中国故事，首先要全面了解故事本身，包括故事的来龙去脉、故事的本质。讲好故事一定要带着感情讲。准备故事、讲述故事的过程，本身就是培养对国家、民族、家乡感情的过程。可以安排学生对家乡先进行调研了解，挖掘家乡革命、建设、改革开放过程中的典型故事，然后制作 ppt 或视频资料在课堂上进行分享。

"00 后"大学生热爱生活、热爱社会，求知欲和参与感很强。他们很重视实际感受，往往觉得历史给人一种距离感。但只要是他们感兴趣的点，他们就会全身心投入，能够付出大量时间和精力，用心用情做好讲好；对他们不感兴趣的内容，就往往很难投入。实践教学就是找到学生与现实连接的重要渠道。实践教学深度融入理论教学本质上是学生的自我教育、相互教育，进行理论教学与实践教学的深度融合，并进行理论与实践的深度融合，即在理论教学中全面贯穿实践案例，在实践教学中融入理论，也是深度的问题教学。因为理论教学本质就是释疑解惑，把实践教学融入理论教学，就是从学生心灵深处进行解惑，在实践中去解惑。

后　　记

2019年3月18日,习近平总书记在学校思想政治理论课教师座谈会上强调:"推动思想政治理论课改革创新,要不断增强思政课的思想性、理论性和亲和力、针对性。"五年来,华中科技大学马克思主义学院始终深刻把握思政课思想性、理论性和亲和力、针对性的基本内涵,积极利用社会大课堂,坚持理论性和实践性相统一,构建"大思政课"格局,积极探索思政课的实践教学路径,全面培育堪当民族复兴大任的时代新人。

华中科技大学马克思主义学院积极开展思想政治理论课社会实践教学,引导大学生理论联系实际,提高大学生关注社会、关注现实的热情和能力,使大学生了解国情、社情、民情,并在社会实践活动中了解改革开放以来我国在经济、政治、文化、社会建设方面的巨大变化和所取得的伟大成就,培养大学生服务社会、服务人民的意识,增强他们的社会责任感,帮助学生通过社会实践加深对课堂理论知识的理解,切实运用所学理论知识来分析和思考现实问题,提高学生的思想政治素质和观察分析社会现象的能力,促进学生身心健康全面发展,坚定为社会主义现代化事业服务的信念。

《实践、潜润、认同——新时代高校思想政治理论课教学改革探索》是华中科技大学思政课教师在探索"大思政课"背景下深度实践教学改革的成果之一。思政课教师们结合各自课程特点,或融入经典阅读、或利用红色资源、或结合党的理论创新最新成果,从诸多方面设计、开展实践教学,切实增强了思政课教学的亲和力、针对性,加深了思政课的思想性、理论性,提升了思政课的教学实效。该成果的出版,是华中科技大学全体思政课教师开展有组织的教学改革的结果。

本书的出版,得到了华中科技大学出版社周晓方、杨玲、陈孜等领导和老师的大力支持,在此对他们的辛苦工作表示感谢!

编者
2024年3月18日